U0062534

玛丽·沃斯通克拉夫特

（詹姆斯·希思版画，以约翰·奥佩所绘肖像为底本，一七九八年）

（英）玛丽·沃斯通克拉夫特 著　李博婷 译

法国革命

AN HISTORICAL
AND MORAL VIEW OF THE
ORIGIN AND PROGRESS
OF THE
FRENCH
REVOLUTION

广西师范大学出版社
·桂林·

An Historical and Moral View of the Origin and Progress of the French Revolution;
and the Effect It Has Produced in Europe
by Mary Wollstonecraft
London, 1794

图书在版编目（CIP）数据

法国革命／（英）玛丽·沃斯通克拉夫特著；李博婷译. —
桂林：广西师范大学出版社，2024.4
（文学纪念碑）
ISBN 978 – 7 – 5598 – 6701 – 8

Ⅰ．①法… Ⅱ．①玛… ②李… Ⅲ．①法国大革命–研究
Ⅳ．①K565.41

中国国家版本馆 CIP 数据核字（2024）第 017606 号

法国革命
FAGUO GEMING

出 品 人：刘广汉　　　　　　策　　划：魏　东
责任编辑：魏　东　程卫平　　封面设计：赵　瑾

广西师范大学出版社出版发行

（ 广西桂林市五里店路9号　　邮政编码：541004 ）
（ 网址：http://www.bbtpress.com ）
出版人：黄轩庄
全国新华书店经销
销售热线：021 – 65200318　021 – 31260822 – 898
山东新华印务有限公司印刷
（济南市高新区世纪大道2366号　邮政编码：250104）
开本：787 mm × 1 092 mm　　1/32
印张：12.625　　　　　字数：200 千
2024 年 4 月第 1 版　　2024 年 4 月第 1 次印刷
定价：66.00 元

如发现印装质量问题，影响阅读，请与出版社发行部门联系调换。

目 录

第一卷

介绍。社会的进步。政府的终结。在法国
人中间兴起的政治讨论。美国革命。美德试图
建立在错误的原则之上。骑士时代。黎塞留和
马扎然枢机主教的统治。戏剧表演和法国的戏
剧诗人——莫里哀，高乃依，拉辛。路易十四。
摄政时期。路易十五。

玛丽·安托瓦内特。路易十六。内克尔和卡

隆执政，召集显贵。卡隆丢脸，被迫逃离法国。卡隆的性格。欧洲被奴役的原因。

布里埃纳执政。显贵解散。显贵们建议征收土地税和印花税，但是高等法院拒绝批准。国王御座。高等法院被驱逐至特鲁瓦，但是很快又因想要召回而妥协。宫廷派为阻止三级会议的召开而挣扎。奥尔良公爵和两名激进的高等法院法官遭驱逐。全权法院。对高等法院的评论。监禁法官。布列塔尼省的代表被关进巴士底狱。士兵大肆镇压人民。

内克尔被召回。他的性格。第二次显贵会议被召集。贵族和教士联合起来保卫自己的特权。各省人民代表集会。政治出版物支持第三等级。关于改革、欧洲现状和法国革命的普遍思考。

第二卷

回顾法国的恶行——贵族——军队——教士——包税商。三级会议代表的选举。朝臣的诡诈。三个等级的召集。巴黎发生骚乱。三级会议的召开。国王的演讲，掌玺大臣对其做出的回答，内克尔的演讲。关于召集方式的争论。默契间确立起来的新闻自由。宫廷试图限制新闻自由。代表们宣布自己为国民议会。

国民议会开始议事。贵族、主教和宫廷的反对。御前会议发出宣告，大会堂被士兵包围。议员们休会至网球场，发誓在宪法制定完成前决不分离。大多数教士和两个贵族加入平民代表。御前会议。国王的演讲。议会的热情举动。米拉波的演讲。宣布代表的人身不可侵犯。少数贵族加入平民代表。在国王的要求下，少数教士也加入了，最后是大多数贵族。法国王后、国王和贵族的性格。王宫广场的演讲，讲的是自由。巴黎被军队包围。自由精神注入士兵。十一名法兰西保安军士兵因为不愿向民众开火而被监禁，后被人民解放。国民议会抗议。国王提议将议会迁至努瓦永或索瓦松。内克尔被免职。提议建立城市民兵。民众在杜伊勒里花园遭到朗贝斯克亲王的袭击。凡尔赛的夜间狂欢。

巴黎人为保卫城市所做的准备。法兰西保安军和城市守望者加入市民的行列。武装公民任命一名总司令。巴黎骚乱期间国民议会的作为。国民议会发表《人权宣言》，提出与公民调解，但是遭到国王的傲慢拒绝。七月十四日巴黎发生的事。攻占巴士底狱。市长中枪。凡尔赛国民议会议程。国王出现在议会上。他的演讲。

对宫廷和国王行为的思考。法律复杂化的有害后果。知识的普遍传播。古代文明的状态。这是进步。宗教改革。英国早期的自由。英国宪法。自由在欧洲的命运。俄罗斯。亚里士多德哲学的衰落。笛卡尔。牛顿。教育得到改善。德国。普鲁士国王腓特烈二世。

第三卷

国民议会的一个代表团到达巴黎。巴伊成为市长，拉法耶特成为国民自卫军总司令。内阁辞职。内克尔的回忆。国王造访巴黎。巴黎人的性格。革命推进得太早。一些贵族和其他人的出走。卡隆建议法国王公挑动外国势力反对法国。福隆被杀。

利昂古尔公爵被选为议长。人民武装起来保卫国家。旧政府任命的市政官员被委员会取代。宴会上背信弃义，有人被地雷炸死。日内瓦居民被巡逻队带走。法国人怀疑英国的阴谋。内克尔

备军的争论。个人提供珠宝和盘子以弥补贷款的不足。国王将其全套盘子送到铸币厂。内克尔建议每个公民放弃四分之一的收入。米拉波有关此事的演讲。他对全国的讲话。

关于新的物资筹集方式的思考。还没有建立起公正的税收制度。纸币。逐步改革的必要性。

第五卷

国民议会犯了一个错，它忽视了对法国自由的保障。法美两国行为的比较。旧政府一旦被摧毁，新宪法就必须制定。宣布国王不可侵犯是个错误举措。法国不必担忧反革命。国王出逃正在酝酿中。

凡尔赛的娱乐活动。国民徽章被踩在脚下。一群女暴民前往市政厅，然后从那里赶往凡尔赛。国王对国民议会的请求所作的答复，他说他将批准《人权宣言》和宪法的头几条。关于此事的辩论。暴徒到达凡尔赛。国王接见妇女代表团，批准《粮食自由流通法》。议会召开。拉法耶特和巴黎民兵一起抵达。暴徒袭击王宫，国民自卫军将其驱散。关于奥尔良公爵行为的思考。

通　告

　　一段历史在我笔下发展起来了,它吸收了如此之多的事实和观点。我在写作中不可避免要做些散漫的讨论,还要描述风俗礼仪。尽管它们并非阐明事件所必需,却与本书主旨密切相关。我还做了些理论研究,追溯了知识进步自会产生的那些政治影响。因此这项工作可能会扩展至两三卷以上,其中很大一部分已经写好。

前　言

　　法国大革命为政治世界展现了一个场景，其新颖性和趣味性不亚于狭隘的迷信观点与阳刚的进步哲学的开明情怀之间形成的鲜明对比。

　　记录这场革命的显著特点需要这样一个头脑：不仅不被老一套的偏见和根深蒂固的堕落习惯玷污，还被最宽广的人道原则改善了性情。

　　本来有一种光明的前景已经开始在被黑暗压迫的地平线上播撒欢乐和喜悦，然而现在，剧变、暴力、卑鄙以及邪恶的暗杀给它蒙上了阴影，同情的胸怀也因此变得冰冷，智慧的活力也变得麻木。勾勒这些沧桑变化是一项如此艰巨而忧郁的任务，以至于对于一颗会因自然的触动而颤抖不已的心灵而言，它有必要警惕感性的错误推论。在政治变革的大剧院里，光辉照耀其上的理性是指引我们得出有利或公正结论的唯一可靠指南。

这一重要结论事关人类的福祉与人格的提升，需要对其加以严肃成熟的思考。除非假手最开明的政治家和哲学家，否则它一定会使社会的尊严遭到蔑视，也一定会使社会成员陷入更大的不幸。而在最开明的政治家和哲学家的治理下，它或许能够达到迄今为止人类还从未期待过的崇高境界。

绝望和愤怒的内讧制造了一场浩劫，在这样的压力下，判断力很难不被扭曲。然而在用冷静的视角观察这些惊人的事件时，判断力仍会认识到：尽管还存在愚蠢、自私、疯狂、背叛以及更为致命的虚假的爱国主义，但法兰西民族未受污染的那一大部分人的思想已经开始领会自由的情操，自由也已经在确保国家的平衡，即使这种平衡经常在毁灭的边缘摇摇欲坠。而虚假的爱国主义是堕落行为的常见后果，是奴性和纵欲的随从。长期以来，正是奴性和纵欲使这个著名国家的上层阶级沦为禽兽。

通过对形势的观察，我们可以清楚地看到，革命不是少数人的能力或阴谋所能制造的，也不是突如其来的短暂热情的结果，它是智识进步的自然结果。这种进步会随社会的发展逐渐走向完善，从野蛮走向文明。它发展迄今，已经来到这样一个节点：真诚的原则似乎正在加速推翻那个迷信、虚伪以及建立在哥特式野蛮无知的废墟之上的大帝国。

第一卷

第一章

介绍。社会的进步。政府的终结。在法国人中间兴起的政治讨论。美国革命。美德试图建立在错误的原则之上。骑士时代。黎塞留和马扎然枢机主教的统治。戏剧表演和法国的戏剧诗人——莫里哀，高乃依，拉辛。路易十四。摄政时期。路易十五。

当我们思考人类的婴儿期，其走向成熟的渐进过程，其作为孤独者的软弱悲惨，其关于公民社会本质的最初观念的原始粗糙，那么政治知识的获得是如此缓慢，公众幸福没有得到更快更普遍的传播也就无甚出奇了。

诚然，一直以来，古人所达到的完美境界曾经给充满诗意的史学家的想象提供了一个主题，使他得以用最精致的修辞之花将其点缀。然而对于事实的冷静调查似乎清楚地证明，迄今为止，世界文明的着力点更在于培养品位，而非运用理解力。那些自夸的改进难道不是仅局限于地球上的某个小小角落吗？那些最智慧的立法者的政治观点难道不是不仅很少超越他们自己国家的辉煌和荣耀，而且还会带着爱国主义残暴的惺惺作态践踏最为神圣的人权吗？当希腊艺术蓬勃发展，文学也开始趋奉社会的时候，世界上居住的大多是野蛮人，他们与其较为文雅的邻居[希腊]永远都处于交战状态。政府的不健全削弱了希腊人的基础，政治这门科学也必然会在萌芽状态就受到遏制。同样，我们发现，罗马帝国因其命脉被注入致命的疾病而终至彻底崩溃。骄奢淫逸阻碍了文明的进步，于是艺术的完善就成了科学的曙光。我们确信，在道德哲学方面需要付出无数世代的理性和经验，才能将垃圾清理干净，才能将社会秩序的首要原则展现出来。

相比这些国家，我们的巨大优势可能来源于我们对磁针指极性的发现，我们在天文学和数学方面取得的进展，以及幸运发明的印刷术。文艺复兴给现代研究的改进增添了古代的集体智慧,而后一种更为有用的技术①则使天才之作和学术著作迅速地大量复制出来,进入各阶层人们的视野。科学发现还引领我们走进了新世界。同时,艺术和商业的摩擦促进了不同国家间的交往,给社会带来了城市化那令人愉快的文雅。世风于是日渐柔和,社会生活的肤色得以完全改变。但是,迷信的残留,特权阶级不自然的高贵——这两者均起源于野蛮的愚蠢——仍在束缚人类的见解,损害人类天生的尊严。直到几位杰出的英国作家以人类应有的活力讨论起政治话题,人们才开始感觉到自己的力量。这些学说虽然只有些许传闻引起了几位法国文人的关注,开动了他们的脑筋,但某些坚定的论辩者更彻底地消化了这些学说。他们逃离压迫,将这些学说置于美国经验的考验之下。

洛克遵循这些大胆思想者的路线,更有条理地提倡宗教宽容,并分析了公民自由的原则。在他对自由的定义中,我们找到了《人权宣言》的元素,尽管这份宣言包含了无知犯下的致命错误,也有自私自利的冥顽不灵,

---

① 指印刷术。(文中脚注及方括号夹注内容除特别说明外,均为译者所加,下同,不一一说明)

但它确实正在将崇高的理论转化为实践真理。

诚然,革命很快就带来了腐败,并且直到现在都在腐蚀英国的自由,但是当欧洲其他国家都还在最不公正和最残酷的法律的重压下呻吟时,英国人的生命和财产却享受着相对的安全。而且,当英国的荣耀遭到威胁时,虽然海军征兵令区别对待不同的社会等级,但辉煌的胜利也还是能将这一缺点隐藏在现存最好的宪法里。所有人都欣喜地回想起一点,那就是一个人的生命或自由永远都不取决于任何其他个人的意志。

彼时的英国人有理由为其宪法感到骄傲。如果这个理由变得不再明显,他们崇高的骄傲业已沦为傲慢,那也只是人类天性的轻微过失。我们只须哀叹它阻碍了文明的进步,让人误以为为了确保社会的幸福、改善人类的状况,祖先们已经做了很多事,做了一切可做之事。

当学识仅限于一国的一小部分公民,对该国特权的考察也只留待数量更少的一些人进行时,政府的行事似乎就表明人民只是为了政府而活。特权阶级巧妙地将其权利和形而上学的行话术语混为一谈,少数人的奢华气派建立在大多数同胞的痛苦之上,野心也因屠杀数以百万计的无辜者而膨胀扩张。

最狡猾的专制主义的链条一向都是由虚假的责任观支撑的，并由那些可以从欺骗中获利的人执行，这就限制了人类的自由。情绪的自发流动本来可以充实人的思想，现在却在源头就被遏制，于是人变得既不幸福，也不自然。然而，由迷信和专制共同种下的某些观点已经深深植根于我们的思维习惯，以至于说出下面的话可能会显得胆大放肆，甚至自以为是，那就是，所谓美德，其实经常只是缺乏勇气、不敢摆脱偏见、不敢遵循意愿的表现罢了。这种意愿不惧上天之眼，却会在那些没有建立在道德的自然原则之上的谴责面前退缩。任何时候，知识的零星传播都不允许人民参与到对政治学的讨论中来。如果说哲学从根本上简化了社会联合的原则，从而更容易被每个有理智、有思想的人理解，那么在我看来，人类大可怀着仁慈的自满和得体的骄傲来思考即将到来的理性与和平的统治。

此外，如果故弄玄虚的无知使人陷入了纠结状态，以至于只能将自己的推理能力交给出身高贵的傻瓜和卖弄学问的无赖，从而失去了对自己的公民权和政治权做出精确判断的资格，那么肤浅的观察者会对我们的智识能力可能达到的完美程度形成不利的观点，或者专制主义想要遏制我们的探索精神也就不足为奇了。因为那种探索精神似乎正迈着巨人的步伐,想要加速推翻专制的压迫和傲慢的野心。

自然使人不平等,它给了一些人更强大的体力和脑力。政府存在的目的应该是通过保护弱者来消除这种不平等,但是它没有这么做。相反,它总是往反方向倾斜,并且因忽略了政府组织的首要原则而使自己疲于奔命。

尽管很少有人承认,但政府的伟大职能其实就应该是保持平衡,使任何个人的财富或能力不至于破坏整体的平衡。既然无法期待人在行动得热火朝天时还能掌控自己的激情,那么立法者就永远不应该忘记完善法律。当理性从容把握了人性的利益时,它会向人类保证,只有保障了集体的利益,才能最好地保障个人的利益。最初的社会制度一定是由激情建立的。人们希望维护自己的财富或权利,奴役自己的兄弟,以免自己受到侵犯;这些人的后代也会继续焊接祖先锻造的锁链,并利用不公正的法律,确保自己篡夺来的东西安全无虞。只有通过施展理性,解放人类,使统治成为一门科学而非技艺,并且使广大人民文明起来,才能废除这些不义之法。而人民如何才能文明?需要使其对最重要的研究对象加以理解。

然而，一六八八年革命[①]后，政治问题在英国不再得到广泛讨论，因为英国人享有的自由程度可以使思想者不受干扰地追求其事业。或者如果有人抱怨，他们大可加入一党一派，以便对各种矛盾的激情所产生的不可避免的痛苦做出评论。

然而，法兰西却每天都在啜饮压迫的苦酒。迷信犯下的严重错误，在劳动者汗水的纵容下，摆在每个理智之人面前。这样一来，争取公民自由的作家就将主要精力放在了反对迷信上，尽管宫廷暴政正随其邪恶而变得日益严重。

伏尔泰是领路者。为了取悦法国人，他将讽刺和欢乐混合，嘲笑木偶剧般的宗教中所包含的前后矛盾的幼稚。他的艺术懂得如何将铃铛系在傻瓜的帽子上，让帽子每一面都叮当作响，吸引读者的注意，刺激读者的虚荣心。卢梭也站在同一阵营。他用有趣的雄辩术赞美他眼中奇特的自然，他用情感的魅力美化推理，有力地

---

① 又称光荣革命（Glorious Revolution）。一六八八年，英国资产阶级和新贵族发动的推翻詹姆士二世的统治、防止天主教复辟的非暴力政变，因未发生流血冲突，故称"光荣革命"。一六八九年英国议会通过了限制王权的《权利法案》（*Bill of Rights*），奠定了国王统而不治的宪政基础，国家权力由君主逐渐转移到议会，这成为君主立宪制政体的起源。

描绘了一个教士横行的社会的罪恶,以及那种压迫人的不平等的起源,从而诱导那些被其语言吸引的人去思考他的观点和看法。

这两位作家的才华尤其能改变法国人的情感,因为法国人通常通过阅读来收集谈话的素材。他们两人辛辣的反驳和飞扬的文采留在每个法国人的头脑里,并不断在无数活跃的圈子里从每个舌尖脱口而出。

的确,在法国,新见解以电一般的速度口口相传,这在英国是没有的。一个国家内不同阶层间的情操差异要小于不同国家间民族性格的差异。在我们的剧院里,坐在包厢、正厅和楼座的观众在一出戏中欣赏的场景各不相同。某些更文雅的观众会屈尊忍受某些场景,让其他观众获得自己那份娱乐。相反,在法国,一种高度的道德情怀——可能更属于浪漫而非崇高吧——却会引起阵阵掌声,似乎人同此心。

但是,当人们几乎无法从压迫的掌控中获得生活必需品时,他们就不能只满足于嘲笑压迫了。因此,从写警句讽刺迷信开始,被触怒的法国人转而激烈抨击专制制度。贵族、教士和君主向人民征收的不公平的巨额税赋使注意力从仁爱转移到了政府的这一主要职能上。同时,人道主义者魁奈(Quesnai)的深刻论述使重农主义经济学派得以产生，这一派成了最早为公民争取自由的斗士。

美国独立战争前夕，由这一学派培养塑造的总审计官杜尔哥（Turgot）将军的开明治理让法国瞥见了一点自由的模样，但是也在专制主义的地平线上打下了一道光，使得专制和自由的反差越发鲜明。杜尔哥这位人杰急于纠正那种既不明智又很残酷的暴政，以至于被热情蒙蔽了冷静的判断，他捅了马蜂窝，刺激了那群本来沐浴在宫廷阳光下，靠勤劳采蜜得以恣睢放肆的马蜂。于是杜尔哥不得不从他坚守的岗位上辞职隐退。尽管他在十年内使法国摆脱专制统治毒牙的崇高计划失败了，但是他并没有造成无政府主义的痛苦，而这正是当代人需要为后代的解放付出的高昂代价。同时杜尔哥还为推动一场意见革命做出了巨大贡献，光是这场意见革命本身说不定就可以推翻专制帝国。

柔弱女气的宫廷无所事事，反复无常，早就给对其心怀敬畏的民众定下了基调。而民众则愚蠢地欣赏着他们不理解的东西，靠"国王万岁"的口号活着，任凭国王吸血的宠臣们吸干了他们身上的每条血脉，而这些血脉本应该温暖人民诚实的心。

然而，半个世纪以来，道德情操和政治情操积累起了不可抗拒的能量，最终还是将真理之光燃烧成了火焰，并将新的光彩投射在了人的精神力量上，给人的思考注入了新的活力，完全削弱了由虚伪和祭祀构建起来的堡垒的根基。

在这个光荣的时代里，美国的宗教宽容在相当程度上助长了这些理性情绪的扩散，展示出政府可以建立在理性和平等基础上的现象。美国的宗教宽容是时代精神的产物，因为北美大陆的居民基本都是一些受到迫害的欧洲人。整个欧洲都将目光集中在政治科学的这一成功实践上，而旧世界的戴王冠者却只顾盯着淳朴的公民从辛劳苦恨中好不容易挣来的那点酬劳。劳动者生活在宫廷之外，要么被剥夺了生活的舒适——那本该是对勤劳的回报；要么被压迫到了瘫痪的地步，只好在肮脏和懒散中痛苦憔悴。相反，英裔美国人似乎是另一种存在，他们的形成就是为了享受社会的优势，而非仅仅为了造福统治者，虽然这是他们从前几乎在每种状态下都被分配到的功用。他们那时仅仅被看成保持船只稳定的压舱物，虽然必要，却受人鄙视。实际上今昔对比如此显著，以至于当英勇的北美人民起来反抗英国宫廷的暴虐和不人道的野心，法国人也成了他们在这场高尚斗争中的助手时，这种区别就给了法国人一种刺激，单是这种刺激就让人恨不能让自由插翅飞翔。自由后来果真在法国上空徘徊,她领导愤怒的支持者起来报复那个摇摇欲坠的政府——那政府的根基是无知,墙壁则由数以百万的人民难以计数的灾难黏合而成。一种最能危害人类幸福和美德的制度就这样被埋葬在了它自己的废墟里。

美国幸运地发现自己的处境和世界其他地方的处境大为不同。她有能力为自己的政府奠基,她的理性也正在冒险般地争取偏见的支持。她利用了世界的文明程度,却没有保留那些野蛮的权宜之计或者那种认为偶然形成并不断修补的宪法优于理性计划的想法,而是自由地从经验中获益。

当社会最初受到规范时,法律还无法针对社会成员的未来行为做出调整,因为人类的才能只有随着社会的进步才能施展和完善。因此,根据一时情势建立起来的法规非常不完善。这样一来,在文明的每个阶段,阻碍人类立足,阻碍人类将旧材料塑造成新模型的又是什么?迄今为止,人类只是匆匆将这些材料扔进来,胡乱堆成一堆。而这堆材料之所以能变得坚固和受人尊敬,也只是因为时间过去了很久而已。

或许是出于某些人的抱负,以及所有人对安全的渴望,当社会最初被置于法律的约束之下,此时的人类当然是自私的,因为人不知道自己的舒适和其他人的舒适之间有着多么紧密的联系。人性更是处于感性而非理性的作用之下,因此人性的范围非常有限也就成了自然之事。但是,人一旦像看到天光那样清楚地看到个人的幸福取决于人类的普遍幸福,理性就会把力量赋予激情振颤的翅膀,然后人就会"愿意人怎样待你们,你们也要怎样待人"①。让我向这远方光荣的一天欢呼!

迄今为止,世界所能达到的政治完美是一副什么模样?在两个最著名的国家[希腊和罗马]里,它无非是举止的得体,但那只是家庭之爱的延伸,是同情及自私的激情的结果,而非理性的人性。是什么终结了这两个国家如此大加颂扬的爱国主义?是虚荣和野蛮,历史的每一页都在这样宣告着。然而为什么美德令那些敬仰它的人目眩神迷,对美德的热情却像朝露般消失不见?为什么?因为那种美德只是人造的美德。

---

① 语出《圣经·新约·路加福音》6:31 耶稣教导信徒要爱自己仇敌的话,著名的"有人打你这边的脸,连那边的脸也由他打;有人夺你的外衣,连里衣也由他拿去"也出于此。常有人将"你们愿意人怎样待你们,你们也要怎样待人"和儒家名言"己所不欲,勿施于人"相比,认为二者都体现了一种待人接物时的平等公正意识。

在希腊人和罗马人不得不与压迫做斗争，抚养自己初生的国家时，他们的历史里什么英雄事迹没有！但那只是激情的燃烧，"活的烟雾"而已。因为在战胜了敌人，为国家荣耀做出最惊人的牺牲后，希腊人和罗马人自己却成了文明的暴君，一样开始掠夺社会。为了社会的幸福安宁而死容易，清醒地实践生活的责任却难。由此也暗示，满足感是感受到而不是看到的。就像父母忘了所有正义和人道的规矩，夸大自己孩子的优点，却又不让孩子独立一样，这些古时候的英雄也爱国，因为国是他们自己的国，可是他们的举止又表明，这样的爱国只是他们狭隘自恋的一部分。

现在是时候以一种更为开明的人类道德之爱取代或者支持身体之爱了，也是时候让就快成年的年轻人由原则引导，而不是被冲动驱赶着匆忙向前了。然后我们就可以期待仍有怪物要打的当代英雄能努力在全世界范围内建立起理性的法律，好让人们不再依赖一纸空文，或者不再在走向文明的过程中变得虚假。

原罪是一个疯狂的传统。我们必须完全清除所有那些来自原罪的观念，包括吃禁果，普罗米修斯盗火，潘多拉打开魔盒等寓言，这些东西数量之多，真是难以计数。为了说服我们天生向恶，祭司们在这个基础上营造了巨大的欺骗系统。清除了这些之后，我们才可以为人类心灵的扩展留出空间。而且我相信，我们将会发现，人类在变得更加智慧的同时，也会使彼此更加快乐。的确，为了获得做作的社会道德，很多最自然的社会欲望被扼杀了，正是这么做的必要性剥夺了人的尊严，使人变得恶毒，然而人的尊严只能建立在真理之上。这与"社会的美德已经被社会的律法扼杀在萌芽状态"的断言并不矛盾。只需要一条行动的原则就已足够，那就是自尊，不管它在宗教上叫敬畏上帝，还是在道德上叫热爱正义，抑或是在对幸福的渴望上叫自爱。但是，当一个人为了在生活中获得受人尊重的地位，每天干的都是不被法律认可的事，他还怎么可能自尊？而如果人不自尊，他又怎么会相信美德的存在？事实上，一个文明人的职责似乎就是使自己的心肠变硬，好让自己变得更聪明。这种聪明在不同人身上可以叫睿智，也可以叫狡猾，但是不管怎样，它都只能证明头脑之所以清楚，是因为心是冷的。

此外，在目前不完善的社会状态下，苦难之所以存在，一个重要起因是想象力不断受到诱惑，变成了人心上长出的一个膨胀的囊肿，吸干了人体重要脏器的养分。以下观点我认为并不牵强，即，人变恶毒的比例等同于人因社会缺陷而被迫服从于一种自我否定的比例，这种自我否定由无知而非道德所定。

但是，邪恶正在消失，一种新的精神为了组成政体业已出现。现在，既然地球上已经有一半人在心里拥护这种精神，那么到哪儿可以找到一个标准去评估那些限制了这种精神、不令其施加影响的手段呢？理性最终露出了迷人的面庞，那是带着仁慈笑容的灿烂面庞。专制的黑手再也无法使其光芒黯淡，卑下的暴君潜藏的匕首也再没有办法触及它的胸膛。现在，植入我们天性的上帝形象正在加速扩展，而且随着它的展开，长着母性翅膀的自由似乎也正在飞向远远高于庸俗恼怒的领域，有望庇护全人类。

认为文明只能走到目前为止，然后就必然退回到野蛮状态的看法是个粗俗的错误，尽管它似乎得到了经验的认可，但它是建立在对这个问题的肤浅看法之上的。可以肯定，无论如何，如果世袭财富支持世袭等级，国家必然会变老变弱。可是，当宫廷和长子继承制被废，简单的平等法则也都建立起来，还有什么能阻止每一代人保持青春朝气？当社会上绝大多数人都必须运用身体和精神来维持生计、获得尊重时，又有什么能削弱这样的身体和精神？

法国革命是一个强有力的证据,证明当简单的原则开始对复杂的无知之轮①实施强大作用力时,事态将在多大程度上主宰人类。这些无知之轮的数量越多,它们就越软弱,此外它们还需要不断修补,因为一时的权宜之计永远都是懦弱愚蠢的产物,或是自私自利的狭隘算计。为了阐明这个事实,无须在野蛮雄心的灰烬中扒找,也无须证明君主们的无知及随之而来的愚蠢——当欧洲的蛮族开始组建政府时,这些君主只会用铁棒统治——虽然对这段历史的回顾清楚地表明,狭隘的思想自然也会产生暴躁的脾气。

　　我们可以夸耀那些时代的诗歌,或者那时想象力的迷人飞跃。激情焕发时,它们在英雄们的某次壮举中闪耀,给毫无思想的整体生活撒上了一层光彩。但是,尽管有这些北极光的存在,培养理解力似乎仍然是驯服人类的唯一途径,因为人类躁动的精神制造了邪恶的激情,导致了暴政和残酷。当人身体强壮,血也很热时,人不喜欢思考,也不喜欢采纳任何行为准则。只有到了身体逐渐变坏时,经常消耗在致命活动上的体力才成为精

━━━━━━━━━━

　　①　中世纪的欧洲流行一种"命运之轮"的形象思维,它将人的命运的突然变化和人生的跌宕起伏看成轮子不断转动的结果,居高位者可能跌落谷底,居低位者也可能骤然上升。这里的"无知之轮"应为类似比喻。

神能量的一个丰富来源。

人们反对随科学、艺术一起引入的奢侈，因为人们只注意到了其中的邪恶。可是只有通过培养这些艺术——所谓的和平艺术，剑才能变成犁。战争是闲散之人自会追逐的冒险，它需要这类人身上的某些东西，以便激发不活跃的头脑所必需的强烈情绪。当无知之人反思的时候，他们用得更多的是想象力，而非理解力。他们沉溺于幻想，而不追求思想。因此他们变得浪漫，就像十字军；或者像女人，因为女人通常是无所事事、烦躁不安的。①

我们若是厌恶血腥的王室浮华排场，也厌恶取悦被奴役者的幼稚表演，我们就会更加鄙视某一阶层的人：他们培养自己才能的目的只是巩固自己的权力，而巩固的手段则是将无知者引入歧途，将集中在自己手里的学问变成一种更为圆滑的压迫工具。与如此众多的障碍做斗争的结果是，几个时代过去了，尽管对公众舆论的尊重正在普及，它软化了人们的举止，是道德原则的唯一替代，但还是几乎感觉不到有用的知识在进步。

---

① 考虑到作者是西方女权的奠基人，在写此书前刚刚发表了令她声名鹊起的《女权辩》，则此处及散见全书各处的对女性的贬低不免引人注意。

然而，十字军给社会带来了震动，改变了社会的面貌。骑士精神在勇敢的弗朗索瓦一世①统治期间呈现出新的特征，它开始改变古代高卢人和法兰克人的凶残。荣誉感确立了，绅士品格逐渐养成。从此在法国——直到今天，这种品格都还在为人所珍视。自然视为神圣的所有纽带经常被这种杂交的道德观所替代，而且是其唯一的替代，它使那些不守其他任何法律的人受到约束。

同样的精神与吉斯家族②的血腥背叛混合后，成就了亨利四世③的男子气概。自然赋予了亨利温暖的体质、温柔的心灵和正直的理解力，他也很自然地产生了一种精力充沛的性格。那是一种柔韧的力量，能让人爱他敬他。

---

① 法国国王弗朗索瓦一世（François Ⅰ，1494-1547）是位勇猛好战的骑士国王，也是法国第一位具有人文思想的国王。他爱好文学艺术，在其治下，法国的文化事业取得了长足进展。在外交上，他放弃了对土耳其的征伐政策。

② 吉斯（Guises）公爵是法国洛林地方一个强大家族的贵族封号，一五二八年创立，一直延续到一六八八年吉斯家绝嗣。

③ 亨利四世（1553-1610），波旁王朝创始人，有武功韬略，是法国人尊敬的伟大君主之一。遇刺身亡后，其遗体葬于巴黎圣丹尼大教堂的皇家陵寝。大革命期间遗体遭毁坏，颅骨不见，直至二〇〇八年一名法国收藏家在自己的藏品中发现颅骨。经法医鉴定，最终认定颅骨确属亨利四世。

黎塞留①任首相时开启了任人唯亲的时代，艺术得到赞助，喜好阴谋的意大利统治模式削弱了身体，使身体经过不断的精致化变得文雅起来。潜移默化中，伪装滑向了虚假，而马扎然(Mazarin)正是这伪装的化身，他给高傲膨胀的路易十四②的统治铺好了路。这统治讲究排场，带有一种虚假的宏伟。它还引入了一种崇高的轻浮品位，加速了这类文明的完善，其中就包括以牺牲心灵为代价的精炼感官，尽管心灵是一切真正的尊严、荣誉、美德的源泉，也是每一种高尚精神品质的源泉。有了这种让偏执容忍纵欲，让荣誉和放荡握手的做法，人的眼睛再也看不到区别，恶习也被隐藏到了与之相关的

---

① 黎塞留(Richelieu, 1585-1642)，法王路易十三的首相。他在执政期间成功地将法国变成了欧洲大陆第一个专制君主国，为路易十四时的大陆霸权打下了坚实基础。黎塞留还是外交家，主导了三十年战争(由神圣罗马帝国内战演变而来的欧洲各国间的混战，是历史上第一次全欧大战)，结束了哈布斯堡王朝长达数十年的欧陆霸权，开启了欧洲前所未有的大国时代。

② 路易十四(1638-1715)，一代英主，自号"太阳王"，确立了法国的绝对君主制。他爱好建筑和战争，通过战争扩大了法国的疆域，打造了欧洲强国，但也造成了民不聊生、贻害后代的情况。他建造了宏伟的凡尔赛宫，将大贵族集中于此居住，以此解除其地方长官的权力，削弱了贵族势力。他还将全国的官僚机构集中在自己周围，以强化法王在军事、财政和机构上的决策权。他还有一个特殊的喜好：跳芭蕾舞。他与康熙属同时期，曾借传教士之手给康熙写过一封信。

美德的面具下。法兰西的荣耀——这个被国王的燥热气息吹起来的泡沫——成了破坏幸福的借口。同时礼仪还取代了人性，制造了一种依赖，导致人们为了他们不知何物的不健康混合物，换掉了自己的谷物和葡萄酒。这种混合物固然可以满足堕落的食欲，却破坏了结实的肠胃。

封建时代对比武和军事宴饮的喜好现在已自然而然地让位给了对戏剧娱乐的热爱。当英雄壮举成了虚弱的肌肉无法胜任的重体力活，它就再也无法给人带来快乐了，人于是就在心智培养中发现了出路。心智培养使得体力活动变得不再必要，它还维持了生命的流动，使之不至于停滞不前。

除了莫里哀①的作品外，这一时期的所有作品都在反映宫廷礼仪，从而扭曲了正在形成中的品位。只有莫里哀这个非凡之人能在人类激情的宏大规模上为全人类写作，而把模仿风俗、指明时代装束的事留给劣等作家。

高乃依就像我们的德莱顿（John Dryden）一样，经常蹒跚于荒谬和胡扯的边缘，却又充满了高尚思想。

---

① 莫里哀和以下的高乃依、拉辛并称为十七世纪法国三大戏剧家。

这些思想模糊地蹲踞于其幻想之上，他对它们的表达虽然隐晦，却一样取悦了读者，因为他为宏伟激情勾勒出一个模糊轮廓。当着了魔的想象被引诱，跟随他走过施了魔法的地域时，心有时候会被一种忠于自然、或崇高或悲哀的情感意外触动。

不久后，拉辛用优雅和谐的语言描绘了他那个时代的风度，并以了不起的判断力将很多不自然的场景和做作的情感描绘得栩栩如生。他总是努力想使他的人物亲切起来，却又无法使其保有尊严。而散落在文中的高雅道德，与其说是美德，不如说是礼貌。* 由于害怕在行为上偏离宫廷礼仪的尺度，吓到挑剔的观众，他的主角们的风流之举只是吸引了风流者和文人，因为这些人的思想能对不同的娱乐方式保持开放态度。实际上，拉辛是法国舞台之父。再也没有什么能比得上法国人对公共场所，尤其是对剧院的天然热爱了。这种品位给法国

---

*　如果这位廷臣［指拉辛］都能用以下言辞写信给曼特侬夫人［Maintenon，路易十四的情妇］，那么从这种人那儿还能指望什么？这位廷臣说：上帝待我是如此仁慈，夫人，以至于我无论和什么人在一起，都没有理由为福音或者为国王脸红。①（此类用 * 、** 标注的皆为原作者注，下同，不一一标出）

①　拉辛除了是著名剧作家，确实还是个成功的廷臣，他当过路易十四的宫廷史官，对路易十四的功绩赞美有加。

人的行为定下了基调，它在国家这个大剧院里变出无数舞台戏法，其中旧原则用新场景和新装饰装扮起来，不断上演。

法国人的民族性格也许比我们通常以为的更要由其娱乐活动塑造。事实上，戏剧是一所培养虚荣的学校。经过这样的教育后，他们说每一句话、做每一件事几乎都是为了舞台效果，也就不再令人惊讶了。又或者，冰冷激昂的狂喜突然爆发，其实只是在以热情的表演嘲笑他人的期待，这也就一样没什么好奇怪的了。

因此，从嘴里喷出的情感往往来自大脑，而非心灵。事实上，自然的情感只是想象力给人的事后回忆赋予的特征。想象力总是需要假借外物才能实现，可是法国人通过不断满足感官，扼杀了想象力的驰骋。法国人的感觉从来都是活泼而短暂的，每一道光线的逝去都能将其发散，最小的风暴也都能将其消弭，然而这感觉却很少反思其情感。

如果说英国的下层阶级独有一种对敞开怀抱、嬉笑欢闹的嗜好，那么不管什么样的法国人也都爱着一种闪着亮光的感伤的镀金。这在剧院里经常可以看到。激情被剥夺了一切激进的力量，好让咆哮的情操圆润起来。这种情操带着假装的尊严，被当成某种非常宏大和重要的东西展示出来，就像自由之树的枯枝上招摇着色彩斑驳的破布，悬挂在每个村庄里一样。

路易十四发动的战争同样是戏剧展示，他把毕生功业都用在了仪式调度上。* 当他的威严减退，动物精神也消耗一空时，他就成了这些仪式的受骗者。然而在他统治的末期，费内隆（Fénelon）的著作及其学生勃艮第公爵的谈话引发了各式各样的政治讨论，且都以人民的幸福为其理论基础，直到最后死亡给路易十四的家族和荣耀蒙上一块巨大的棺材罩布，同情心也将它错置于同一个可怕的罩布之下。我们同情不幸之人，但是让这样的人发达是有害和致病的。

路易十四利用人民的感官，让他那个时代的骑士风度有了新的变化。法国人本着真正的堂吉诃德精神，以国王崇拜为个人荣誉所在。君主的荣耀成了全民的骄傲，即使这让人民付出了最为高昂的代价。

为了说明那个时代的思想变态以及错误的政治观点的盛行如何让这个倒霉的国王成了他自己的专制主义的奴隶，只讲一则轶事就足够了。

---

* 例如，以波斯大使的身份接待一名葡萄牙冒险家。这是宫廷为了刺激国王迟钝的感官而上演的一出闹剧。

一个朝臣向我们保证说*，路易十四遭遇的最丢脸的情形，也是最让他痛苦的情形之一，是他的敌人发表了一篇请愿书，并且非常努力地在法国各地将其传播开来。在这篇文章里，盟友们请法国人召集他们古代的三级会议。他们告诉法国人说："国王的野心和骄傲是其在统治期间发动战争的唯一理由。为了确保人民能够享有持久的和平，人民有责任在三级会议召集前不放下武器。"

有一点几乎让人难以置信，那就是，尽管有两百万法国人被监禁、流放或处决，这份请愿书却几乎没有产生任何效果。然而国王觉得很受伤，他小心翼翼地让人写了一篇答复。** 其实他大可想想最后一次三级会议召开时的情形，好用回忆来安慰自己。因为那时的路易十三用空洞的承诺打发了与会者，而且一边说一边也就忘了那些承诺。

一般说来，法国人的热情会让他们从一个极端匆忙跑到另一个极端，但是此时这种热情却催生了一种完全不同的态度。

---

* 《黎塞留元帅回忆录》。

** 在这篇答复中，我们可以找到很多最近又在被人重复的理由，只是有些理由没人敢在捍卫特权时使用罢了，这说明理性正在进步。

摄政时期①，罪恶不仅厚颜无耻，还胆大包天，潮流完全变了。伪君子们现在都站到了另一边，朝臣们也竭力想要表现出他们对宗教伪善的憎恶，他们蔑视正派。当他们想要激怒幼稚易怒的迷信之人时，他们就肆意摧残谦逊的天性。

在摄政王的性格中，我们可以追踪到所有虚假的优雅催生的好与坏。他的品位是靠摧毁心灵形成的。他既然意在享乐，就太快喝光了令他沉醉其中的杯中的所有甜蜜，以至于余生都只能在杯底的残渣中寻找新意，好给他的享乐注入一口生气。起初，他夜间狂欢的目的是机智，但是很快机智就让位给了最可怕的荒淫，且其中的主要类型都是可耻的不道德行为。除了保护了几个放荡的文人艺术家外，他还干了什么事能把自己的名字从谩骂中解救出来呢？他的善良只在同情中体现。当人民的痛苦摆在他面前时，他同情人民，可是当他身处肉欲的淫窟中时，他又很快忘了这些内心的渴望。

他常常津津乐道的是旺多姆（Vendôme）修道院院长

---

① 一七一五年路易十四驾崩时，其子其孙都已死在了他前头，只有五岁的曾孙路易十五（1710–1774）能继位，于是国家由路易十四的侄子——奥尔良公爵菲利普二世（duc d'Orleans, Philippe Ⅱ）摄政，直至路易十五三岁时归政。

的一桩轶事。他说这人碰巧取悦了英王查理二世的一个情妇，查理二世只好请路易十四召回院长，这才摆脱了这个对手。

在这些时候，他会给英国宪法最热烈的赞扬。他似乎迷恋自由，可是同时又授权干下了公然侵犯财产和残酷专横的事。他为国家做的唯一一件好事*就诞生于这种轻浮的氛围中。他引入了亲英的风尚，让人阅读和翻译了一些阳刚的英国作家的作品，从而极大激发了法国人尚在沉睡的男子气。他对美术的热爱还导致各路作者在他并不神圣的尸骨上撒花——这一点正可以作为某些光辉品质的象征，说明它们从哪儿长出来，就只能装饰哪儿的土壤。

路易十五统治的后半部分也以同样的残暴荒淫而恶名远播，并且还毫无智慧的修饰。如果不是有必要给

---

* 众所周知，很长一段时间以来，摄政王都希望能召集国民议会。为了让他放弃这一计划，杜布瓦①颇费了些力气。一七八九年，一篇奇怪的纪念文字再版，就是摄政王此时所写。文如其人，这篇文章堪称厚颜无耻的典范。

① 指摄政王重用的红衣大主教杜布瓦（Dubois, 1656–1723）。此人是穷医生的儿子，由摄政王一手栽培提拔。一七一五年菲利普二世任摄政王时，他被任命为摄政王的秘书，一七二二年又被提拔为总理，成为法国的实际统治者。这位大臣招权纳贿，卖官鬻爵，当时人说他把小偷和骗子的手段都用到了政府里。

这幅邪恶的专制画像做最后的润色，那么贞洁会很愿意为其蒙上面纱。两千五百万人在这种专制的鞭打下呻吟，直到无法忍受日益沉重的压迫，终于像巨象一样站起身来。这头巨象的愤怒是如此可怕，它会在盲目的怒火中将朋友和敌人一块儿践踏。

身体的无能和思想的懒散使得路易十五成了他的情妇们的奴隶，情妇们却竭力想在无赖们的怀里忘掉国王那恶心的拥抱，于是无赖们发现爱抚国王的情妇竟然可以得到好处。为了满足这些贪婪之徒，国家的每个角落都被搜刮一空了。这些人绞尽肚肠，为病态的欲望找到了新的动力，破坏了民族的精神，腐化了道德。

第二章

玛丽·安托瓦内特。路易十六。内克尔和卡隆执政，召集显贵。卡隆丢脸，被迫逃离法国。卡隆的性格。欧洲被奴役的原因。

正当世风日下之时，年轻美丽的太子妃出现了，她受到了只有在法国才能看到的偶像崇拜。巴黎人想的说的都是她。但是就在他们急于表达敬意，或者想满足自己深情的好奇心时，却有大批人被杀了。

在这样一种骄奢淫逸的氛围里,太子妃岂能不被传染?路易十四的娱乐在于爱情和战争,相比当时迷醉的想象力造成的反复无常和放纵无度,他的挥霍还算清醒。当时正处于权力巅峰的杜巴丽夫人[①]很快就激起了太子妃的妒忌,让后者倾注最大热情的是她不得了的家庭自豪感,这是能让整个奥地利家族都热血沸腾的东西。为了保住路易十五的宠幸,太子妃立刻在深深的掩饰下,将宫廷阴谋的意向变成了行动。很快,她人生的唯一事业要么是恣意泄恨,要么就是追逐享乐。两者都产生于持久而无节制的放纵。

当她成为绝对的女主人时,她的性格就塑造了被动的路易十六的宫廷。有史以来,在所有表现出愚蠢的宫廷中,路易十六的宫廷不仅是最放荡的一个,还对正派最不屑一顾,尽管假装正派是欺骗平民的必要手段。任何尊重自己道德品质或仪容仪表的人都已经弃这个宫廷而去。路易十四的恢宏气度主要表现在礼节上,但这使路易十六的王后感到束缚。她希望抛开繁文缛节,却又没有足够的洞察力认识到,在一个本来美和道德就不足的宫廷里,有必要给这个宫廷一种假装的尊严,以使

---

① 杜巴丽夫人(Madame du Barry),路易十五的情妇。

简单显得有趣,或者令人尊敬。妓女很少傻到不注意用些娼妓的手段装饰自己的地步,除非她不想做生意。宫廷的华丽也是如此,只不过规模更大些。同样,王后对自己母国的强烈偏爱,以及对自己哥哥约瑟夫[奥地利国王]的爱,也很容易激起人们对王室的极端蔑视,因为她一再给她哥哥大笔送钱,可是钱都是她从法国公众手里窃取的。现在王室的华服被剥下,暴露出其下掩藏的畸形。王后毁灭性的恶习所激起的无上怒火彻底摧毁了民众对她王者之尊的一切敬畏。只有权力才能赋予王座以尊严,蔑视很快就会产生仇恨。

有关那条项链[1]的狼狈交易激怒了贵族和教士,但是此事很可能是她豢养的无赖欺骗她的结果。连她在

---

[1] 王后爱珠宝,有珠宝商向她兜售一条镶嵌有六百多颗钻石的项链,因价格太贵未能成交。于是就有一位拉莫特伯爵夫人向自己的情人某主教谎称王后想买下项链,但是不好亲自出面,怂恿主教出面。主教为讨好王后,拿着伯爵夫人伪造的王后签名将项链买下,将其交给伯爵夫人。不久项链被拆分,流入英国黑市寻找买家。没拿到钱的珠宝商则找上王后催要欠款,至此事情败露,主教遭流放,伯爵夫人也被判终身监禁,一年后却逃亡英国,在英国报章发表自传,说此事全由王后指使。项链事件造成法国人对王后及王室的极大不满,更被某些历史学家看成法国革命的催化剂。从沃氏此处的记述看,她虽然不喜欢也不赞成王后的行为,却不认为此事是王后所为。

特里亚侬举行的梅萨丽娜式的宴会①,也让她成了嘲笑和讽刺的对象。

人民的注意力一旦被唤醒,就再也不能沉睡。每天都有新情况发生,都在激起新的讨论,而最不公正和最沉重的赋税又让每个人都对这些讨论感同身受,直至王室的奢侈成了一个普遍话题,遭到越来越尖锐的诅咒。

国王没有足够的决心支持杜尔哥政府。先前他的温和倾向让他选择了杜尔哥,现在他却不知所措,只好让巧言令色的内克尔(Necker)掌舵。内克尔虽然对他能干的前任的治国方略只是一知半解,但在虚荣心的驱使下,还是谨慎采纳了这些计划。为了让自己获得民众的支持,内克尔先是出版了《上呈国王的账目报告》。各阶层的人都以惊人的速度阅读了这本书。朝臣们深感震惊,解雇了内克尔。内克尔在退隐后写下了他对财政管理的意见②,倒也延续了探索精神。这种精神后来打破了宫廷的护身符,向幻想破灭的群众表明,那些他

---

① 梅萨丽娜(Messalina)是公元初年罗马皇帝克劳狄乌斯(Claudius)的第三任妻子,亦泛指淫荡狡诈的女人。路易十四在凡尔赛建造了一大一小两个特里亚侬宫,路易十六将小特里亚侬宫送给玛丽·安托瓦内特,这是这位末代王后在凡尔赛最喜欢的居所,里边有个瑞士农庄,供她有兴致时扮演牧羊女玩。

② 指内克尔的著作《论法国的财政管理》一书。

们被教导要当成超人一样尊重的人实际上不是人，而是被自己的地位剥夺了人性，甚至连同情心都没有的怪物。

之后又有两位继任大臣几次试图维护公共信用，寻找资源，以支付国家的开支和宫廷的靡费，但都以失败告终。然后国王被劝说将徒有其表的卡隆（Calonne）置于这些尴尬事件之首的位置上。

在此人挥霍无度的执政过程中，所有考虑都是为了向宫廷做出牺牲。有才华却肤浅的人常常傲慢，傲慢里又带有一种胆大妄为，卡隆处事即是如此。史书或传奇里所有那些为了消遣好奇的愚人所作的记述，和卡隆极度的愚蠢和肆意的挥霍比起来，都不免黯然失色。然而这一切的结果无非是激起了民怨，加速了公共信用的破坏以及革命的到来。无数破坏性的权宜之计把钱纳入了国库，却被王室及其寄生虫一扫而光。直到一切都失败了，卡隆还想再谋个财政总长的优差干干，于是他决定召集一个显贵会议，这一称谓表明与会者是贵族利益的代表。

尽管总是受到周围人的支配，路易十六本人其实颇有常识，也渴望促进有益的改革，因此他毫不犹豫地下令召集会议。这让疲惫的国家有了崭新的前景，显得无比美好,可是同时也让国民惊讶于赤字之巨大,因为一系列罪恶和愚蠢已经将这赤字扩大到史无前例的水平。

然而,卡隆的不道德行为使人民对他的一切计划都无法信任。可是他仍然认为,只要平均赋税,就可以巧妙地获得维持政府运转、平息民怨所需的物资。这人就是如此自负。他以为平均赋税会打击贵族和高级教士,会将其从特权阶层降至公民地位,会让其他国民对他心怀感激。他最后说,高等法院绝不敢反对他的制度,因为那样就等于把公众的不信任和仇恨都揽到了自己身上。

可是在经历了卡隆的奢侈后,即使是最自由开明的慈善机构也都几乎认定这项计划是于民无益的。然而,温和派不对卡隆的意图仔细考察,就想象这个计划可能会带来诸多好处,会给予法国人所有他们能消化的自由,会避免骚乱——迄今为止骚乱已经引发诸多灾难性的事件,还让国民冷静地准备好迎接更多的灾难。温和派还以为虚荣和无知造成的沸腾不会使人民头脑眩晕,或者心灵野蛮。然而也有明智的观察家采纳了其他观点。他们说,现在人民既已发现赤字的严重性,就可以被说服,知道国家需要一个具体的补救办法,即一部新的宪法来治愈邪恶这个巨大暴政的排泄物。为了填满成千上万谄媚的奴才和懒惰的马屁精们不知饱足的大张着的嘴,暴政正在耗尽劳动所能创造的滋养生命的汁液。但是,尽管人民目前可能会对这项有益的改革感到满意——因为从类比中推断,此项改革可能会逐渐产生效益,这是金融家卡隆现在没有考虑到的——贵族们却没有足够的觉悟倾听正义或谨慎的指令。实际上,自从黎塞留执政以来,大臣制度的功用就一直是打击贵族,增强宫廷权力。然而大臣、将军和主教一向都是贵族,提拔的也都是自己人。这些人为了个人的升迁,压抑了整个机体的活力。既然这群马蜂渴望得到他们赖以生存的"掠夺物",那么这次废除贵族特权的公开尝试就为卡隆捅了一个马蜂窝。除了"掠夺物"这种叫法外,我们还能用什么名字来称呼这些懒惰、自己不纳税却向别人征税之人所拥有的年金、职位甚至财产呢?*

---

* 自从制宪会议均等征税以来,卡隆就吹嘘说他提出了一种平等的征税模式。然而贵族们不会听从任何这样的动议,他们只会顽固地维护自己的特权,并反对一切触及其自身免税权的变革。在陈旧弊端被匆忙清除之际,这种盲目和顽固可以说是导致暴力和混乱的主要原因之一。如果我们还记得有一种既不道德又不真诚的行为扭曲了贵族的所有政治情操,那么我们就必须明确一点,即,人民,虽然被贵族认为由不可改变的法律将自己与其分开,是显然能从令人信服的理由中得出结论的,知道改革大部分令其困惑的免税权和武断的风俗几乎是不可能的。这两者的重压造成了一种特殊的紧迫感,它以最强大的能量号召革命。毫无(转下页)

即将到来的国家破产是一七八七年召集显贵会议的表面理由，但是事实上，这次会议的召集应该归功于两千五百万人发出的理性之声。这些人尽管戴着可憎的暴政的枷锁，却感到危机近在眼前。因为此时人的权利和尊严已经确立了起来，就要在正义和人性的永恒基础上登上王座了。

显贵们一经聚集，就意识到了公众已经觉醒，正在对其实行监督，于是显贵们明白自己的行为将要受到公众的审查，因此就怀着类似自由人的独立精神，认真研究了每一项国民关切，也仔细调查了造成赤字的原因。然而，针对他们的询问，卡隆只是含混地回答说他"是遵照国王的旨意行事的"。可是当时全欧洲都知道，国王不过是凡尔赛①的一个闲人罢了。甚至拉法耶特（La

---

（接上页）疑问，所有人犯的所有错误相加，都不如贵族这一个阶层表现出的完全缺乏洞察力、坚持偏见以及傲慢无知更应该受到谴责，因为贵族是有机会获得知识，本应具备更好的判断力的。而人民之所以采取行动，是因为受到了不人道的挑衅，遭到了最严重的不公正行为的刺激，他们是在既无规则，又无经验可以为其提供指导的情况下，是在经历了多年苦难，还没完没了地反复被各种轻蔑的剥削摧毁了节制后才奋起一搏的。

① 凡尔赛宫位于巴黎西南十八公里的凡尔赛镇，原是一片森林沼泽荒地，从路易十四起大兴建设，最终成为气势恢宏、金碧辉煌（转下页）

Fayette）对卡隆的指控——交换国家领土，挪用百万计的国库税款，以满足王后和阿图瓦（Artois）伯爵以及阴谋集团其余人等的需要，因为这些人保住了卡隆的地位——也都被众人相信了。事实上，为了满足王后的不懈要求，国民早就被剪了羊毛。为了壮大奥地利，也为了纵容她所宠幸之人，王后不惜肢解法国。宫廷既然纵容贪污，大臣也就玩起了一场稳妥的游戏。与此同时，诚实的劳动者却在千百次虐待下呻吟，拱手让出勤劳所得的安慰，或是年轻力壮时为日后物资匮乏或年老力衰时积累的一点资财。然而这一切都刺激了一个轻率、奸诈的女主人日益膨胀的欲望，还刺激了她那些毫无原则的代理人的贪心。

卡隆这个虽然软弱却很狡猾的马基雅维里式的政治家不许其他人接近国王。他用口才骗取了国王的信任，用貌似有理的计划无可避免地迷惑了国王。然而，卡隆

（接上页）的大型宫殿，百多年间一直是法国王室的居住地，直至一七八九年十月六日路易十六及其家人被民众挟持至巴黎，凡尔赛宫作为王宫的历史才告终结。在随后到来的大革命的恐怖时期里，凡尔赛宫多次被民众洗劫，宫内的家具、壁画、挂毯、吊灯和陈设物品被劫掠一空，门窗也被砸毁拆除。一七九三年，凡尔赛宫残存的艺术品和家具全部被运往卢浮宫。此后凡尔赛宫沦为废墟长达四十年，直至一八三三年奥尔良王朝的路易·菲利普国王下令修复凡尔赛宫，将之改造为历史博物馆。

有个与之抗衡的强大敌人，名叫布勒特伊（Breteuil）。布勒特伊在太子妃当初夺权的斗争中满足了她的一些小小的激情，如今太子妃成了王后，就把他置于绝对权力保护之下。试图以一己之力抗衡王后的卡隆感到不安，那一大群曾经从掠夺物中分羹的马屁精们也都立刻警觉起来。尽管他们早就在往路易十六的眼睛上撒罂粟①，现在却想让国王睁开眼，并且很快就让国王相信他最宠爱的大臣是个背信弃义的家伙。与此同时，两个特权阶层［贵族与教士］为了打倒共同的敌人也联合起来。他们一边谨慎行事，一边开始复仇。

拉法耶特对卡隆的指控也许只是应付公众，甚至应付国王的表面理由。很难想象这些指控会对阴谋集团产生任何作用，因为他们发明或纵容了那些能持续满足其享乐欲望的计划。事实是，他们很可能发现卡隆已经不再适合承担这个任务，或者卡隆本人不再选择做一个温顺的恶作剧工具了。总之，卡隆被认为不再合适而被弃置一旁了。

卡隆感到很丢脸，很快退隐到自己的庄园上去，但又不被允许在无所事事的忧郁沉寂中与"流亡大臣之病"挣扎得太久。因为他听说高等法院声讨了他，不由得怀着

---

① 意在麻痹其视线。

满腔怒火，身披那些受伤害的国民的诅咒逃离了法国。在法国人的仇恨或钦佩中，很少看到成熟反思的身影。

卡隆执政时的奢侈程度远超其他祸乱法国之物，但是驱使他的动力似乎并不是让自己发财的计划，他甚至连发财的欲望都没有。他之所以大肆挥霍他用武力或欺诈手段勒索来的巨额钱款，其实只是为了满足朋友和下属，或者买到朋友和下属。到了筋疲力尽之时，他不得不求助于内克尔的贷款计划。但是他不像内克尔那样享有公众的信任，无法以同等便利获得贷款，于是他就把这个包袱甩给了继任者，让它去充当继任者的绊脚石。内克尔以他对持币人的有利条件，引进了一套凶险的股票买卖制度。这个制度的缺陷要到后来才慢慢显现，因为虽然有人最能让人民睁开眼，但这些人的利益所在其实是让人民闭上眼。同样是这群持币人，卡隆就无法诱使他们接受自己的提议。他们不仅不想接受，还故意制造违约，从而获得每天都在到期的利息和极高的溢价。

卡隆对事物的理解很快，推行粗制滥造的计划时也很大胆，他还会用华丽的辞藻将这样的计划包装得貌似有理，他是法国人民族性格的有力代表。他缺乏的似乎是原则，而非人性。而他之所以误入歧途，是虚荣心和爱好享乐作怪的结果，而非源于那些深刻的内疚计划。

前者会在无形中消除道德束缚，后者会在鳄鱼还没孵出来以前就强迫别人看他们正在孵化的恶作剧的结果。不过人类往往是根据事件做出判断的。卡隆的行为轻率傲慢（即便不是卑鄙），为他招致了普遍的责难。要是到处都能听到一个受压迫民族的呻吟，说明这个国家病了。在这样的危急关头，甚至在政府面临解体的边缘时，卡隆难道没有浪费国家的资财吗？他不仅忘了道德的义务、荣誉的纽带，还忘了公民们对他的默默信任，这是一个政治家理应视为神圣的东西。他逃走以后，几乎在欧洲的每一个宫廷都受到了礼遇，他成了专制主义的主要代理人，他后来还会帮他们讨伐尚处于新生状态的法国的自由。

当我们反思为宫廷所用的工具时，我们就能大致解释欧洲的奴隶制了，而且可以说，欧洲的痛苦并非源自文明的不完善，而是源自政治制度的谬误。这种制度必然会使那些时代的宠儿成为卑鄙的暴君，他们渴望积聚财富，多到让自己不被遗忘的程度，同时还任凭他们为之苦苦奋斗的荣誉被人从其额头上扯下。① 此外，大臣们发现权力赋予了他们无所不能的本领，能让他们犯了

① 指统治者的王冠被人从头上摘下，即失去王位。

罪还不受惩罚,再加上他们暗暗惧怕那些希望有朝一日能捞到同样好处的人,于是就有了堕落风气的盛行,使他们犯下一个又一个残暴的错误。国王从来都是大臣、情妇和秘书欺骗的对象,还有狡猾的侍从和侍女,他们也很少闲着,而且还最最贪腐,因为他们的性格最不独立。最后在这个腐败的圈子里,没人能指认谁是第一个腐败者。由此产生了宫廷支持这些人的顽强意志,也激发了宫廷对共和政体的强烈反对,因为共和政体要求大臣对其违法行为负责,由此还可以知道宫廷为什么对公民的平等原则如此恐惧。

第三章

布里埃纳执政。显贵解散。显贵们建议征收土地税和印花税,但是高等法院①拒绝批准。国王御座②。

---

① 巴黎高等法院起源于中世纪封建贵族的议会,后来负责对来自法国境内各封建领地的地方法院的上诉案件做出终审,并有登记国王敕令和向国王谏诤两种职能,凡是未经高等法院登记的敕令均可视为无效。国王虽然可以亲临高等法院强制敕令登记,但是高等法院具有贵族传统,任职者多有贵族背景,其机构的独立性较强,国王未必能够如愿。

② 所谓国王御座,是指国王在高等法院里的席位,也指在此法院内召开的由国王主持的会议。国王出面,为的是确保他想要颁布的敕令都能予以登记。

高等法院被驱逐至特鲁瓦,但是很快又因想要召回而妥协。宫廷派为阻止三级会议的召开而挣扎。奥尔良公爵①和两名激进的高等法院法官遭驱逐。全权法院。对

---

① 本书多处提到奥尔良公爵(duc d'Orléans),这是法国革命中的一个重要人物,此处不妨做一系统介绍。"奥尔良公爵"这一头衔是法国的一个贵族爵位,属于波旁家族的支系,始立于一三四四年,以最初的封地奥尔良命名,用来授予王室亲王。此处所涉的这位奥尔良公爵史称路易-菲利普二世(Louis-Philippe Ⅱ),名字叫路易-菲利普-约瑟夫(Louis-Philippe-Joseph, 1747–1793),一七五二至一七八五年间也叫沙特尔公爵(duc de Chartres),后又有绰号"平等的菲利普"或"菲利普平等"(Philippe Égalité)。因为对路易十六的王后玛丽·安托瓦内特怀有敌意,他和其他贵族不同,不居于凡尔赛。一七八七年(即文中此处所说),他因财政政策和路易十六发生冲突,被路易十六流放。一七八九年三级会议期间,他被选为贵族代表,但他不同于一般贵族和教士,他支持第三等级。六月十七日第三等级自立为国民议会后,他于二十五日加入国民议会。他在巴黎的住所罗亚尔宫(Palais-Royal,法文字面意思是"王宫",也就是本书多次提到的王宫广场所在地。为避免与国王的王宫混淆,译者不将此宫室译为"王宫",但是宫室所在的广场已有"王宫广场"的流行译法,因此循惯例,仍将其称为"王宫广场")成了民众骚乱的中心,他本人也被七月十四日攻克巴士底狱的民众视为英雄。沃氏在本书后文中怀疑一七八九年十月五日晚冲击凡尔赛、想取国王、王后性命的暴力事件由他一手策划,并说他因事败而借口去英国公干以避风头,但是注重事实、不涉推测的《大英百科全书》在对此人的词条解释中不录此说,只说一七九〇年七月奥尔良公爵从英国结束公干回法后,继续在国民议会占有一席之地。一七九一年奥尔良公爵加入雅各宾俱乐部,一七九二年八月君主制垮台后,他放弃贵族称号,从巴黎公社手中接受"平等的菲利普"的称号,"平等"是法国革命的口号"自由、平等、博爱"的一部分。在对路易十六的审判中,他投了(转下页)

高等法院的评论。监禁法官。布列塔尼省的代表被关进巴士底狱。士兵大肆镇压人民。

卡隆被解雇后，王后选中了布里埃纳（Brienne），一个杜尔哥对其才华估计过高的人。布里埃纳之所以被选中，是因为他先前就支持王后的观点，现在也还是个对权力卑躬屈膝的奴才。而长期以来他之所以追求权力，就是为了获得人人艳羡的大臣职位。他的努力仅仅是为了获得这一职位，而不是为了履行其职能。他软弱而胆小的头脑长期处于混乱之中，他一头雾水地接受了前任提出的税收方案。因为钱必须得有，可是他不知道上哪儿去用新的敲诈手段弄出钱来。

现在，显贵们解散了。即使他们的热情询问没有招来宫廷的讨厌，他们也一样会被解散，因为召集他们的大臣被解雇了。然而解散他们不是个明智的做法，因为他们极为不满地回到了各自的住地，传播了在怨恨和争

（接上页）赞成处死票。但是当他的儿子路易·菲利普（Louis-Philippe, duc de Chartres）一七九三年四月五日叛逃至奥地利后，他被疑合谋，也于四月六日被捕，并于十一日死于断头台。其子路易·菲利普后于一八三〇年至一八四八年间任法国国王。

论中产生的自由观点。

不过显贵们在被解散前达成了一致，他们建议征收土地税和印花税，于是这两项法案就被送到了高等法院登记。可是法官们从来不曾忘记自己是靠职务才享有免税特权的，因此他们避开了要求均等纳税的土地税，还利用了公众对印花税的憎恶。这样一来，法官们就以爱国的姿态，避免了公然反对人民的利益。这其实清楚地证明，他们更珍惜的是自己的利益。

现在，为了吓唬高等法院，宫廷华丽而虚伪的盛装被摆在所谓的正义之床①上，实际上，这只是对所有正义的嘲弄。因为宫廷一边假装征求高等法院的意见，一边下令登记法令。与此同时，高等法院把自己该做的事当功劳，宣布批准征税的权利只属于三级会议，要求召开三级会议。宫廷被高等法院的坚决反对激怒了，就将高等法院驱赶到了特鲁瓦（Troyes）。为了能被召回，高等法院只好妥协，登记延长"双倍的二十分之一税"②，等于怯懦地放弃了自己先前的立场。

一个世纪前，人民会消化自己的失望，会以牲口般

---

① "正义之床"是"国王御座"英文原文（bed of justice）的直译。

② 所谓二十分之一税，指农民须缴纳百分之五的收入税，一七五六年，这一税额翻倍。

的默许，屈从于国王的宏大意志，而不敢审视其内容。但是现在，人民认识到了自己的尊严，坚持认为凡是不起源于他们的权威都属于非法和专制。他们还大声呐喊一个伟大的真理，那就是必须召集三级会议。这一切都是理性进步的证明。政府就像一个因酗酒而濒死的可怜虫，享乐的欲望犹在，促使它虚耗气力与死神缠斗。它为了生存又苦斗了一段时间，妄想依靠宫廷经验主义者们的救助，阻止它的解体。事实上，从布里埃纳接替卡隆的那一刻起，专制恶魔所能发明的一切机器就已经在运转，以转移舆论的潮流。因为这股潮流正在以不可抗拒之力，用它美好的胸膛承载新的自由情怀，并将随着自由的高涨而将那些愚蠢的垂死丰碑，以及由迷信无知构筑起来的脆弱障碍统统淹没。

但是物资仍旧短缺。宫廷获得贷款的办法很多，贷款是其阴谋诡计的必要杠杆，于是它联合了高等法院的一些法官，希望与其达成协议，并交御前会议批准。然而，高等法院决定采取绝对多数的管理办法，使得掌玺大臣不宣布表决结果就尽快把事办完的计划完全失败了。

发现这一不公平的企图后，愤怒的法官们高兴地抓住了机会，想借此恢复自己的名望，勇敢地保持自己的品格，维护人民的利益。奥尔良公爵颇为嘲讽地对国王说，这只不过是另一张"正义之床"罢了，于是他被流放了，一起流放的还有另外两个敢于抗议的法官。法官们现在成了公众崇拜的对象，心怀感激的公众视之为抵御内阁攻击的唯一堡垒。内阁则继续骚扰，筹划对策，以应对同时发生的、将所有反对意见都带到他们面前的各种事件。

这一时期的宫廷，也就是我所认为的政府，已经完全走到穷途末路了。它不断从一个错误跌入另一个错误，直至最后将希望全部寄托在布里埃纳和性格较强的拉穆瓦尼翁（Lamoignon）提出的颇受民众欢迎的改革上，想用改革哄骗人民，粉碎高等法院。他们采取的几次行动都属于愤怒者的微弱打击，那是一些仍然希望保留偷来的官位带给他们好处的愤怒者。这些人的目标是高等法院，目的是误导人民，还向人民承诺改革刑法。但是，急切吞下片面补救办法的时代已经过去。人民清楚地看到，他们的意志很快就会成为法律，他们的权力将会无所不能。可是布里埃纳不知道这一点。为了避免遭到进一步的反对，他提出了一个全权法院的计划，也就是组织一个由王公、贵族、法官和士兵组成的各类人的集会。他认为这个机构能够巧妙地代替高等法院，通过复辟法兰西国王的古老形式，使人民感到敬畏和愉悦。但是他没有想到人民的思想现在塞满了其他东西，热情也转入了别的渠道。

事实证明，这种行为对宫廷的破坏力比宫廷顾问们先前犯下的任何错误都要严重。现在，低能成了每一项措施的特征。然而，高等法院还是落入了圈套。它反对一些深得民心的法令，因而失去了人民的尊重和信任。特别是一项有利于新教徒的法令，那是他们自己十年前就要求实施的，现在却因为被别人提了出来而遭到他们的反对。可是宫廷不管经验如何，都只想通过迫害恢复自己的信誉。它制造的所有冲突背后都有恐惧在指使，意在彰显权力，吓倒国民，不想却团结了各方力量，将整个国家推到行动的边缘。

为了给全权法院带来效率而采取的那些专横过分的步骤，唤醒了哪怕最迟钝之人的情感，激起了两千五百万人的警觉，促使他们去观察宫廷的动向，追踪腐败的大臣，穿过诡辩和互相推诿的迷宫，进入其邪恶阴谋的巢穴。宫廷计划在同一天内将批准这个"拥挤的内阁"的敕令①传达到所有高等法院，以防不同高等法院

————————

① 所谓"拥挤的内阁"即指全权法院，而敕令则是指由国王颁布的有法律效力的命令，尤指神圣罗马皇帝以及法国国王发布的命令。法国历史上著名的《南特敕令》即为一例。它由亨利四世颁布，内容是向新教徒表示宽容，后被路易十四收回。

一同审议，形成共同的行动计划。还有很大一支军队也集结起来，意在恐吓那些胆敢不听话的法官。但是，为了避免法官们在受到惊吓后被迫同意宫廷的计划，法官们提前就收到了警告。因为在得到暗示，知道有这个计划后，有人用钱这种普遍的腐败引擎，从新闻界盗取了一份法令的副本。

在发现这一诡秘计划试图欺骗他们，让他们盲从后，法官们义愤填膺。他们发誓要一致行动，拒绝登记那些通过侵犯他们抢夺来的特权而制定的法令。所谓特权指部分的立法权，即法令须经高等法院批准才能生效的权利，原本这个特权只属于三级会议。尽管如此，由于政府发现让高等法院取代三级会议是个方便之举——因为政府惧怕看到诸如三级会议这样的权力机构付诸行动——法官们有时就会利用政府的这一弱点来反抗压迫。这样一来，十二个高等法院就用一层体面的面纱掩盖了其对立法权的篡夺，就被人民视为抵制专制入侵的唯一屏障。然而，睿智的大法官洛必达①并没有被高等法院偶然的用处蒙蔽，他保护了法国人不受自

---

① 指 Michel de L'Hospital（L'Hospital 也写作 L'hôpital，1507-1573），政治家、律师、人文主义者，一五六〇年至一五六八年间任法国大法官，促使法国政府对胡格诺（Huguenots）新教徒采取宽容政策。

己非法野心的侵害。因为允许一个由律师组成的精英团体(他们给人民带来了现今的地位)成为人民的唯一代表,人民的这种善意难道不是很危险吗?好在律师们的抵抗还是常常阻挡了暴政。现在它引发了一场讨论,还导致了一个最重要问题的提出,即,由谁掌握主权,由谁征税和制定法律?答案是,人民普遍要求实行公平的代表制,代表们应该在规定的时间会面,而且不应听命于行政权的反复无常。软弱的政府看到自己无法通过诡计或武力达到目的,就在失望的刺痛下,决定至少报复一下两位最勇敢的法官。法官们既然联合起来质疑武装部队的权威,就有必要派人去凡尔赛,请国王签署一道明确的命令。可是次日清晨快到五点的时候,正义的庇护所[高等法院]遭到了亵渎,人民的愤慨被全然弃之一旁,两名法官被拖进了监狱。不久以后,使刺激更为加码的是,布列塔尼省派出的一个反对建立全权法院的代表团被投入巴士底狱,被迫在那里保持沉默。

没有钱,也不敢要钱,除非是以一种拐弯抹角的方式。宫廷像疯子一样,在白费气力中耗尽了自己。有两个身为治安官的讨厌的大臣激怒了巴黎市民,市民焚烧了他俩的肖像,骑兵们就在此时赶到了。骑兵之所以被召集，就是为了镇压这场故意挑起的暴乱。市民们被带到了这些为专制主义所雇佣的奴隶的怒火面前，被他们踩到了脚下。

恐惧和愤慨的叫声响彻全国，人民齐声要求正义。唉！可是在法国，正义从来就不为人所知。报复和复仇一直都是正义致命的替代品。我们可以把此时算作杀戮的开始，它教导人民用鲜血为自己报仇，它给这个被人深爱的国家带来了多少可怕的灾难！

诚然，国家的希望仍然寄托在许诺要召开的三级会议上，这个会议一天天变得更加迫切，然而，愚蠢的大臣们尽管想不出任何对策将自己从身陷其中的诸多困难中解脱出来，却绝对不想召集那个力量［三级会议］，因为他们无需多大智慧就能预见到，这个力量很快就会将他们彻底消灭。

同时，骚乱还在继续，流血只是加剧骚乱。不，格勒诺布尔（Grenoble）的市民们冷静地准备好了以暴制暴。如果不是因为听说解雇大臣产生了一时的热情，使同情心以极快的速度传播开来，凝聚了所有人的心，那么暴政的家仆们很可能会发现在他们和市民之间将要爆发一场严重的冲突。那些被同情心感动的靠屠杀为生的刽子手放下了武器，在他们原本想要杀害的公民的怀抱里热泪盈眶。他们想起了大家都是同胞，都在同样的压迫下呻吟。他们的行动很快得到了闪烁着情感之光的赞赏，激起了众人的模仿，给全军树立了榜样，也迫使士兵们思考自己的处境。对于任何一个没有凡尔赛那么堕落、麻木的宫廷而言，这都可能是一个有益的教训。

第四章

内克尔被召回。他的性格。第二次显贵会议被召集。贵族和教士联合起来保卫自己的特权。各省人民代表集会。政治出版物支持第三等级。关于改革、欧洲现状和法国革命的普遍思考。

这就是那些措施，采取这些措施的目的是激怒一个才睁开眼就吵嚷着要求恢复自己长期以来被让渡了的权利的民族。宫廷发现吓唬或欺骗人民都没有用，就想出了一个权宜之计，想要召回内克尔以平息这场风暴。身负法国信任的内克尔在某种程度上也确实值得这份信任，不仅因为他对国家税收情况所作的解释，也因为他在前次执政期间所努力采用的经济体制。但不幸的是，内克尔没有足够的才干和政治智慧在这个危急关头领导国家。他在账房长大，对细节了如指掌，对一些小的好处也很重视。当一个人想要以某种被称为公平的品格积聚财富时,这些都是必要的。内克尔通过不懈的努力,或者借用商业语言来说,他抓住了最有利的时机,积聚了大量财富,也让他的家成了当时文人墨客的聚会之所。

有钱人的缺点总是——有时候可能是在不知不觉间——被他的众多附庸者和访客培养起来的,这些人觉得他的餐桌很有趣或者很方便。因此,毫不奇怪,凭借一个还不错的金融家的能力,内克尔很快就被说服,以为自己是伟大的作家和完美的政治家。此外,当一个国家的风气异常堕落时,那些想表现出(甚至想成为)比大众道德更高尚的人,一般都会变成高尚得有点迂腐的人;他们不断将自己的道德和周围那些不假思索的恶习进行对比,结果就使一个宗派形成了狭隘做作的性格;举止僵硬,心地很冷。很多人还被自己脆弱的美德欺骗,成了别人口中的伪君子,其实他们无非就是软弱。出名往往令人眩晕,而那人原本是可以在私生活的阴影中清醒地履行为人的一般职责的。

内克尔胆怯地采纳了他的榜样——头脑清醒、毫不做作的杜尔哥的很多明智计划,却被大多数国民当成了完美的政治家。人民如果错估了内克尔政治知识的深度和广度并不奇怪,因为他们才刚摆脱绝望,而且他们是按照法国,或者是所有国家有史以来最伟大的政治家杜尔哥的标准来估计内克尔的。

内克尔写了一篇题材自然会引起公众注意的文章,就虚荣地自以为配得上他所得到的那些夸张的赞誉和智慧的名声,其实他只是精明而已。他的性情和职业使他能够理解这个题材,但他不满足于只靠写一个题材出名,他希望出更大的名。他从一些好作惊人语的人的谈话中收集了各式各样形而上学的散碎论点,想把这些论点汇编成一本大书。这本书的风格,除了一些宣言性的段落外,其实非常浮夸混乱,就像其中的思想无比牵强脱节一样。*

正是从这一时期开始,我们必须确定重大事件的起始日期。这些事件出乎我们意料,几乎总是让观察者喘不过气来,因此有必要谨慎从事这项工作;因为历史学家的目标不应该只是填补空白,而应该是追踪隐藏的弹簧和秘密的机制,因为正是这些东西催生了革命,而且是人类有史以来最重要的一场革命。这是一场需要勇

---

* 此书名为《论宗教观点的重要性》。(沃氏曾在书出之年,即一七八八年,将其译成英文。——译者注)

气和精准来应对的危机,而法国除了内克尔外,没有人因为拥有广泛的政治才能而闻名。旧的政府体制几乎没有给人提供一个领域,使人的才能可以施展,判断力可以在经验中成熟。然而,当国家处于最大的发酵期,内克尔所能想到的似乎只是些胆怯而不彻底的措施。伤口务必刺到痛处才好,可这些措施却总是给绝望的局势带来灾难。

当时的旧政府只是巨大的废墟一片。政府的支柱在其毫无根基的地面上颤抖,所有法国人的目光都投向他们敬仰的大臣。在这种情况下,内克尔带着他先前的经验主义,像另一个桑格拉都①一样,开始了第二职业。但是人民再也不能忍受流血了,因为他们的血管早就被割得再也难以找到下刀之处。原先的镇痛疗法现在已经不足以阻止致命疾病的发展了。在这种情况下,内克尔不知道采取什么步骤来维护自己的声望,就想听听人民的声音,于是决定加快召集三级会议。他先

---

① 桑格拉都是法国讽刺作家勒萨日(Le Sage, 1668-1747)的代表作《吉尔·布拉斯》(Gil Blas)中的一个人物,是个医生,唯一的治疗手段就是给病人放血和建议病人喝热水。《吉尔·布拉斯》以十六世纪末至十七世纪中期的西班牙为历史背景,借流浪汉小说朴素生动的笔触,通过吉尔·布拉斯的一生遭遇,真实反映了朝廷腐败、贵族荒唐、金钱和权势统治一切的社会面貌。"桑格拉都"一词在西班牙语中的意思是"放血者"。

是召回流放的法官，接着恢复了高等法院的职能行使，再下一步就是要消除人民对饥荒的所有恐惧。这种恐惧是宫廷干将们为了给军队建补给库找借口而巧妙地激发起来的，而宫廷先前就已经决定要在巴黎附近集结军队了。

到目前为止，内克尔的行事至少还算谨慎。但是由于忽视了当时已经获得强大力量的舆论，他在组建三级会议的方式上犹豫不决，同时高等法院又通过了一项法令，规定必须以一六一四年的方式集会，其他方式均不可以。这种自以为能为国家立法的顽固劲头违背了人民的意愿，人民再也不愿忍下去了。出于机构的共同本能，高等法院将自己包裹在先例中，却不料这些先例激起了普遍的蔑视，成了他们的裹尸布。整个帝国正在大力清除一切阻挡自由的障碍。

当此关键时刻，假如这位享有盛誉的大臣能够掌管宫廷，他是可以提出一个最终可能被各方接受的制度，从而阻止那场可怕的动乱，使国家不至于从一个极端走向另一个极端的。相反，内克尔召集了第二次显贵会议，就一个公众已经决定而他自己又不敢批准的问题向显贵们征求意见。这真是一个最强有力的证据，证明他的头脑多么不灵活，不能随人民观点的开放而扩展。这也说明他没有天才的眼光，不能迅速分辨何为可能之事。而这正是使一个政治家能够以自身为核心，以坚定的尊严行事的素质。

人在被突然的热情或同情温暖时，会被一种惯常的冲动冲昏头脑，会心怀一种轻率的狂热，但是等心冷下来以后，人又总是会变得残酷。显贵们随后的行为表明，尽管他们会被雄辩的口才引导，愿意支持一些具有爱国主义倾向的问题，但是他们缺乏原则，无法为了整体利益而放弃地方优势或者个人特权，哪怕最终他们也能分享这些优势或特权。事实上，浪漫的美德，或者说友谊，很少比口头说的更深入。因为这些东西只是喜欢模仿伟人的结果，而非为了获得温和的品质。虚荣之人大多如此。

现在，显贵们有两个基本问题要解决：一是如何规范代表的选举，二是代表选好后如何投票。自从上次选举以来，由于商业上的优势及其他原因，有几个省的人口和财富已经使国家呈现出了新面貌。如果还要坚持古老的分配办法，代表权会很不平等。可是如果遵循人口的自然等级，那么按等级还是按人数投票的巨大问题，似乎就可以因为第三等级的人数大增而预判出结果了。

贵族和教士立刻围绕特权的标准问题团结起来。他们强调，如果他们的权利遭到侵犯，法国就将不国。他们如今对自己被隔绝保护起来的利益如此忠诚，以至于所有由显贵参加的委员会，除了大亲王（普罗旺斯伯爵）担任会长的以外，都坚决反对增加第三等级的权利，以阻止这一等级发挥作用。这些争端和阴谋使决定无法快速做出，但是人民厌倦了拖延，厌恶宫廷不断阻碍三级会议的召开。宫廷为了重新获得那些微不足道的特权，从来都是鬼祟行事，还假装为共同利益牺牲了个人特权。现在人民开始集结，甚至在四处谋划，想决定先前的问题。多芬省率先垂范，三个等级联合了起来，为整个国家的组织勾勒出了一个计划。这给各省树立了典范，也为制宪会议日后制定宪法提供了依据。虽然谣言四起，但宫廷仍然愚蠢地自以为胜券在握，它看不见此刻人民已经敢于独立思考，再不会像野兽一样甘愿把头伸到绳套里了。当蛮力臣服于理性的时候，宫廷会惊讶地看到各方代表集结起来，也会惊讶地听到人们大胆地谈论自己的权利，追溯社会的起源，还用最强烈的色彩描绘旧政府可怕的掠夺。当人们的思想被宫廷的权谋、大臣软弱的措施和高等法院狭隘自私的观点弄得疲惫不堪的时候，他们就开始热切地审视一些有才华的作家的作品。这些作家每天都在报刊上发表文章,激励第三等级,想要在扩大的原则上为第三等级伸张权利,还想大力反对特权阶级的过分主张,因为后者支持古代的篡夺,就好像这些篡夺是某个特殊人种的自然权利。西哀士(Sieyes)神父和孔多塞(Condorcet)侯爵的哲学思想最为深刻,米拉波(Mirabeau)油滑的雄辩则软化了这些枯燥的研究,助燃了爱国主义的火焰。

如此形势下,内克尔意识到人民的意志越来越坚定,就说服了高等法院颁布法令,规定第三等级代表的人数应该等于另外两个等级的总和。但是代表们是按等级投票,还是共同投票,仍然未定。

人民的耐心已经被伤害和侮辱耗尽,他们现在只想为自己的代表准备指令。但是,他们不想逐步寻求改善,让一个改革平静地催生另一个改革,而是决心立刻痛击所有痛苦的根源:不受限制的君主,人数多到没有必要的僧侣,以及增长过快的贵族这三者共同造成的伤害。仓促间采取的这些措施成了一个值得研究的哲学课题,且可以自然分为两个截然不同的部分。

首先,从理性进步的角度看,我们有权威推断,所有政府都将得到改善,人类幸福也将被置于坚实的基础之上,会随着政治科学的进步而逐渐完备。如果那种诞生于野蛮时代,由骑士精神滋养的有辱人格的等级划分在所有明智之人看来都正在变得异常可鄙,那么一个谦虚之人可能会在五十年内因为这样的划分而脸红。如果欧洲的礼仪和半个世纪前完全不同,公民自由已经基本得到保障,如果每天因为真理和知识的普及,不断扩展的自由正在被建设得越来越牢固,那么政治家通过迅速消除顽固的偏见,强迫人民接受任何意见的做法就会成为不智之举。因为这些不成熟的改革不仅不会促进,相反还会破坏他们统治的那些不幸之人的安逸,并会为专制思想提供反对理性的强大论点。除此以外,原本想要达到的目标可能会被延迟,内部的骚乱和人民之间的不和也会导致最可怕的后果,即人类被屠杀。

但是,其次,有必要注意到一点:如果社会的上层已经堕落至此,那么不用最恐怖的补救措施恐怕不足以根治。上层一边享受着篡夺来的果实,一边还对弱者专横行事,还要用尽一切手段制止一切人道的努力,不把人从堕落的状态中拉出来,而人之所以会处于这种状态,只是因为财富上不平等,在此情形下人民有权以暴制暴。而且,如果可以确定全世界人民在压迫的铁蹄下所受的无声痛苦(尽管不很明显)也比法国发生的这种剧烈的动乱所造成的灾难更大,那么这个追求新生的国家想要立刻采取措施根除那些毒害了人类大半幸福的有害物质,在政治上就有可能是正义的,哪怕动乱会像飓风一样席卷自然,夺去自然所有盛放的美好。迄今为止,文明催生的不平等使钱财比才干或美德更令人向往,它削弱了政体的所有器官,使人变成猛兽,使强者总是吞噬弱者,直到正义的意义完全消失,而被慈善这种最华而不实的奴役制度所取代。长期以来富人对穷人施暴,教会了穷人掌权后应该如何行动,现在富人一定感受到了后果。人类因苦难而凶残,不满造成了人对社会的仇恨。不让一半人的幸福建立在另一半人的痛苦之上,人道就会代替慈善,还会代替贵族所有炫耀式的美德。事实上,如果我们在社会上只看到人分主仆,我们还怎么能期待人像兄弟一样共处?在人类学会互相帮助而不是互相控制之前,政治团体对于改善人类的状况几乎无能为力。

在未来的一些年里,欧洲可能会处于无政府状态,直到情操的改变逐渐打破习俗的坚固堡垒,改良人类的风气,但又不至于激起人类——这群被虚荣和骄傲宠坏了的猖猖乱吠的杂种狗——的小小激情。事实上,在懒惰的夏天笼罩在人们心头、污染了空气的正是这些小小的激情,因为此刻理解力静止了。

几次凶残的愚蠢行为恰如其分地给法国发生的这场大革命招来了毁谤。然而我有信心证明人民的本质是善良的，知识正在迅速向完善进发。那些老于世故的傻瓜骄傲的优越感将被哲学的温和光芒掩盖，人会被当成人，会以一个聪明人的尊严行事。

　　法国人从毫无保留地服从君主，发展到自己突然变成了君主。可是由于人会很自然地从一个极端跑到另一个极端，因此我们不应该推论当下的精神不会蒸发，或者说这种精神会让已经搅浑了的水因为发酵而变得清澈起来。无原则之人就如风暴中的泡沫，虽然会在浪涛的顶部闪闪发亮，但是在骚动消失后，它会被迅速吸收。无政府状态是一种可怕的状态。所有理智和仁慈之人都很焦急，都在注意观察，当混乱消退后（因为在得到的同时常常伴有混乱），法国人会拿他们的自由怎么办。尽管人心会厌恶犯罪和愚行的细节，理解力会因揭开阴谋的一个黑色组织而惊骇震撼，因为它从最令人反感的角度展现了人性，然而我们也许很难相信在这样的一团混乱中，有一个比以往任何时候都更公平的政府正在崛起，它将把社会生活的甜蜜洒向世界。只不过凡事都需要时间才能各归其位。

第二卷

第一章

回顾法国的恶行——贵族——军队——教士——包税商。三级会议代表的选举。朝臣的诡诈。三个等级的召集。巴黎发生骚乱。三级会议的召开。国王的演讲,掌玺大臣对其做出的回答,内克尔的演讲。关于召集方式的争论。默契间确立起来的新闻自由。宫廷试图限制新闻自由。代表们宣布自己为国民议会。

在我们开始讨论三级会议催生的伟业前,有必要回顾一下法国人如此大声抱怨的压迫到底是什么。而一旦我们追查这抱怨的公正性,问题只会是他们为什么不早一点耸起肩膀,卸下这副沉重的担子。我们不必为了查明这一事实而深究,事实上将封建链条上所有环节都集齐可能很困难,因为这个链条联系的是六万名贵族的暴政。贵族们不仅实施了制度授权的所有暴政,还支持了他们人数众多的附庸者所施加的更为广泛的掠夺。事实上,还有什么比得上可怜的农民遭受的奴役呢?他不仅被什一税和狩猎法掠夺,还眼睁睁看着成群的鸽子吃掉他的谷物,却不敢杀死鸽子,因为鸽子属于庄园主的城堡。如果跟随法国人的生活必需品走过所有的征税环节,我们会发现,法国人在收割后要被迫把自己很少的一点收成送到老爷们的磨坊里去交税,然后还必须放到特权的烤箱里去烘烤。

也许,纠缠于个人劳役这种虽已过时却还没有被废除的可憎制度有点太过挑剔,因为还有一种更加似是而非,乃至更加难熬、更加可耻的榨取正在大行其道,它腐蚀了社会的两个组成阶层——统治阶层和被统治阶层——的每一种道德情感。

乡村的主要魅力是独立。可是当以上这些令人难受的束缚将一个人从乡村中驱赶出去,让他想在城里找活干时,他又必须先从某个特权人士那里购买专利,而这项税务是由包税商,或者说大臣的寄生虫卖给他的。

所有人都生活在掠夺中。尽管没有任何东西能粉饰不公,但是掠夺的普遍性却给了它一种认可,让它摆脱了诅咒。大人物们是如此麻木不仁，勒索给他们带来了享乐，他们并没有因为这享乐是用他人辛劳的汗水换来的，就对感官少了一点感谢。不，就像维斯帕先①那令人讨厌的收税一样。钱就是钱，谁还在乎它是靠什么名目的税收得来的呢？因此，富人必然变成强盗，穷人必然变成小偷。谈到荣誉，诚实就会被忽略。习俗给各种暴行起了和软的名字，很少有人认为自己有责任对被忽视的原则做一番探究，或者愿意为了满足某种浪漫的奇特观点而自愿放弃自己在掠夺中的份额。这种观点引发的是嘲笑而非模仿。

军队在每个国家都是祸害，在这里也都由贵族组成，并且和十万个不同种类的特权人士结成联盟，以支持他们获得税收的特权。这对农业而言是一个重负，同时军队还没有义务直接负担公共开支。

盐税，苦役，还有提供马匹的义务——即使是在农场最需要马的时候，农民也得提供马，以便把军队从国家的一个地方运到另一个地方。这三者是农业发展的障碍，它们既不公正，也很讨厌，就像是钉到农业脚踝上的钉子。于是活动不断受到各种限制，而不是鼓励，这

---

① 维斯帕先(9-79)，公元六十九年至七十九年间为罗马皇帝，为填补国库空虚，曾大力开拓财源，增加税收和收费，有贪财之名，但也有说他性情爽快幽默，不事报复的。

就像在农业改良的道路上设置了一个不可逾越的障碍。严格说来,在压迫的隔绝中生活的每个个体仅能糊口。既然享乐有赖于如此之多的伤亡,他们就不愿以非凡的劳苦为代价储存舒适。对结果从来都不敏感的人可能同样也没有意识到原因。他们思考不深,没能探究到旧压迫的根源,因此只能大声反对新的压迫。

除此以外,法国还维持着二十万名祭司,共同的放荡精神将其团结在一起。这些人沉溺于一切披着不道德外衣的堕落的享乐,同时通过使最邪恶的偏见神圣化,让人民变得禽兽不如。每个有关正义和政治进步的考虑都成了他们的帝国的牺牲品。

在如此大规模的邪恶之外,还有潜伏于修道院院墙背后的腐烂蠕虫。这六万名修道者放弃了俗世,也就割断了自然的纽带,成了祭司制度的支柱。他们享受着全国四分之一以上的农产品,还拥有庞大的地产。这些人是国家的水蛭,无知者的偶像,暴政的守护神。他们对九头蛇①的供养分文不出,然而他们是急于保护九头蛇

---

① 即希腊神话中的多头蛇,中文译作"九头蛇"是虚言其多。这个怪兽的特点是头被砍下的同时又会立刻长出来,大力士赫拉克勒斯最终将其杀死,作为自己十二件功绩中的一件。"九头蛇"在英文中也可泛指难缠、讨厌、有害、很难杀死的人或物。

的,这也是为了保护他们自己。他们大肆吹嘘自己的仁慈,可是同时又以最邪恶的亵渎,大肆享受自己欺诈来的果实。他们的整个一生都是对自己所传授并假装尊崇的教条的嘲弄。除此还有各种其他烦恼,多得难以计数,而且彼此纠缠,你中有我,我中有你。每个小小的垄断都在加强专制主义的庞大结构,它无视时间和理性,昂起了头。的确,一切都在很大程度上取决于特权阶层中那些个体的反复无常。宫廷可以随意使之行动起来,偶尔还会给他们一点安慰,以平息其暴躁的咆哮。

另外还有五万人的包税大军,他们以自己的手段征收和积累税款,给压迫额外增加了一份痛苦。那是所有人为发明出来的压迫中最令人痛苦的一种,因为这种压迫的原则导致了最卑劣的贪污。而强盗联盟,也就是那大批官吏的组合,又保证了这种罪过不会受到惩罚,因为官吏们的家人和趋奉者正是靠不断打击正义、获得战利品而养活养肥自己的。而且,当高等法院不断牺牲人民利益的时候,低等法院却又更加贪赃枉法,因为它们是由讼棍组成的。国家腐败时,这些人会像腐尸上的虫卵一样密密麻麻。

这就是那些冤屈!哈宝(Rabaud)说:"这些强取豪夺加在一起,对国民征收的税额,想象力不敢计算。"我们可以认为正是这部分人构成了法国，直到国民中的大多数，也就是那些奴隶和侏儒纷纷挣脱枷锁，站起身来，突然以人的尊严和主张出现在世界面前。是的，这些人还有人的感情，或许还更强大，因为他们的感情更自然。他们要求拥有和贵族一样的平等权利，因为贵族就像古时候的巨人，只是借助了想象才变得伟大。谁会对人类的利益如此冷酷，敢说这不是高尚的再生？看到一个大帝国的居民从最野蛮的堕落状态上升至巅峰，看到他们凝视自由的曙光，呼吸自立的新鲜空气，头脑的结构也焕然一新，谁会因自私的恐惧而麻木到感受不到一丝温暖呢？谁又会如此受偏见左右，坚持认为法国人是一个由自然或习惯塑造的独特的奴隶民族，永远无法获得自由人所特有的那些高尚情操，而这些情操就在为三级会议的召开所进行的选举中曙光乍现了？选举是预备性的斗争，目的在于转变舆论，借此使政府发生根本转变。

现在，有六百万人参与了国民代表的遴选，并为其准备指令。正是在这些集会中，平民们开始了其政治生涯，他们在新的基础上讨论的话题迅速成为全国唯一有趣的话题。

在一些地方，三个等级共同参会，似乎决定了关于代表平等性的重要问题。但是，总的来说，前两个等级还是单独聚集，顽强捍卫他们摇摇欲坠的特权。第三等级则怀着谨慎的嫉妒，要求纠正他们所受的冤屈，虽然他们几乎无法希望别人也对这些冤屈使用如此苛刻的名字。

贵族中等级森严，礼仪严苛。等级较低的小贵族长期以来都难忍王公和大贵族的专横，后者则傲慢地争夺着荣誉的每一级阶梯。然而大小贵族一致同意放弃金钱特权，还以含糊不清的措辞加入公众的呼声中，要求制定一部宪法。

同样的分裂在教士中产生了更为明显的结果。动静最大的是教区牧师。他们是这一等级中的平民，希望在天平上显示自己应有的分量，他们的成功似乎是国家将要发生转变的一个确定的预兆。事实上，每个教区都是一个小小的专制中心，这比大教区还让人难受，因为小教区里人与人之间的距离很近。教区牧师因为不在提拔的康庄大道上，因此最受压迫，于是他们在新的平等竞争中充当了先锋。同时，他们对主教的不敬也为蔑视王权铺平了道路。

迄今为止，教会似乎都是不可分割的，然而教会显贵们的骄傲太不得体，让此时的教会产生了分裂，导致大多数教士都站到了人民一边。而在贵族中，只有少数贵族抛弃了贵族们的共同事业。事实上，教区牧师从当选开始，就成了第三等级中的保留队伍。他们想在第三等级里找到他们在自己人当中被拒斥的尊重，而且他们发现自己的利益和倾向更接近于第三等级，而不是那些有钱的教士。后者哪怕在羊群中也还是要区分山羊和绵羊，他们嫌教区牧师挣钱少，让他们靠边站。钱是这一等级的神，就像钱对所有其他等级来说也都是神一样。尽管有那么多高级教士的威胁和阴谋，却仍然有这么多的下级教士当选为会议代表。这是一个惊人的证据，说明教会的力量正在减弱，人民的力量正在觉醒。此时的骚乱似乎是暴风雨来临前的隆隆雷声。那些在省一级集会中成长起来的演说家日后将在全国范围内发挥作用，掌声鼓励他们坚持下去。

　　第三等级目标一致，因此在他们的指令中贯穿着一种同声共气，主要针对的就是另外两个等级的特权。最受欢迎的出版物都在抨击这一弊端，令受苦的人民深以为然。一本由西哀士神父撰写的著名小册子发行了六十版。对王室心怀不满的奥尔良公爵也煞费苦心地散播舆论，虽然这些意见与他的个人见解相去甚远。他就是这样怀着盲目的野心，努力想要推翻宫廷，因为宫廷的废墟砸下来，已经打到了他的头。

但是因为受苦而痛楚，又因为这些讨论而热烈起来的法兰西民族的脾气跑到了它的判断力的前头，以至于它让选举人以仓促的热情指示其代表立即制止一系列的虐待行为，而没有考虑到这么做的后果。在愤怒的激情中采取的行动总是这样不幸。在纠正暴虐的狂怒中，人们总是只把一种暴虐换成另一种暴虐。很难让愤怒的头脑明白对其有益的经验教训！人在行动时总是不假思索地从一个极端跑到另一个极端，即使是对理性最强烈的信念也不能迅速改变身体的习惯，更不用说改变那些因特定思维方式和行为方式而逐渐养成的举止了。

然而，为了确立平等的权利，使其成为自由的基础，也为了防范宠臣们对公民人身和财产的掠夺，全国上下同声共气呼吁制定宪法。这样一来，将征税权限制在国民代表机构的积极禁令出台后，通常紧接着会建立新闻自由，废除秘密逮捕令。陪审团制度也被建议采纳，代表们还被延请考虑能否减少死刑，甚至完全废除死刑。针对博彩的邪恶倾向，以及壁垒和垄断对贸易造成的无端障碍，也都有人做了评论。简而言之，宫廷、贵族和教士的暴政和不公都遭到了抗议，其压迫或者被揭露，或者被详述。然而在众多的非难当中，针对国王的却只有祈祷和赞美，连对共和主义投下的一瞥都没有，因此让人不得不怀疑这些祈祷和赞美的诚意。

为了防止这场风暴在自己头上炸开，阴谋集团决定把所有希望都寄托在外国军队的援助上。他们从国家的不同地方纠集外援，而不愿相信法国士兵，因为后者正担负起公民的角色。与此同时，他们以朝臣惯用的伎俩，继续娱乐会议代表，直到能将后者一举压垮，也能将人民的希望有效扑灭。人心天生向善，尽管常常被激情所骗。心灵哪怕被污染，或是被窒息，头脑哪怕策划了最黑暗的阴谋，有谁——即使是在孤独的寂静中——会对自己低声说自己是个恶棍呢？难道他不会像弥尔顿的魔鬼一样，为了掩盖自己的罪行，设法找出一条不得不受诅咒的抗辩来？他可以说他是为了自保，不得已才侵犯了永恒的正义，但是他对永恒的正义永远心怀敬意。然而，美德的层次变幻，颜色未定，人并非只通过美德才能体现人天生的尊严。不，人的恶行一样盖有神性的印记。在心灵被引入歧途前，必须先将理智扭曲。同样，人们懒散地追随时下流行的思维习惯，而不会对其加以权衡。因此，这些能够冷静思考一种屠杀的朝臣后来却有可能在思考另一种屠杀时被真正的恐惧吓坏了。前一种屠杀注定是他们为了延续旧秩序而集结外国军队的结果，后一种屠杀则由他们的顽固造成。这就是人心的诡诈，所以头脑必须清醒,行动的原则才会纯洁。

　　然而,三级会议的代表大多来自偏远地区,他们在各自的村子里成了壮健的独立之子。尽管法国人崇拜君主,其狂热蔓延到了国家的每一个角落,但那不过是给家庭餐桌上的举杯增加一点欢乐,或者是给舞蹈增加一点活动的借口罢了。法国人的舞蹈真可谓动物精神的爆发,它和歌剧院里展示的淫荡刺激截然不同。后者导致恶行,摧毁了人与人之间相互依附的社会情感,扼杀了一切公共精神。爱国主义是什么?不就是一国之内同情心的扩展,并被原则变成永久的一种情绪吗?此外,唤醒了这些代表的精神的那些文字难免让他们大脑迷醉。这在很大程度上是雄辩之才的坏处。辩才能劝说,却不能让人信服。它所激发的热情光辉会被那种虚假的宽宏气度玷污,然而虚荣和无知却在不断误将这种气度当作灵魂的真正升华。它就像雨后太阳的灼热光线,使心的情绪太快散发,让心灵干涸贫瘠。

　　朝臣们鄙视代表们的乡气,而且仍然视人民如无物。他们继续照例执行公务,只是调整了接待的仪式。所有这一切都侮辱了第三等级,同时还表明特权阶层的代表仍会被看作独特的阶级而得到区别对待。这种程序上的无礼不能不令先前那些还在大范围讨论人权问题的第三等级代表满腔义愤,感到虚荣心受到了刺激。他们一方面对束缚他们的仪式有点不安,一方面又每时每刻都不由得想起自己和朝臣是平等的。他们甚至会红着脸向自己承认,自己居然有一刻被这种幼稚的浮华吓到了。与其说他们惊讶于凡尔赛的壮观排场①,倒不如说他们对宫廷的高傲更为厌恶。宫廷的宏伟只能证明它给人民造成了多大贫困,而人民现在要求解放。因此代表们心里充满了崭新的独立观念,这让他们对任何区分人的等级观念嗤之以鼻。他们利用理事会授予他们的多数权,开始聚集力量。在果决行动的同时,他们还意识到自己赢得了民心。人民现在忘了"国王万岁"的口号,而只是高呼"第三等级万岁!"这让第三等级的代表每天都在变得更加坚定。

朝臣们立刻选中了一个定期集会的地点,在那里可以协调最佳措施,以粉碎平民正在崛起的权力。平民之

---

① 指一七八九年五月四日三级会议开幕前一天在凡尔赛举行的盛大宗教仪式。国王及其家族,各部大臣及三级会议的代表,均列队从圣母院教堂前往圣路易大教堂聆听开幕式弥撒。仪礼服式和等级序列均仿照一六一四年上一次三级会议召开时的情形。僧侣着长袍大氅,头戴方形帽,或穿紫袍,套白色教衣,走在最前列;其次是贵族,穿黑色礼服,齐膝上衣,金边袖口,花边领结,亨利四世式有白羽毛的卷边帽;最后是较为寒素的第三等级,着黑衣和短外套,纱领结,帽子上没有羽毛,也没有饰带。

间也并非毫无一丝嫌隙，这正是这个国家的特点。他们在不同地点集会，直到共同利益将他们团结到布列塔尼代表选择的会址上。同样，对着装的规定所宣示的不尊重，也让第三等级代表准备好迎接他们注定会得到的蔑视。这就像印度的种姓制，高种姓害怕会被低种姓触摸而遭污染，此时的第三等级也遭到了区别对待。法国贵族有种根深蒂固的偏见，那就是凡事均须依从先例。*为了忠实于此，他们盛装出席会议，平民们却被愚蠢地命令穿上代表律师身份的黑斗篷。不过，舆论的浪潮一旦转向，每件事都会加速推进。

三级会议召开前，首先激起各方利益集团争议的问题是，代表们是按等级表决，还是按人头表决，这一问题已经讨论得很彻底了，以至于它在很多指令中都成为一项重要条款。全国人民都已经清楚地看到，如果允许不同等级各自开会，且各等级都享有对另外两个等级提出反对意见的旧特权，那么人民就会被改革的承诺欺骗，宫廷的金库也会再次被一场合法的表演填满。事实上，宫廷在保持这一立场方面是谨慎的，因为这似乎是他们唯一能使所有打击他们权威的改革计划流产的办法。

---

* 米拉波说："迄今为止，礼仪规范就是朝廷和特权阶层的圣火。"

于是这就成了他们衡量自己力量的开篇任务。愿上帝保佑那些被误导的人民选出的代表总是能表现出如同当下一般的活力！

我们已经看到，这个软弱任性的内阁的阴谋处处都遭到了失败，我们也追踪了其血腥的脚步，但是我们发现他们仍将忠实于自己的气味，在欺诈无效的情况下再次诉诸暴力。

为了能在三级会议聚集时找到借口，从而巧妙地引入一支较大的军队，巴黎被煽动着发生了两三次暴乱，造成了很多轻率民众的丧生。特别是其中一人的死，尽管仍然被神秘的阴影笼罩，却在三级会议召开的前夜引发了巨大的混乱和大规模的屠杀。

巴黎郊区有个体面的制造商，他的品格最为端方，他雇用了很多穷人，还付给他们慷慨的报酬。然而，为了误导和激怒民众，一些针对这个人的谎言却被精心策划并费尽心思地传播开来。谣言触动了民众的虚荣心和他们最迫切的需要，那就是面包。而面包的稀缺，无论真假，总会被那些想在巴黎闹事的人利用。正如眼下这个关头，在宫廷代理的怂恿下，受骗的巴黎人挺身而出毁灭了自己。政府在采取严肃措施镇压暴乱前，先允许暴乱蔓延开来，这就使得一小支军队的干预成为必要——这才是这次行动的目的。另外有种舆论也被确立了起来，说在三级会议审议期间，骚动的暴民需要有军队出面才震得住。

在这股热潮中，或者至少在它消退的时候，也就是一七八九年五月五日那天，三级会议在国王的演讲中召开了。朝臣们自然会用"优雅"一词来形容国王的演讲，这是他们的惯用词汇。演讲开头，国王就毫不热情地宣布，他很高兴看到自己被人民选出的代表围绕。随即他列举了国家沉重的债务，其中很大一部分是在他统治期间积累起来的。为此他附上了一个无稽之谈——这既凸显了他的慷慨激昂，又没有往任何人的眼里撒灰——他说这钱都花在了一个光荣的事业上，其实那才真该算是最不光彩的事业。然而，迄今为止权力都是真正的哲学家之石，它能将最卑鄙的劣行转化为最崇高的荣誉。接下来，他提到了令人民迷恋的创新精神，以及搅动了全国人民的那种普遍的不满情绪。同时他还以真正的宫廷式的言不由衷，一边命令、一边奉承地向大家保证，他需要人民的智慧与克制。演讲的结尾当然是诸如他是先王卑微的仆人，以及他是如何爱慕公共福祉之类的话。

掌玺大臣不受关注的讲话就像英国下议院通常对国王的答复一样，不过是对国王所讲内容的重复。这位大臣建议在改革政府的不当行为时采取温和的措施，并对国王的善良进行了必要的颂扬。

注意力和掌声都在等待内克尔，然而实际等来的却是疲倦和厌恶。内克尔讲了三个小时，他先是用他惯常的浮夸之辞介绍了一些琐碎的意见，目的是想借华丽辞藻的迷雾，逃避他所害怕提出的那个问题。他既担心冒犯宫廷，又希望维护自己在民众中的声誉。没有一句话提到三级会议的唯一权力，也是国民的第一要求：征税权。一段时间以来只谈自由和改革的人们惊呆了，而且非常不满，内克尔竟然只字不提新宪法。他的倾向是站在特权等级一方，因此他声称分开审议和投票的模式是国家的支柱。但是，为了在必要时可以有借口使用另外一套言辞，他又谨慎地添上了一个保留条款，说有时候还是按人头投票更好。他这种不合时宜的处理方式自然令双方都很不高兴。事情总是如此，那些性格软弱、复杂、没有勇气采取正确行动的人也没有厚脸皮承受指责。他们要是公开宣布自己的未决之意，或是自己和最强者搞好关系的决心，就会招致责难。谈到财政安排，内克尔向代表们保证，可以很容易避免公共破产，即使是法国和欧洲都夸大了的赤字，其实也就是五千六百万。如果大家再想想，自从他执政以来，财政收入增加了两千五百万，那么赤字似乎也就没那么可怕了。然而进入细节后，人们发现这笔钱的很大一部分仍在远景上，而且还要通过税收来筹措，可是所有的好公民原本是希望征税可以很快消失的。简而言之，法国人先是欣喜地为内克尔的这一壮阔的俯瞰图鼓掌，然后又满不在乎地耸耸肩说："这些假想的资源仅仅是信念和希望，而且还必须是在仁慈的条件下。"至于废除和人性相抵牾的特权，内克尔用了一些耶稣会①式的论调，就像反对废除臭名昭著的奴隶贩卖者们所用的论调一样。他说，鉴于特权是一种财产，必须先找到一种补偿或赔偿的办法，然后才能——正义地——将其废除。

正义的精神总是这样被自私对其假装的尊重所激怒，而且人在攻击这种诡辩时很难抑制愤怒的情绪。我们不必搪塞推脱，就足以证明某些法律的不公，因为没有任何政府有权制定这些法律。而且，尽管这些诡辩在人类的蒙昧时期可能得到过所谓法律的认可，但是"责

---

① 天主教主要修会之一。一五三四年由西班牙人圣依纳爵·罗耀拉（Saint Ignatius of Loyola）创立于巴黎，旨在反对欧洲的宗教改革运动。耶稣会重视教育和学术，因仿效军队纪律制定了严格会规，亦称"耶稣连队"。明末清初之际耶稣会传入中国，著名的来华传教士有利玛窦、汤若望、南怀仁等。

任在于违背，而非遵守"。此外，这些可悲的论调是对常识以及一个民族的苦难的侮辱。法国人和英国人能到哪儿去找一笔钱来补偿特权阶层和种植园主的损失呢？仅仅出于对公众信仰的神圣性的尊重，这样的不端就将持续到时间的尽头！

这就是国王和内克尔讲话的内容。这些讲话非但没能使双方和解，反而使双方更加顽固。因此，当双方碰面想要组成一个合法的议会时，有关投票方式的令人窒息的争论立刻就爆发了。第二天，甚至第三等级的代表也去了大会堂，并且一致认为三个等级应该共同验证权力。他们清楚地意识到，三个等级一旦被允许分开行事，团结就不可能达成，一切试图以权利平等为基础的、为制定宪法所做的努力也都会白费。贵族和教士没有加入平民代表，他们决定第二天上午重新开会，但是只是作为一个无权采取行动、尚不具备政治性的个体的集合。这场竞争似乎是在呼吁贵族和教士务必支持其平等主张，它向他们发出了强烈的警告：如果他们允许各等级间相互制约，那么他们的所有行动都将是完全无效的。平民代表中最明智的那些人认为，除非全体代表组成一个不可分割的议会，否则他们对永久改革所怀的所有期望都将是虚幻的。他们鼓励那些犹豫不决的人坚持下去,尽管贵族们已经向他们表示自己已于十三日确定了其选举的合法性。

由于教士之间存在利益分歧,他们采取的行动更为谨慎。他们中最有洞察力的人意识到本阶级正在变得令人民厌恶,而人民现在正在将第三等级神化,就提议成立一个调解委员会,假称如此可以促进各方的良好理解。但是贵族拒绝了教士的调解,于是国王提出了一个迁就的计划,这是宫廷方面制造出的一个强大的乌有之物,只是这只扔向鲸鱼的木盆并没有转移任何一方对主要目标的注意力。贵族们假装同意,但是他们中有很多人知道一个秘密,即如果事态走向极端,军队就会赶来,同时他们还在小心维护自己所有的古老主张。这种不真诚招致了普遍的憎恶,这是贵族应得的,同时也产生了无效斗争总是会产生的那种蔑视。事实上,这个时候,尽管教士为了讨好人民,相当阴险地哀叹面包的价格太高,呼吁三个等级的代表开会讨论如何减轻人民的这种不满,但是和解措施也只是一场严肃的闹剧而已。平民代表则以得体的尊严和谨慎的态度坚持了自己的观点,并巧妙避开了别人对他们声望的狡猾攻击。他们向教士表示,这是另一个让他们恳请各方都能在同一个问题上团结起来、纠正罪恶的强大动机,因为这个动机已经在他们每个人的心里激起了同情。

这些争端造成的不作为不可能不吸引公众的注意，特别是每天都有新的出版物向其煽风点火。新闻自由现在已经心照不宣地建立起来了，最自由的情感正在以肤浅知识的热度，以对抗宫廷的宣言的姿态表达出来。然而，《三级会议议事录》仍然被明令禁止，这说明宫廷对自己无法阻止的东西，充其量只能忍受一小会儿。为了避开这条禁令，这份记录以米拉波写信给其选民的形式继续存在着。

这一禁令的产生可能出自这样一种愿望，那就是让各省在无知的麻木中保持安静，长期以来它们就是这样昏睡的。然而，用严厉的手段唤起人们的注意是不明智的，因为如果很快抛弃这些手段，就会产生完全相反的效果：它会激起而不是震慑反对精神。事实上，所有法国人的目光现在都投向了平民代表。国家的希望寄托在他们的气度上，千百万人未来的幸福也取决于他们的毅力。正是在这样一种情况下，他们向全世界和子孙后代提供了令人信服的证据，证明一个国家的代表只需要精力和精确，就可以有尊严地行事，并免受专制政权各种权力相加所制造的阴谋之害。

将近五个星期过去了，国民的耐心已经被拖延消耗殆尽，于是平民代表决定向国王提交一份由米拉波书写的呈文，解释其动机，然后继续其事业。但是在此之前，他们最后一次派代表邀请另外两个等级再次到大会堂来，以便共同验证权力。他们还说，如果这两个等级不出现，他们将独自组建议会，并采取相应行动。这一决心对另外两个等级的权力而言是致命打击，因为它直接打击了一切等级差别的根源。

贵族们根深蒂固的骄傲和无知使他们无法在第一次代表集会时就加入第三等级，然而现在他们沮丧地看到，自己的权力和影响力就像自己发霉的家谱一样正在化为灰烬。教士们更为灵活，或者说某些教区牧师在不同程度上更为灵活。他们出席了传召，来到了大会堂。毫无疑问，在第一次会议上，以及在之后很长一段时间里，平民代表都很乐意与贵族联手。这样一来，贵族就可以保留很多特权，并在国民中维持一定分量，这是阻碍民众的多数优势所必需的。因为很容易预见到，民众的多数优势将滋生很多行为上的无度。持续的经验证明这个结论是合理的。因为通常情况下，无论干什么，没有实际知识指导的人总是会从一个极端匆忙跑到另一个极端。当然，从法兰西民族深陷其中的奴性状态来看，肆无忌惮的自由会带来报复，报复是意料之中的，也是令人恐惧的。就像被学校开除的男孩一样，法国人可能希望通过恶作剧，通过完全无视武断的命令来确定自己是否已经自由。先前这些命令只是让他们情绪低落，而没能锻炼他们的理解力。可是还没等理性确定一个时间，贵族们愚蠢的傲慢就已经剥夺了法国人那些无聊的观念差别——这种差别是野蛮的象征，并且还未完全丧失其尊严。

仍然不敢独立于宫廷行事的内克尔指责平民代表这种精神饱满的做法是鲁莽之举，认为国王不应批准这种行为。然而，代表们既坚定又坚决。由于担心宫廷会像一个垂死的野人一样，固然受了致命伤，但仍有可能在死亡的痛苦中不顾一切地对自己下手，因此代表们采取了最谨慎的预防措施，以免激怒正在倒下的敌人。然而这些温和的决议却被昏头昏脑的贵族们误解了，他们误将真正的坚忍与克制当成了懦弱，于是，骰子掷出去了，代表们宣布成立国民议会。

热情点燃了每一颗心，就像思想从国家的一端扩展到了另一端。这项措施的新颖性足以让一个不如法国人那么善变的民族活泼起来，我们也许对这一决定如何在帝国的每一个角落都引发了狂喜无法形成正确认识。法国上下回荡的声音激发了最活跃的情绪，连欧洲也震惊地听到了这声音,后人在读到宫廷和贵族在这场重大危机中干下的蠢事和暴行时一定也会大为惊讶。

卢梭的《社会契约论》,及其关于人类不平等起源的令人钦佩的著作,全法国都读得到,很多人还很佩服,尽管他们无法理解其推理的深度。总之,这些书人们都背过,烂熟于心,即使头脑无法理解其论证链条的人也会如此。他们能够清楚地抓住其中突出的思想,使之成为自己的信念,并且按其行事。也许,雄辩最大的好处是,它在把思想成果印在只对情感才活跃的那部分头脑之上时,也能给理性缓慢的脚步插上翅膀,给冷淡的研究点燃一团火焰。可以观察到的是,随着理解力的培养,头脑会越来越依恋研究的运作,以及抽象思想的组合。法国贵族为了消遣也曾读过这些书,但是这些书没能在他们脑子里留下足够强烈的信念的痕迹,使其可以克服先前的偏见。私利让他们对偏见如此珍惜,以至于他们很容易让自己相信这些偏见是合理的。贵族和教士,以及其所有的附庸者,都受着同样情绪的影响。他们在这个国家占了相当大的比例,他们瞧不起剩下的人,认为这些人只是地上的草,只适合被踩在脚下,其存在的必要性就是为了覆盖自然。然而现在,这些被鄙视的人开始感受到自己真正的重要性,他们以强调的语气重复着西哀士神父的那个妙喻："贵族就像植物上的肿瘤,一旦脱离被他们吸干了的植物的汁液,他们就不可能生存。"可是在对待贵族时,只有时间才能默默抚平的傲慢尖角也许被太粗暴地敲掉了。等级制的愚蠢正在迅速衰竭,还有可能在不断发展壮大的理性见解前逐渐消融,并且一边随其消融,一边让土地结出果实。然而事实并非如此。相反,等级制的愚蠢被飓风裹挟,在坠落时将毁灭撒播得到处都是。

很多最近参加过美国独立战争的法国军官目睹了整整一个帝国的居民如何生活在完全平等的状态下,他们被这些人的朴素正直打动了。一个正义的政府如果能够建立在平等自由的坚实基础上,人民的朴素正直就会随之而来。于是这些军官回国后开始审视他们自己那种不同的体制正直与否,政策又如何。他们深信自己作为贵族的无能,因此当自由之爱将他们点燃时,他们就不论在心里还是嘴上都支持了平民的观点。然而宫廷的谄媚者和贵族中的大多数对持续享乐以外的任何事都一无所知,对自己站立其上的悬崖也一无所知。起初,他们一步不肯后退,哪怕是为了自救,而这种固执正是国民议会要制定一部全新宪法的主要原因。事实上,法国人早就借助政府的种种恶行养成了那种虚假的文雅，以至于每个人看待自己都如同世界的中心。当这种严重的自私和完全的堕落在一国之中大行其道的时候，社会成员就丧失了那种将他们团结在一起的人类黏合剂，也就必然会发生一种绝对的变化。确切地说，所有其他恶行都是多余的力量和白白浪费的权力，但这个病态的污点表明人心已死。的确，不管这个由国王、贵族和平民组成的混合政府的智慧或者愚蠢到底是什么，对于当今历史都已经无关紧要了。因为显而易见的是，法国贵族由于其成员的无知和傲慢毁灭了自己。他们在偏见浓重的迷雾中不知所措，既看不到人类的真正尊严，也分不清时代的精神。

　　同样值得注意的是，在这场危机中，法国政府的复兴取决于斗争开始时国民议会的坚毅。因为如果宫廷获胜，平民代表就会待在自己无足轻重的一贯位置上，其所有议程也都会成为隆重的闹剧一场。他们会把自己裹在黑色斗篷里，就像葬礼上的殡葬承办人一样，只能迈着卑屈的步子，跟在无聊的送葬队伍后面走向死人的安息地。人民也只会看到自己古老的暴政穿着新衣、盛装打扮地复活起来。

第二章

国民议会开始议事。贵族、主教和宫廷的反对。御前会议发出宣告,大会堂被士兵包围。议员们休会至网球场,发誓在宪法制定完成前决不分离。大多数教士和两个贵族加入平民代表。御前会议。国王的演讲。议会的热情举动。米拉波的演讲。宣布代表的人身不可侵犯。少数贵族加入平民代表。在国王的要求下,少数教士也加入了,最后是大多数贵族。法国王后、国王和贵族的性格。王宫广场的演讲,讲的是自由。巴黎被军队包围。自由精神注入士兵。十一名法兰西保安军士兵因为不愿向民众开火而被监禁,后被人民解放。国民议会抗议。国王提议将议会迁至努瓦永或索瓦松。内克尔被免职。提议建立城市民兵。民众在杜伊勒里花园遭到朗贝斯克亲王的袭击。凡尔赛的夜间狂欢。

第三等级已经组成国民议会。考虑到国家的紧急需求,他们现在正在平静谨慎地开展工作。密切按指令行事的他们首先宣布,所有未经人民代表同意而征收的税皆属非法,随后他们对当前的税收给予了临时承认,以免在组成新政府前解散现政府。接下来,他们将注意力转向了重要性仅次于此的目标,宣布一旦他们与国王陛下一道确定民族复兴的原则,就立即着手审查和清偿国家的债务。同时还表示,国家债权人处于法兰西民族的荣誉保护下。政令的最后还坚决表明,议会既已成立,就应该首先调查困扰国家的匮乏问题的根源,并寻求最迅速有效的补救办法。

贵族、主教,事实上还有整个宫廷,现在都开始在认真集结所有力量了。他们深信有必要联合起来反对平民代表,以防他们凡事都赶在自己前头。

连日来,教士的会议都在讨论一个问题,即他们应该在何处验证其权力。在这样的讨论中,他们中的一些人似乎察觉到了自己的方向,就又向前迈了一步。他们开始分裂,大多数人此时决定加入国民议会。

有一位贵族议员对这一联合的前景感到震惊,因为贵族们几乎将立法的特权视为己有。他向国王呈文,恳请解散三级会议,但是人民的事业早就得到了贵族中少数派的大力支持。少数派人数虽少,其论证却很强大,民众的欢迎也给他们增添了活力。在狂热当政的时期,他们大胆的言论不可能不在民众中产生这样的效果。

这是一个孕育重大事件的时刻。宫廷仍然相信诡计。虽然它对人民代表极其轻蔑,在某种程度上却还是假装屈服于国民的祈祷。这意味着国王是正义的唯一源泉，他将满足他的忠实臣民的一切合理要求。这个诡计显而易见，设计也明目张胆。因为宫廷一边假装在民众的要求下看到了某种理性，一边又严防民众得到唯一能保证他们权利的东西：平等的代表权。为此，宫廷召开了充满恶意的议事会，出席者都是民众最讨厌的人。这些议事会决定，在军队集结前，应先取悦平民。民众如果在军队集结后还执拗不从，那就让他们自食其果。因此，在六月二十日，也就是大多数教士加入平民议员的那一天，传令官宣布召开御前会议。一支卫兵分队以确保国民议会为迎接国王做好准备为由（借口就是这么肤浅），包围了国民议会的会议厅。代表们在通常的时间来到了门口，但是只有议长（巴伊，Bailly）和秘书们被允许进去取文件。代表们看到长凳已经搬走，所有入口也都有大量士兵把守。

　　勇气很少因受迫害而松懈，国民议会在这一天里坚定积极的作为给宫廷战略施加了决定性的打击。诚然，在这第一次的突然骚动中，有些代表说要立刻去马尔利①，还要邀请国王到他们中间，请国王以一种真正父爱

----

① 马尔利（Marly），凡尔赛附近的一个小型庄园。

的方式,为促进公共福祉,将他的力量和他们的力量结合起来。如此,可以通过强烈呼吁国王的内心和理解力,使他相信他们所说的都是真理和理性的语言。然而,其他对朝臣的诡计更有经验的人冷静地建议休会,到邻近的网球场去。因为他们知道,朝臣的心就像是冰冷的偏见筑起的工事。即便瞬间的同情、一股生命的热血可以在某个时刻将其融化,但当和煦的热气过去后,他们的心只会变得更硬。

代表们聚集在网球场,互相鼓励。他们千人一心,在鼓掌的人群面前,庄严地手拉手,请求上帝作证,他们决不分开,直到宪法制定完成。在场的每个人嘴里都说着祝福的话,眼里闪烁着喜悦的泪花,这给激励了他们的英雄主义注入了新的活力,带来了一种情感的流淌,将每一种社会情感都点燃成爱国主义的火焰。此时此刻,哪怕是最惧怕专制的地牢和为屠杀而磨利的刺刀的人也都对那地牢和刺刀置之不理,直到所有人都在无私忘我、抛却私人追求的那一刻把自己献给公众幸福,都承诺要和根深蒂固的暴政斗争到底。缺席的代表也被请来了,有一位碰巧生病了,就让人给抬了来,因为他要把他微弱的声音汇入众人呐喊的洪流。士兵们不再服从军官的命令,他们自愿成为这座自由殿堂的守卫,并且迫不及待地吸纳着这种情操，留待日后将其在营房中流传。

第三等级所受的这种侮辱不可能不在巴黎激起新的厌恶，也不可能不在广大民众中激起新的活力。然而，平民们的热情举动只会引发宫廷的傲慢蔑视。因为迄今为止，身处享乐圈中的人早就深陷于精致的讲究和对高雅礼仪的神经质的崇拜，无法在农民或店主的行为中发现慷慨，更无法在一个不重仪式的集会上发现伟大。为了不在礼仪方面有所欠缺，御前会议特意推迟了一天，以便拆除国民议会为容纳观众而建的那些围廊。

这是内阁采取的另一个不明智的步骤，因为它给教士们提供了时间，以便他们和平民代表联合，而平民代表则在寻找一个足以容纳所有人的大空间。最后，在一个教堂里，以几个主教为首的教士以及多芬省的两名贵族集合起来，加入了平民代表的行列。这个地点似乎反映了三者结合的神圣性，这样他们就能在一个更高贵的建筑下面巩固网球场上的决议了。

第二天，御前会议真的举行了，并且带着这类场合通常会有的一切外在的华丽。在这之前，这种华丽还不能完全称为空洞，因为它产生了预期的效果。然而现在，公众的注意力转移到了别的事情上。以前让他们尊敬、几乎能激起他们偶像崇拜的东西,现在他们只以轻蔑视之。第三等级的代表再次被命令从一扇单独的门进入,甚至还有相当长的一段时间被暴露在大雨里。人民则完全被排除在外,他们聚集成群,对自己的代表一再受辱表示愤慨,而代表们也很厌恶这种让他们知道他们有多不重要的无聊企图。宫廷如此刻意为之,只能说明代表们对国家的重要性越来越大了。

国王此次讲话的目的是废除国民议会的全部议程,并向其提供某些好处,作为使其投降的诱饵。这些好处是国王打算赏赐给人民的,就像米拉波说的,"人民的权利是国王的恩惠"。随后国王宣读了一份有关他的意志和快乐的宣言。他在宣言中阴险地试图使民众收回对国民议会的信任,宣称如果议会抛弃了他,他将在没有议会帮助的情况下为他的人民谋求幸福,这说明他是知道代表们所获指令的主旨的。国王的仁慈意图的第一条是授予三级会议补选代表的权力,但是他又小心补充说,议会须由三个等级共同组成,须按古老的模式投票。他还提出了其他一些颇有裨益的改革计划,可是又总会附上狡猾的修正,以便使旧的弊端立于不败之地。例如,征税应该平等,可是对财产的谨慎尊重又几乎认可了所有其他的封建特权。再如,国王希望确保人身自由,但是秘密逮捕令*①的绝对废除又被暗示为不见容于公共安全和对私人家庭荣誉的维护。还如,新闻自由是必要的,但是三级会议需要指出一种方式,使得新闻自由符合对宗教、道德和公民荣誉的尊重。其余所有条款的主旨也都一样:先是开始一项改革计划,然后以使其无效的"如果"和"但是"结束。最后,国王绕到了会议的主旨上,结束了他的谈话。他说:"我命令你们立刻分开。明天,你们中的每一个人将在为你们各自的等级安排的会场里继续就座。为此,我已命令大司仪让各厅做好准备。"他真是忘了现在早就不是他自以为还在统治君士坦丁堡的时候了。

大多数贵族和少数教士服从了这一命令,他们就像

---

* 路易十五治下曾发放过二十三万道秘密逮捕令,谁还能说这不是个积习已深的罪恶,不应予以根除?对这样的滥用竟然还要说什么调和,就好像这是对人类耐心所做的一场实验,看它还能拉伸到什么程度,这难道不是对人类理性的侮辱?

① lettre de cachet,法语字面意思是"封印之信",也有"御玺令"或"国王火漆信"等译法,指由法国国王签字和国务卿会签的信,作为对人逮捕拘禁,将其关押至巴士底狱或修道院的凭证,是革命前旧制度常用的一种治理手段,为国王所独有,是一项独立于法庭之外的司法权。类似的一个也为国王所独有的特权叫赦免信(lettre de grâce),有了它,即使是被法庭定罪的人也可以得到赦免和释放。由于秘密逮捕令不明确关押期限及上诉程序,关押和释放都凭国王高兴,因此常遭滥用,民怨极大,最终于一七九〇年被立宪议会废止。

宫廷里训练有素的马一样恭敬地追随着国王。然而,国民议会的成员仍旧坐在那里,保持着一种比内阁的"我愿意"或"我命令"更可怕和更危险的沉默。这时大司仪走了过来,找议长说话,以国王的名义提醒他,国王已经下令让议会立即分开。议长回答道:"议会不是为了接受任何人的命令而成立的。"但是米拉波觉得这个答复太温和了,就对来人说:"是的,我们已经听到了国王在受到诱导的情况下表达的意图。你不能在这个议会里成为他的喉舌。你既没有席位,也没有发言权,你没有资格提醒我们他说的话。但是,为避免一切含糊其词或拖延时间,我向你声明,如果你接到命令,要我们离开这里,你应该要求诉诸武力,因为只有刺刀才能迫使我们离开这里。"很难想象这种迅捷的口才激发了怎样的热情,它像火焰一样从一个胸膛燃烧到另一个胸膛,人们窃窃私语,说米拉波刚才说的话给了革命最后一击。

随后进行了一场热烈的辩论,议会宣布他们仍然坚持自己以前颁布的法令,西哀士神父也以令人信服的冷幽默说:"先生们,你们昨天什么样,今天还是什么样。"随后米拉波提出一项动议,作为对阴谋集团不顾一切所采取的措施的谨慎防范,那就是他建议宣布每一位代表的人身都不可侵犯。经过一番小小的讨论后,这项动议获得一致通过。

从这一刻起，我们可以认为人民和宫廷之间已经公开交战了。宫廷有军队，整个帝国的军队，至少有二十万人；人民只有赤裸的臂膀能对抗各种暴政的武器，尽管新生的、对自由的热爱为其注入了活力。品尝过同样苦难的军队并非对同胞的抱怨或争辩充耳不闻，他们尤其能满意地思考这些争论，因为一种公正的忧虑，或者说审慎的远见使得很多民众集会在其指令中插入了一条，那就是建议增加士兵的军饷。欧洲专制君主的一贯政策是让军队和居民保持距离，以便使军队成为一个单独的阶层，从而能够压迫和腐蚀其他人。但是现在，士兵们被国民当成了同胞，他们开始对共同的事业感兴趣。而宫廷要么是不能，要么是不愿把这些重要的事实结合起来。他们本想把平民代表赶入流沙，结果却草率地使自己陷了进去。

由于内克尔没有参加御前会议，一段时间以来盛行的关于他打算退休的谣言似乎成了真。这样一来，当国王回来时，他的身后就跟了一大群无法掩饰自己不满的人。出于同样的恐惧，一些代表急忙跑到内克尔那里，恳请他不要辞职。恐慌在加剧，王后也传他觐见，而王后是那种只要出现一丝个人危险的阴影就会第一个放弃自己计划的人。为了更好地掩盖内阁的计划,她说服内克尔不要辞职。而内克尔要么没有洞察力,发现不了内阁的企图,要么就是没有足够的慷慨,没法辞去一个既能满足他的骄傲,也能满足他的贪婪的职位。辞职尽管会损害民众的事业,可是也会使民众的思想平静下来。民众相信内克尔的正直,他曾许诺"与人民同生共死",但是他们没有看出这位大臣缺乏必要的灵魂的能量,没法按照他所宣称的原则办事。不过形势已经证明,自由的事业并不取决于一两个人的才能,而是取决于国民的法令。尽管虚假的爱国者引导国民在其改革的热情中做出了最残忍不公的举动,但是欧洲暴君们的阴谋无论如何也没能将这自由的事业推翻。而且凡事都受自然因素的影响。我们只要粗略地看看知识进步的历程,就会发现,知识总是按比例朝向简单的原则前进,它必将迅速改变欧洲错综复杂的政治体系。

御前会议产生的影响是如此之小,以至于国民议会的议程仿佛从未中断,第二天大家又在先前那个会议厅见面了。第三天,贵族中的四十七名少数派加入了平民代表。所有这些人,特别是为首的奥尔良公爵,通过这一大受欢迎的举动,赢得了国民的爱戴和信任。这些贵族在多大程度上值得这种爱戴和信任,他们是在欺骗公众还是在欺骗自己,未来的行动将会做出最好的解释。

事实上,革命刚开始的时候,几乎每天都有趣事发生,这激起了各类人的幻想,直到有一天,穷人和富人忘了一切自私的考量,开始通过同样的焦点看世界。但是,当富人有时间冷静下来,并且比穷人更强烈地感受到无政府状态的不便时,他们就又以新的活力回到了老地方,且以加倍的热情拥抱了先前的偏见,也就是那些在行动的热度中被激情而不是被信念从争斗中赶走的偏见。这对坚定的贵族而言是一种强有力的增援,因为这些人大多是良善但目光短浅之辈。他们虽然真诚地希望将正义建设为新政府的基础,但是当眼前的安逸遭遇困扰时,他们却总是畏缩。只给人美好的希望是不够的,还得给人更多。

当然,必须允许这些贵族中的少数派比其他贵族更能谨慎行事,他们中的几个人可能受到了他们并不完全理解的原则的激励。无论在才干还是道德上,这几个人都是这个阶级中最受尊敬的。然而,大多数贵族和少数教士还是继续在各自的会场开会,他们无聊的讨论表明他们的影响力已经衰退。他们从前的举动专横跋扈,他们现在为了夺回权力而进行的斗争也一无所获。然而贵族的妒忌和傲慢持续刺激着平民代表,后者因为意识到自己的事业是正义的而深受鼓舞，同时也感到自己拥有公众的信任，就决心继续按照自己的既定目标开会而无须得到第一等级的同意。这就等于向贵族表明，他们再想保持自己人为的等级优势已经为时太晚，他们的权力和权威已经终结。贵族们被徒劳地告知，他们的做法违背了自己真正的利益，无补于挽救其特权。一个最温和的代表*徒劳地告诫贵族顽抗的后果可能是什么。然而没有任何辩论能够打动他们，这些贵族无视那些正在暗中威胁他们的危险，仍然坚持在没有任何确定的行动原则的情况下继续开自己的会。的确，卢森堡公爵在六月二十六日国王举行的一个私人委员会上宣布说："等级的划分将限制人民的过分要求，保护君主的要求。让他们联合起来，他们会不认主人。"他还补充道："分裂开来，他们就是你的臣民。"最后，他断然说道："这将挽救王室的独立，并使国民议会的议事程序无效。"这也算是一种男子气概，虽然不是爱国情怀。如果宫廷能够团结在这样的情绪周围，捍卫自己到最后一刻，且不走背信弃义的邪路，那么无论如何宫廷都不至于受辱。然而宫廷放弃了一切行动的尊严，耍起欺诈的手段，可是

---

* 拉利-托伦达尔（Lally-Tolendal）伯爵。

又被人民打败，就只好完全听凭人民摆布了。

在改善社会方面，自从罗马帝国被摧毁，英国似乎就一直走在前列。它通过逐渐改变观念，使得某些顽固的偏见几乎失效。这一观察有事实支持，而且可以证明，只有当人的理解力被教养和思想的自由拓宽，而不是因恐惧巴士底狱和宗教裁判所而被束缚时，正义的情操才能站稳脚跟。而在意大利和法国，思想之所以敢于施展，只是为了形成品位。从严格意义上说，这两个国家的贵族是远离人民的一群人。而在英国，贵族与商人混迹一处，商人跟贵族一样有钱，甚至更有钱，这就使贵族忽略了商人不平等的出身，也给了无知的骄傲第一次打击，正是这种骄傲阻碍了对真正的人格尊严形成正确认识。金钱利益最先催生政治进步，但是法国还没有形成这种利益。法国贵族可笑的骄傲使他们相信，如果他们同意和人民身处同一领域共同行动，他们家族的纯洁就会受到玷污。正是这个普遍动机阻止了他们与平民发生联系，然而教士阶层中比较放肆的那部分人，更关心自己的利益，他们认为适时拥护权力的事业于己有利，他们最大的影响力即产生于此，他们只能指望从中得到支持。事实证明这种分裂对宫廷的视野是有危险的，这一点正和预计的一样。

被教士抛弃使贵族感到愤慨，且在这场重要竞争即将得到最后解决时，加速了危机的到来。当国王意识到自己的犹豫不决是多么可鄙时，他充满自信地说："我独处于国民中，忙于建设和谐。"空话！这种装模作样尤其应该受到谴责，因为他早就在下令集结外国军队，为的就是用刺刀尖建设和谐。

这种完全缺乏个性的行为固然使国王受到各方奉承，但没人信任他。他在自己宫廷里的举止也全无意义。他行动，但是没有精力，他说话，但是没有诚意，这一切都表明他的言行缺乏稳定，于是内阁能够不顾他的意见自行安排政令，并把说服他采取这些政令的任务留给王后。即便如此，邪恶也没有停止。不同党派支持不同观点，而国王性情的多变导致他批准的是那些最自相矛盾、对他未来的荣誉和安全最为危险的观点。显然，无论哪一方获胜，他都只能被视为工具。目标实现了，工具就会变得毫无用处，就会遭到轻视。革命时期，最坏最好的人都被卷入到行动中来。一般说来，政治地平线上若有暴风雨肆虐，大胆会战胜谦逊，然而从道义上讲，国王奉行的行为准则定会导致他的耻辱和毁灭。

然而，内阁看到人民一致赞成自己代表的作为，还警惕着想要揭露敌人的阴谋，就不禁想到，唯一能使人民放松警惕的办法，就是假装服从需要。此外，他们担心如果继续分开开会，他们的阴谋会在所有打手都集合好之前就被揭穿。一个新的伪装的例子表明，他们的堕落配得上他们的愚蠢。国王现在已经被说服，答应写信给贵族的首领和教士中的少数派，要他们向这两个等级说明必须团结第三等级，继续讨论他在御前会议上的提议。

教士们立刻答应了，贵族们却继续反对一个如此屈辱的提议，直到宫廷编造了一个有关荣誉的借口维护其假装的尊严。宫廷说，如果贵族们继续抵制国民的愿望，国王的生命就将面临迫在眉睫的危险。贵族们假装相信了这份报告，其实内阁的秘密早就在他们内部传开了。于是他们就在二十七日去了大厅开会，貌似想把所有的分歧都埋葬在王室内部。然而，即便如此，他们采取的第一个步骤也还是抗议，以防这个让步成为先例。

先前贵族的傲慢乖张使人民产生了一种恐惧，而现在，普遍的喜悦接替了恐惧。巴黎人怀着最乐观的期望，认为团结起来一致努力，就会使他们的冤屈得到补偿。

或许，暂时不必纠结于宫廷的麻木不仁和人民的乐观轻信；这两点似乎是我们仅有的线索，能引导我们对彻底摧毁人民对大臣所有信心的原因进行精确的辨析。大臣们接替的是那些臭名昭著的措施的指挥者——这些措施不仅将其指挥者们全体扫地出门，还将成千上万的无辜民众卷入毁灭，并引起反对国家行动的呼声，也掩盖了国家努力的光辉。因为缺乏睿智和公正的行动原则而导致的那些罪行和愚蠢，想起来真是令人痛心疾首。例如，御前会议二十三日召开时，国王还没有屈尊奉劝，而是命令议员们各回各室。而仅仅四天后，他就恳求贵族和教士放弃一切考虑，去满足人民的愿望。显然，阴谋集团只是想借着自相矛盾的做法让他们已经决定好了的打击落到实处，从而把那个敲诈了他们、让他们做出屈辱让步的权力［国民议会］打翻在地。

但是人民既容易轻信，又很高兴可以再次放松下来。他们一听说在国王的意愿下，三个等级达成了统一，就满心欢喜地从四面八方赶来。他们请来了国王和王后，当着这两位的面表达了这种许可在他们心里激发的感激和喜悦。人民的坦率和阴谋集团的危险虚伪多么不同！

王后仪态优雅，尊贵有礼。她受人夸耀的美丽，外加自命不凡的优雅，都在向所有人预示一种乐观的幻想已经在描画未来的幸福与和平，然而王后的一切魅力都是因为她在刻意取悦大家。的确，人们从她迷人的微笑中捕捉到了一丝漫不经心的希望，它使心灵扩张，也让动物精神在每条神经里愉快地颤动。然而她微笑只是为了欺骗，或者说，即便她心生些许同情，那也只是一时的事。

教育和塑造品性的风俗氛围一定改变了人类的自然规律，否则就无法解释人心为什么会对仁慈的温柔感情毫无感觉。这种温情最有力地教导我们，真正或持久的幸福只来自对美德的热爱，以及对真诚的实践。

除了出身和地位的优势外，法国这位不幸的王后生得还很美。她可爱的脸上闪烁着活泼的光芒，掩盖了她在智识上的缺陷。她的肤色清澈炫目，她高兴时的举止令人陶醉，她能恰当地将最含蓄、最富有风情、最温柔、最可亲的情调与一种近乎骄傲的庄严气氛结合起来，使这两者的对比更加鲜明。她还很独立，而不管什么样的独立总能给风度平添一份尊严。因此那些君主和贵族即便有最不光彩的灵魂，却因为相信自己高人一等，也就获得了一副高人一等的外表。

可是她初放的能力还在萌芽状态就被毒害了。早在来巴黎之前，她就已经被一个腐败、逢迎的教士教导着如何扮演她即将扮演的角色。而且，她尽管还年轻，却已经无比坚定地想要壮大她的家族，以至于她尽管沉湎享乐，却从来不曾忘记一有机会就给她的兄长送去巨款。路易十六本来就长得恶心,外加贪吃和完全不顾周全,甚至在自己家里也不讲究体面,为人就越发可憎。他对王后有一种贪婪的热情,当他妒忌王后时,他对她极其残忍,直到后者掌握了足够的手腕,让他服输。这样一来,一个令人向往、体格健康的女人厌恶地躲开他的怀抱还有什么可奇怪之处吗?或者一个空空如也的头脑只想变着法地享乐,并因此削弱了她色西①般的宫廷也就不足为奇了。除此,古典时期茹丽亚们②和梅萨丽娜们的历史也早已令人信服地证明,当一个人权力无限,名誉却遭到蔑视时,想象力的变幻莫测是没有尽头的。

　　这样一来,王后就在最奢侈的享乐或是管理宫廷的

---

　　① 色西是希腊神话中的女妖,她将特洛伊战争后归家途中的俄底修斯(Odysseus)扣留在她的岛上,还将俄底修斯的手下人变成猪。

　　② 梅萨丽娜上文已经说过,此处不再赘述。所谓古典时期,对欧洲而言等于古希腊罗马时期。至于茹丽亚(Julia),古罗马第一任皇帝奥古斯都(公元前 63 年–公元 14 年)的独生女和外孙女都叫这个名字,诗人奥维德——《爱经》和《变形记》的作者,即为她们的社交圈中人。第一代茹丽亚爱好诗酒乐舞,身边簇拥着一群浪漫男女,其生活方式对立于当时社会生活中的正统派。奥古斯都颁布《婚姻法》和《惩治淫乱法》(统称《茹丽亚法令》),等于是对茹丽亚集团的警告,而奥维德写《爱经》则表示他对茹丽亚的支持。到了外孙女一代,淫乱之风继续,茹丽亚被外公流放,受牵连遭流放的人中就有奥维德,他因此客死异乡,再也没能返回罗马。

阴谋中,成了一个深奥的伪装者。她的心因感官享乐而变得冷酷,以至于当她的家人和宠臣濒临毁灭时,她仅有的一点头脑只用来保护自己免于危险。为了证明这一论断的公正性,我们只须注意,在这场大灾中,竟然没能在她写的文字中发现任何能证明她有罪的只言片语。她即使是在极度愤怒和蔑视的情况下,也没说过一句激怒民众的话。*逆境可能对她被窒息的理解力产生了影响,这一点时间终会展现。但是在她得势的时候,那些滑入享乐间隙的倦怠时刻也无不是以最幼稚的方式度过的,丝毫没能显示出她的头脑有任何活力,能缓解想象力的四处游荡。不过她仍然是个很会说话的女人。尽管她的谈话内容平庸,可是她极善恭维,总能恰到好处地迎合她想取悦或欺骗的人。即使是在卓越之士眼中,一个王后的美貌也如同雄辩一般,很少会在她想控制别人头脑的时候达不到目的。在控制国王方面,她的战果无限。当她克制住了自己对国王本人的厌恶时,她就让后者为她的恩惠付出了巨大代价。宫廷是世界上最能培养演员的学校,而她很自然就成了一名彻底的演员,擅长所有那些迷人却使心灵堕落的媚术。

---

* 写于王后死前几个月。

不幸的路易十六性格上但凡有点决断，能支持他闪光的权利意识，就会从这时候起选择一条行为路线来规范他的未来政治，这是很有可能救他一命的东西。光是人民的这种情感回馈就足以向他证明，要根除他们对王室的热爱并不容易。当人民向贵族夺权时，他们很高兴能从国王那里获得权利，还把这权利看成国王的恩惠。但是王位继承人所受的教育注定会摧毁人类共有的智慧和情感。这位君主的教育就像路易十五的教育一样，只会使他成为一个肉欲偏执狂。

通常情况下，教士们会设法成为国王的训诫者。通过向王位倾斜，教会能得到更为坚定的支持。除此之外，国王们在理解力没有得到拓展的情况下，会让自己凌驾于道德形式之上，不去遵守这些有时自会产生其特有精神的形式；他们总是特别喜欢宗教体系，不健全的头脑会生出恐怖的想象，而宗教可以像海绵一样擦去那些萦绕在这些想象之上的罪恶。

法国宫廷的政策是憎恶国王的理解力，同时却大肆赞美其内心的善良。现在可以肯定的是，路易十六有着相当的判断力和洞察力，尽管他缺乏那种构成个性的坚定头脑，或者更确切地说，他缺乏那种以人类的理性指导其行为的能力。但他是个不错的学者，有足够的耐心学英语,还是个聪明的机械师。另外,众所周知,议事的时候,当他只根据自己的理性行事时,他常常能采取最明智的措施,可是后来他又会在别人的劝说下放弃这些措施。然而死亡似乎是国王的游戏,就像某位罗马暴君独处时的乐趣是戳苍蝇①一样,路易十六心灵的浑浊不清一直都与他假装的头脑清醒形成鲜明对比。他极爱看动物受折磨时龇牙咧嘴的样子,因为这刺激了他迟钝粗野的感官。然而王后劝他不要试图在一个上流社会聚会的圈子里,通过把猫扔进烟囱,或者无端地射杀一头驴来逗她开心,强迫她笑。他还在摇篮里时就被教导要伪装,因此他每天练习的都是些口是心非的卑鄙手段,尽管他是在懒惰的驱使下接受了手下那些霸道的寄生虫们的影响,而不是影响了这些人。

法国贵族也许是世界上最腐败最无知的一类人。他们仅有的知识都表现在品位上,目的就是变着法子玩。他们从来没有接受过任何法律的制约,而只是听从国王的权威。哪怕犯了什么大奸大恶,他们也只会怕一小会儿巴士底狱,而绝不甘于耐心忍受束缚,即使这是为了更好地治理全社会。他们傲慢地无视人性,甚至不

① 指罗马皇帝图密善喜欢折磨苍蝇的怪癖。

顾谨慎,宁可颠覆一切,也不肯放弃特权。我们只须记住他们将人民视作负重的牲口,是可以和烂泥一起踩在脚下的东西,就不会惊讶于他们的顽固了。这不是比喻,而是一个让人难过的事实!有一件事臭名昭著:在巴黎狭窄的街道上,因为没有人行道能让步行者免受危险,民众经常会被轻率的疾驰者所杀。这些杀人者丝毫没有同胞之情,绝不会为行人降速,他们的男子气概统统埋葬在了一种人造的虚假品格中。

我现在不应该再重述封建暴政了,因为文明的进步已经使其失效。我们只须注意,由于公民的生命和财产都还没有得到平等法律的保障,因此它们经常会遭到那些犯了法还可以逍遥法外之人的肆意玩弄。武断的政令经常冒充法律的神圣威严。当人们生活在持续的恐惧中,还不知道怕的是什么的时候,他们就会变得狡猾胆怯。因此,对那些只从眼前情况判断事物的人来说,任何物种的专制所产生的卑鄙行径似乎都是正当的。同样,这也导致了一种观察,能够部分解释为什么法国缺乏勤劳和清洁。当人们无法对未来的安逸计划能否得到巩固而形成比较确定的看法时,人们就会想要消磨时间。

为了分裂国家,防止任何情感的纽带将这两个阶层

[贵族和平民]联合起来,并以诸如平等之类的东西加以巩固,一切预防措施都采取了。然而在人生的一切关系中,情感始终应该是连接人与人的纽带。举个例子,如果一个贵族之子碰巧忘了自己的地位,娶了一个出身低微的女人,那么这两个不幸之人将会忍受多少悲惨啊!他们会被关进监狱,或者被当成有传染性的入侵者,被人从共同的巢穴中赶出去猎杀。如果我们还记得,受到轻蔑对待的农民的劳动成果中,只有二十分之一的收益落到了农民自己手里,我们就不会再追问为什么贵族会反对创新了,因为这些创新势必会颠覆专制的组织和肌理。

简而言之,贵族根深蒂固的骄傲,教士的贪婪和宫廷的挥霍,是一个就快成熟的阴谋的秘密源泉,这个阴谋想通过国民议会的心脏瞄准那个自由的胚胎[巴黎]。但是巴黎这个城市特征众多:它是一个旋涡,能把各种邪恶吸引到自己的中心来;它是一个仓库,能储存所有华丽、堕落的材料;它是间谍和刺客的巢穴;同时它也有很多开明人士,能集结一支非常强大的力量,捍卫自己的主张。

内阁以怀疑的眼光看到了这种精神的高涨。他们再一次借助自己的惯用伎俩,制造了一种面包短缺的局面,希望趁人民感到沮丧的时候,让德布罗意(Broglio)

领导的军队来个快速解决。然而形势似乎对人民有利。由于选举拖延到很晚,巴黎的选举人①在选出他们的代表后,仍然留在市政厅开会,准备那些他们没有时间在三级会议召集前整合的指令。

就在这个关头,一个既能办公又能娱乐的宽敞广场(名叫王宫广场)成了市民们的会合点。在那里,精力最昂扬的人直接开讲,谦逊一点的则阅读流行的报纸和小册子,内容都是有关自由的好处和专制政府的极端压迫。这里是信息的中心,全城人都涌向这里,或谈论或倾听。他们还带着对自由的热爱激动地回到家中,决心哪怕冒生命危险也要反抗那些仍想奴役他们的势力。当生命成了一场赌局,人们难道不是经常会和那些缺乏他们那种热情却把赌注押得更高的人结合起来,从而获得自己为之奋斗的东西吗?

巴黎在动荡,虽然这在很大程度上是外国军队不断进驻造成的,但是仍为封城提供了一个合理的借口。凡尔赛周围聚集了至少三万五千名士兵,其中大部分是从

---

① 巴黎有四百零七个"选举人",他们在选出三级会议的代表后,经常集会,相当于组成了一个非官方的市政府,巴黎公社及国民自卫军也由他们的会议产生。这些机构与组织,以及巴黎政客经常聚会的俱乐部,成了策动革命的基本力量,他们既维持秩序,也策动暴民。

边境抽调而来的轻骑兵和雇佣兵。营地里士兵更多,把控通往巴黎的道路的哨所里也都是兵。朝臣们于是无法抑制自己的喜悦,吹嘘说国民议会很快就会解散,反叛的议员也会被监禁或处死,让他们最终沉默下来。哪怕法国士兵抛弃了他们——因为已经有一些反抗的迹象,宫廷也能靠外国军队将恐怖打入巴黎和凡尔赛的心脏。然而,正在集结的军队虽然已经非常强大,人民热情的精神和强烈的受伤害感却因受辱而变得更加尖锐,它们对人民产生的影响是,人民非但没有被吓倒,反而开始冷静地准备防御。

所有人都听说过——或者现在被告知——美国人为了维护自由所做的努力。所有人也都听说了那几个未经训练的波士顿民兵如何坚强,如何在邦克山上抵抗英国训练有素的纪律部队,又如何用敌军精华部队的鲜血染红了查尔斯镇的平原。给暴君的这个教训已经在法国传开了。它应该教会暴君们一个道理,那就是决心获得自由的人永远都比雇佣兵甚至老兵更优秀。

人民领袖也采用了最可靠的手段讨好士兵,他们和士兵打成一片,不断向其暗示,公民不应该允许大权在握的卑鄙大臣将其当作恶作剧的消极工具。此外,军队——王国之中最懒散的一群人——还很自然地被期待去关心时事,并从传播新的政治原则的讨论中获益。这种影响把赞成自由的论辩留在了士兵们的脑子里,于是,早在六月二十三日,在一场轻微的暴乱中,有两个连的榴弹兵拒绝向人民开火,而他们原本是被派去驱散人民的。这些不服从命令的情况激起了宫廷的怨恨,而不是令其产生戒备。结果是有几个人被送进了监狱,军队则被命令待在营房。可是士兵们无视这些命令,还是在一两天后成群结队来到王宫广场,他们急切地想把自己的声音和处处可闻的"国家万岁"的呼声结合起来,这句口号表达了民众现在的感情。法军[指正规军]现在也已抵达,他们将和外国军队一起驻扎在巴黎周围,这样一来他们也被带到了这片爱国主义的温床上。他们得到了最热情的接待,饶有兴趣地听取了旧政府如何犯下滔天大罪,某些人如何卑鄙,如何靠屠杀同胞挣来面包过活等生动陈述。

当这些意见落地生根时,人们听说有十一名法兰西保安军士兵由于不服从向人民开火的命令,被关到一间修道院,现在要被转移至比塞特(Bicêtre),也就是最不光彩的那座监狱。比赛开始了。人民急忙前去营救,他们强行进入,解放了这些朋友,甚至让那些被叫来平息骚乱的骠骑兵也都放下了武器。然而出于对正义的关注，他们又将一名士兵送回了监狱，因为这人是先前被警察因为别的轻罪逮捕的。

百姓虽然恼怒，却还没有变得无法无天。他们一边守护自己救出的人，一边派代表去国民议会，请国民议会代为向国王说情。这一热情而又谨慎的行动产生了预期的效果。议会任命了一定数量的代表，以审慎的礼节要求国王给予恩典。国王批准赦免了士兵们，并谨慎地强调这是议会提出的第一个请求。换句话说，这一被勒索的宽大行为是否像宫廷的其他行为一样，仅仅是为了掩盖其正在开展的准备工作，从而有效地震慑士兵、市民和国民议会，仍然值得怀疑。

当此普遍猜疑之际，出现了这样强大的一支军队，而且就驻扎在首都的周围，这令选举人尤其感到恐慌。为了监督公共和平，他们不停地开会商议，还提议筹建一支城市民兵，以避免一场可怕的风暴。但是在做决定之前，他们派人先将此意图告知了国民议会。他们希望国王知道，如果需要一支武装部队来确保公众的安宁，公民本身就是这个任务最合适的人选。

动荡的巴黎本来就饱受面包短缺之苦，此时却为增兵提供了一个合理的借口，但是增兵也增加了灾难。一位选举人说："我们好不容易才给居民们找到了食物供给,这个时候有必要将分散在各省的士兵召集起来,增加饥荒,也增加我们的恐惧吗?"他还补充说:"当国民代表正在考虑制定宪法时,军队理应驻守边境,保卫边境的安全。可是这部被国王寄予希望、各省也都表示非常需要的宪法,却不得不用来对付我们内部的危险敌人。"

国民议会同样不得不注意到,驻扎在他们附近的士兵比足够击退外国入侵的士兵还要多。为了使代表们行动起来,米拉波以他一贯的热情,生动描述了他们的处境。他说:"现在已经有三万五千名士兵分布在巴黎和凡尔赛之间,预计还会再来两万人。炮队紧随其后,炮座的位置都已标好。一切通信手段也已准备就绪,我们的一切入口也被拦截。我们的道路、桥梁和公共通道都被改造成了军事哨所。丑闻,密令,还有收回成命的急令。简而言之,战争的准备有目共睹,人心共愤。先生们,如果问题仅仅是议会的尊严受辱,那么国王本人理应对此加以注意。我们既然是国民的代表,而国民又是国王荣耀的源泉,是使王位辉煌的唯一所在,那么国王还不该在乎我们是否受到了体面的对待吗?是的,就是国民,只要国王能够自尊,国民就会尊敬国王。既然国王的愿望是命令自由人,那么现在是时候摒弃那些可恶的老套形式和侮辱性的程序了，因为这套东西太容易让国王身边的朝臣相信，王室的威严就在于主奴之间的屈辱关系，以为一个合法且受人爱戴的国王就应该在任何时候都表现出恼怒暴君的样子，或者像那些被自己悲惨命运诅咒的篡夺者一样，误解那种温柔而讨好的信任感。谁敢说，因为形势所迫就有必要采取这些威胁性的措施？相反，我要证明的是，无论从维持秩序、安抚群众，还是王位安全的角度看，这些措施都是无用且危险的。它们非但不是对君主本人真诚依恋的结果，相反只能满足个人激情，掩盖背信弃义的阴谋。毫无疑问，我不知道改革的敌人的每一个借口、每一个伎俩，因为我无法预测他们会用什么似是而非的理由来粉饰他们所谓军队的匮乏，可是他们却让所有人都明白他们不仅无能，还很危险。民众为众多灾祸所苦，凭什么眼见这群闲散的士兵与自己争食？一方在享受富足，另一方却在忍受匮乏。两相对比，反差明显。士兵们居于安乐，还有食物从天而降，自然不必想到明天。而人民如果不靠辛勤的劳动和痛苦的汗水，就会一无所获，他们的痛苦难过和士兵们的无忧无虑形成了多么鲜明的对比啊。这些对比足以让每个人的心都沮丧下沉。除此之外，先生们，军队的存在还激发了民众的想象。军队通过不断制造新的恐惧，引发了普遍的情绪沸腾，直到公民在自家的火炉旁成为各种恐怖捕猎的对象。被唤醒和被刺激的人民在骚乱中集合起来了，屈服于冲动的他们还会使自己加速陷入危险之中，因为恐惧既不会计算也不会推理!"最后，米拉波提议向国王陈情上表，说明人民在当前这一匮乏时期，对集结如此众多的军队，并准备建立营地感到极度震惊。他还对那些试图摧毁国王和人民代表之间本应存在的信任的人提出了抗议，因为只有信任才能使代表们履职尽责，才能为受苦的国民建立起国民期望从代表们的热情中产生的改革。

这番话产生了预期的效果。动议通过了，米拉波被要求准备一份呈文以供代表们考虑。

这篇呈文的主旨就是对上述演说的删节。它语气恭敬，不，甚至是深情，同时也很热情高尚。

然而，这为了维护君主尊严、平息公众骚动而精心策划的一纸抗议，只换来一个高傲的回答，它只能使本来就匮乏的信任更加匮乏。国王不仅没有听从国民的祈祷，反而断言，在他本人和国民议会的眼皮底下，在巴黎和凡尔赛出现的种种喧嚣和丑恶的场面，足以使他决定在巴黎周围驻军，因为他的一个主要职责就是维护公共安全。不过他也宣称，他并非想要打扰代表们辩论的自由，只想让他们不要为骚乱和暴力而担心。不过如果军队的必要存在继续使代表们感到不快，他愿意应议会的请求，将议会迁至努瓦永（Noyon）或索瓦松（Soissons），而他自己也会搬到贡比涅（Compiégne），以便和议会保持必要的联系。这个回答没有任何意义，或者说它等于正式宣布国王不会遣散军队。意思很清楚，伪装很可鄙。然而，它来自君主那个财富和荣誉之泉，因此一些代表仍然举起了柔顺的双手鼓了掌。可是米拉波不会被这种肤浅的谬论迷惑。"先生们，"他不耐烦地说，"国王心地善良是众所周知的，如果他的所作所为总是出于他的本意，我们可以平静地认为这是他的美德。可是国王的保证保证不了大臣们的行为，因为他们从来就没有停止过误导国王的好脾气。我们还没弄明白吗？法国人对国王的习惯性信任如果延伸到了政府其他各部，那与其说是美德，不如说是罪恶。

"事实上，我们当中还有谁不知道吗，正因为我们盲目轻率、考虑不周，正因为我们决心一直充当任性的儿童和奴隶，直到时间的尽头，我们才从一个世纪走到另一个世纪，从一个错误走向另一个错误，直到现在走到这场折磨我们、终于让我们睁开了眼的危机面前。

"国王的回答是个断然的拒绝。大臣们只想让人把这个回答看成一种形式简单的保证和善良。他们以为，我们虽然提出了要求，但也只是表面上提出了要求，对结果成功与否，我们并没有太大兴趣，所以我们有必要让他们明白真相。当然，我的意思是说，对国王的美德我们仍要表示信任和尊重。但我同样建议，我们在措施上不要再前后矛盾和胆怯动摇。我们当然没有必要考虑国王迁址的提议。总之，尽管国王做出了回应，但是我们不会去努瓦永或索瓦松。我们并没有要求国王给予这一许可，我们也不想把自己安置在两三支军队中间——也就是那些包围了巴黎，并且很有可能会从弗兰德斯和阿尔萨斯降临到我们头上的军队——这几乎是不可能的。我们要求撤军，这才是我们呈文的目的！我们并没有要求他们准许我们在他们面前逃跑，我们只是要求他们从都城撤出。我们提出这一要求不是为了我们自己，也不是出于任何恐惧的情绪，而是出于对普遍利益的关心，这一点他们非常清楚。此时此刻，军队的存在扰乱了公共秩序，很有可能发生最令人难过的事情。把我们迁走非但不能阻止罪恶，反而只会加重罪恶。因此，尽管有人捣乱，恢复和平仍然很有必要。我们之间必须保持一致。要做到这一点，只有坚守一条行为路线,那就是坚持不懈地要求撤军,这是获得和平的唯一可靠途径。"

七月十一日发表的这一讲话在议会里没有催生进一步的决定,尽管它将议员们的注意力集中到了一点上。

然而事态很快就陷入危机,因为就在这一天,先前只是为蒙蔽人民而被保留其位的内克尔被解雇了,而且还被命令不许提及此事,并在二十四小时内离开法国。内克尔恭顺地服从了,还以人在恐惧时会有的一切机敏,毫不带感情地对那位前来传旨的贵族说:"我们今晚议事会见。"然后他就以一贯的流畅口吻,和晚餐桌上的人继续交谈。可怜的软弱!这个自称是人民的朋友、最近又答应"和人民同生共死"的人,一旦受到考验,就没有足够的气度警告人民危险在哪儿。他一定知道他被解雇是敌意的信号,然而他却像重罪犯人一样乔装打扮逃跑了,还以怯懦的谨慎保守着秘密。*

第二天,新内阁得到任命,成员都是些公众特别讨厌的人,而且此事也告知了公众。人民忧惧地望着可怕的地平线,那里早就聚集了一场暴风雨,现在更是准备

---

* 这就是所谓爱国者的一贯行为。

好要在人民忠诚的头上炸开。的确,人民骚动的思想就像一片混乱的大海正在龙卷风的狂暴推动下逐渐膨胀,直到这种自然的元素在一浪接一浪的起伏中呈现出不受控制的态势。现在,所有的眼睛都睁开了,所有人都看到了即将到来的爆炸。而在过去的一段时间里,爆炸的空洞低语早就激起了混乱的恐惧。

头一天,十日,在巴黎市政厅,有人提议,作为有产者自卫军(Garde-Bourgeoise)的一项规章制度,应该每周一次地集结一千二百人,再每周将其解散。既然在之前的选举中,首都被分成了六十个区,那么现在每区只需要召集二十人。进一步的决议是,在军队全部撤离前,各区都应执行这一政策,对法兰西保安军形成一致好感的区除外。第二天法令颁布了,国民议会还对一份咨文进行了表决,这份咨文要求议会代为向国王请求立刻批准城市民兵的建立,且委员会会议将推迟至十三日星期一举行。但是一些选举人在星期天就听说民众都在赶往市政厅,就在当晚六点左右来到了市政厅。他们发现大厅里确实挤满了形形色色的人,一千个混乱的声音要求发放武器,要求下令建立警钟。

八点钟,在市政厅,巡警被放了出来。群众于是向士兵施压,要求他们解除巡警的武装。同时群众再次叫喊,要求得到武器,甚至扬言要放火烧掉市政厅。这些人虽然对服从权威还留有几分尊重,但也还真是有点专横地要求市政厅下令公民也可以自我武装,以便击退威胁首都的危险。在这片喧嚣声中,有几篇草率的文章用极生动的色彩描绘了这一危险。

一名群众说,内克尔被解雇的消息刚刚传到巴黎,人们就急忙跑到一个雕塑家那里,抢走了这位大臣和奥尔良公爵的半身像,直接带到了街上。另一个人说,剧院开幕时,群众冲进几家剧院,要求立即关闭剧院 *,结果却是所有观众都被打发走了。第三个人则宣布说,香榭丽舍大街入口处放了四门大炮,炮手已经准备好点燃引信开始战斗。这四门大炮是一个骑兵团支援的,他们已经在朗贝斯克(Lambesc)亲王的指挥下前进至路易十五广场,就驻扎在通往蒂利埃的桥边。这个人还补充说,这个团的一名骑兵在经过一名法兰西保安军的士兵时,用手枪向后者开了枪。朗贝斯克亲王也手提军刀,率领一个小分队,飞奔到了杜伊勒里花园。他们把那些在路上走得好好的老人、妇女和儿童都吓跑了。不,实际上亲王亲手杀死了一个正在逃离骚乱现场的老人。

---

* 相比伦敦,关闭剧院在巴黎更是一件大事。

报告此事的人还忘了说民众开始向亲王扔石头，石头是现成的，就在那些尚未完工的建筑物的周围。亲王也许是被这种抵抗吓了一跳，他鄙视暴民，原以为只要自己一出场就能镇住他们，于是就在一阵最有可能是由恐惧和惊骇引起的精神错乱中，打伤了一个手无寸铁的人，然后这个人就在他面前逃走了。无论如何，这种肆无忌惮的暴行激起了愤怒，而愤怒是让每一个人的精神都发动起来的必需物。

群众仍在向选举人施压，迫切要求得到武器，然而选举人又无法提供武器，于是就在十一时下令各区立刻集结，到所有有公民武装的岗位上，以国家的名义乞求这些公民武装以避免一切形式的暴乱。然而现在不是谈论和平的时候，因为大家都在准备战斗。骚乱越来越普遍了。"武装起来！武装起来！"的叫声在四面八方回响。整个城市立刻行动起来，都在找防御的武器。炮声齐鸣，伴随着妇女儿童的尖叫和哀叹撕裂着空气。各教区的教堂钟声也都在逐渐连成一片，刺激着、继续着这份无处不在的惊恐。

然而民众仍然把全副心思都放在防御措施上。很多市民洗劫了军火库，还抓起了烤肉扦子和拨火棍，手拿武器，配合着他们脸上做出的坚定表情。一些武装得更为全面的法兰西保安军也加入进来,他们和民众联手击退了那些最先惹怒他们的外国雇佣军,后者溃逃得像沙漠里的野兽看见勇敢又慷慨的狮子一样快。虽然民众在这场午夜的战斗中取得了胜利,但是他们仍然几乎没有任何火器,他们只是决心要赢。即使有人找到火器,用得也很不熟练。首都居民大多如此。可是他们的勇气无比激越,愤怒使他们随手抓起什么就想保卫自己:锤子、斧子、铁铲、长矛,什么都行,都在英雄主义的鼓舞下被他们紧紧攥在了手里。是的,这是真正的英雄主义,因为在共同的危难中,他们已完全将个人安危置之度外。妻子们帮着丈夫打长矛,孩子们跑来跑去堆石头,都在为明天做准备。为增加夜晚的恐怖气氛,有人纵火焚烧了巴黎的一处围墙。还有一群孤注一掷的强盗开始趁乱抢劫房屋。武装起来!这是危险的呼喊,也是城市的暗号。现在还有谁能闭上眼?当警钟淹没了愤怒和痛苦的低语,混乱也开始变得庄严起来。

在凡尔赛,不同的声音激发着不同的情感。在那里,人心皆因大喜而狂跳,并开始了最放纵的庆祝。朝臣们已经开始想象整个恶作剧都被粉碎了,国民议会将会任由他们摆布。

成功有点来得太早,王后、阿图瓦伯爵及其佞臣们都陶醉了。他们去那些花钱贿赂来的流氓的出没地拜访，后者早已埋伏好，只等向猎物下手。王后用她那迷人友好的姿态和更大的恩惠怂恿他们抛弃一切顾虑，只须依令行事。这些人被王后的蜜语媚笑诱惑了，向她举杯致敬，饮干杯中酒，答应她绝不会让刀剑入鞘，而是会坚持到法国被迫服从，国民议会被迫解散之时。他们伴着被屠杀定了调的音乐，带着野蛮的凶残跳起舞来。死亡和毁灭的计划给狂欢带来了激情，也让他们的动物精神达到了顶峰。在这段叙述后，任何对权力的有害影响的反思，或是对肆无忌惮的享乐的反思，只要能使女性胸中的柔情荡然无存，或是使人类的心灵变得冷酷生硬，就都是对读者情感的侮辱。

凡尔赛宫现在多么安静啊！孤独的脚步踏上华丽的楼梯，停留在每一个平台上。眼睛穿过虚空，几乎都能看到幻想中的强烈形象迸发出生命。波旁王朝的国王们就像班柯①的后人一样，手指着宏伟的虚无，在庄严的悲伤中走过，逐渐消失在开阔、裸露的墙壁上悬挂着的冰冷的画布里，而四周阴暗的气氛给那些似乎正在沉

---

① 莎士比亚戏剧《麦克白》（*Macbeth*）中的一个人物，被杀后化作鬼魂。

入死亡怀抱的巨大人物投下更深的阴影。

　　小心翼翼地走进无穷无尽、半掩半闭的房间，沉思的漫游者一闪即逝的身影映射在长玻璃上，在各个方向上徒劳闪烁。神经放松了，心脏也没有受到惊吓。虽然淫秽的画面不断在胸口敲击着阴郁的寓意，预示着经验的冷酷教训，但是画中的优雅装饰了色欲，使之不再充满诱惑。空气很冷，像是要阻塞呼吸。毁坏的潮湿感觉似乎正从四面八方朝这一大堆东西袭来。

　　压抑的心想在花园里寻求解脱，但是即使是在这里，同样的形象也还是在沿空无一人的宽阔大道行进，一切都静得让人害怕。如果有一条小溪从奔流的瀑布下的苔藓丛中缓缓流过，让人想起那些关于宏伟水利工程的描述，也只能博得人倦怠一笑，因为人类要想和自然平等，只能是徒劳。

　　看！这就是伟大国王的宫殿！富丽堂皇的住所！是谁打破了魔力？为什么现在这座宫殿只会激起怜悯？为什么？因为自然到处都在微笑着向想象力展示可供建造农场和好客的广厦的材料。农场和广厦都将由快乐统治，而无需人类的盲目崇拜。它们还会向仁爱和勤劳敞开心扉，勤劳会使天真的快乐充满甜蜜。

　　法兰西啊，我哭得几乎没有意识到我在哭！我哭你从前的压迫。你用铁栅将人隔开,你将所有人扭曲,你让多少人受苦。我颤抖,生怕遇见某个不幸之人,仅仅因为他曾是个贵族,或者曾为贵族提供过避难所(而这个贵族唯一的罪过就在于他的贵族姓氏),就逃离了那个由放荡的自由转变而来的专制制度,同时耳边还传来断头台在他脚下发出的咔咔声。虽说我的笔几乎是在渴望记录将巴士底狱夷为平地,让那绝望之塔从上到下颤抖不已的这一天,可是一想到这座修道院现在仍然被用来关押复仇和猜疑的受害者,哪怕我再愿意为攻占巴士底伸张正义,哪怕这攻占已经将巴士底那似乎在嘲笑时间的不可抗力的高墙变成了废墟,我那握笔的手也禁不住感到麻痹。专制的神庙倒塌了,但是专制并没有被埋葬在废墟里!不幸的国家!你的孩子什么时候才能停止撕裂你的胸膛?观念什么时候才能转变,才能带来道德的改变,使你获得真正的自由?真理什么时候才能赋予真正的宽宏以生命,而正义也能使平等稳坐不倒?你的儿子什么时候才会相信人,因为人值得相信?私德什么时候才能变成爱国主义的保证?啊!什么时候因为你的公民是最有道德的公民,你的政府也会变成最完美的政府?

第三章

巴黎人为保卫城市所做的准备。法兰西保安军和城市守望者加入市民的行列。武装公民任命一名总司令。巴黎骚乱期间国民议会的作为。国民议会发表《人权宣言》，提出与公民调解，但是遭到国王的傲慢拒绝。七月十四日巴黎发生的事。攻占巴士底狱。市长中枪。凡尔赛国民议会议程。国王出现在议会上。他的演讲。

十三日一大早，选举人急忙赶往恐慌的中心：市政厅。因为形势紧迫，他们不再等待国民议会的批准，而是直接通过了正在审议中的法令，以使有产者自卫军立即生效。随后，大多数人离开市政厅，去召集各区的自卫军，剩下的少数人则去努力平息愈演愈烈的骚乱。他们向民众通报了法令的通过，向他们解释了这一法令所包含的有力动机，告诉他们现在应该分散，各回各区，立即登记。但是人群又提出要武器，认为有很多武器藏在一个军火库里，可是没人知道军火库在哪儿。为了暂时平息这些喧嚣，有人建议去找市长。市长来了，要求群众确认让他担任这一职务，因为这是国王陛下委任给他的。全体鼓掌欢呼表示同意。聚在一起的选举人立刻把注意力转向了眼前的严肃事务上。

随后，选举人成立了一个常设委员会，以便和各区保持经常性的联系，并再次敦促公民们立刻携带收集到的所有武器，返回各区，将武器适当分配给巴黎民兵。但是，这些重要决议不可能得到有序的执行，因为总有人不断涌来汇报新的情况。这些情报虽说常有虚假或夸大的成分，但也总令人震惊。比如，城墙和城关着火了，一所教会的房屋被抢了，一支敌对势力正在全速赶来，准备向市民发起进攻，等等。此时大量客运马车、货运马车和其他类型的马车都被带到了市政厅的门口。军队正在赶来的消息已经公布了，于是被禁止出城的人群的要求，混杂着急于想和军队交手的人群的叫喊，都被来自六十个区的代表们更为迫切的呼声淹没了，因为代表们很想得到武器、弹药，以便立刻发起行动。为了安抚他们，争取时间，市长答应，如果大家能安静待到晚上五点，就给他们发一些轻型燧发枪，枪支由一家工厂的厂长提供。

这个保证带来了一定程度的平静。委员会利用这一机会表明决心，目前巴黎民兵应该由四万八千名公民组成，军官应由各区任命。为了防止乱中生害，也为了给城市的生存提供保障，很多附属的法令都通过了。头天晚上帮助过市民的法兰西保安军现在也来证明他们对共同事业的依恋，请求加入市民的行列。城市守望（一个军事机构）的指挥官也出现了，他向委员会保证，他指挥的军队愿意服从委员会的命令，协助保卫城市。

被拦截的马车中有一辆属于朗贝斯克亲王。人们误以为抓到了亲王本人，后来才知道弄错了，但是马车已经没救了，马匹也被牵进了附近一个马厩里，那只被小心取下的旅行皮箱则被放到大厅里。这个小细节值得注意，因为它显示当时人们对财产的尊重，以及公众注意力完全集中在宏伟目标上，因此化解了私人激情和利益。看到自己的主张被侮辱，人们深感刺痛，他们对不公有着强烈的愤慨，这使斗争变得英勇。

整整一天巴黎人都在做战斗的准备。每一件事做得都很谨慎，在这样的冲动下很难想象会有这样的谨慎。战壕挖好了，几条街的路面被掀开，城郊也设了路障。防卫是所有人唯一的想法，他们完全不顾人身危险，或者翻新旧武器，或者锻造新武器，所有人都准备不惜代价，甚至牺牲生命。老人、妇女和儿童都来制作长矛，体格健壮的男人们则以最坚定的神情有序地在街上巡逻，同时注意制止各种暴力。事实上，在这群汹涌而来的男子的快速步伐中，有一种不可思议的庄严，因为他们的努力都在朝着同一个方向，使得这次市民起义与通常所说的暴乱大不相同。事实上，平等首先是由普遍的同情建立起来的。所有阶层都加入进来，第一等级并不因其行动有任何特殊的体面之处而鹤立鸡群，因为有一种由公共精神贯注的尊严弥漫在整个人群中。

一批火药运到了市政厅，然而一些最不守规矩的人总爱聚集在这个中心地带。如果不是一个勇敢的选举人*不惜冒着生命危险，坚持向民众定时分发火药，那么市政厅很可能会被民众一次性炸掉。定时分发火药吸引了民众一段时间的注意力，但是到了晚上，对武器的要求比以往任何时候都更为迫切，其中还夹杂着对市长的不忠以及叛国的一声沙哑喊叫。喧嚣暂停了一会儿，一些被认为装有武器的军用箱子运了过来，群众以为这就是市长答应送给他们的武器。选举人立刻采取了一切可能的预防措施，迅速把箱子搬到地窖，以便分发给那些最懂得使用武器的人，而不是让生手拿走。法兰西保安军既然值得市民信任，委员会就在一番商议后，任命了四名成员，赶去让法兰西保安军负责分发武器。简

---

* 指勒菲布神父[Abbé Lefebure，作家和植物学家]，他以无畏的勇气在一桶火药旁待了一整夜和第二天的大多数时候，坚持把人群驱散，尽管其中有几个人为了折磨他，拿了烟斗在他旁边抽，甚至还有人在他身边用手枪开了一枪，点燃了他的头发。

而言之,在打开箱子前,做了大量准备工作。但是,当箱子最终在一大群人面前打开时,大家却发现里面只有一些破旧的烛台,以及其他一些类似的破烂玩意。勇气和爱国精神被耍弄了一整天,此时群众的急躁立刻变成了愤慨和恼怒。市长的叛国嫌疑扩大到了整个委员会,群众威胁要在市政厅里炸死这些人。

现在,一位选举人拉萨尔(La Salle)侯爵说:"在目前的残酷处境中,最大的麻烦是缺乏秩序和服从。一架大机器各部分间的协同固然对于提速和成功必不可少,但如果没有公众都知道且认可的指挥官,这架机器也将无法维系。"他还说:"所有公民在变成士兵后,总有将热情和无畏花在多余之事上的危险,有时甚至还会做出与自己计划相反的事,因此有必要任命一位具有一流能力和经验的将军。我认为我自己根本不值得你们推选,尽管我愿意奉献一切,包括财产和生命,并愿意承担任何职务。"这项动议引起了新的讨论。奥蒙(Aumont)公爵被任命为总司令,但他不太想干,又不肯痛快拒绝,最后职位还是交给了拉萨尔,后者是一致通过的排名第二的候选人。拉萨尔立刻开始履行这一重要职责。这一提名有助于支持委员会的工作,因为尽管震荡似乎使整座城市都陷入了混乱,但是选举人通过聚集在市政厅而形成的这个联合中心却在很大程度上拯救了公众。这种由环境造就并得到公民默许的市政权力,即便是在恐怖和无政府的状态中,也在很大程度上建立了秩序与服从。各区的有产者自卫军都已集结完毕,巡逻队也以最大的精准出动了。街道上有照明,以防夜间发生混乱或惊慌。私人财产受到尊重,所有岗位都有人在精心指挥。但是,路障会拦截每一辆马车和每一个人,会告知他们必须到市政厅交代自己的情况。公众尤其不信任那些来往于凡尔赛的人的事由。委员会定期派代表团向国民议会通报巴黎发生的骚乱,以及委员会为抑制人民轻率的愤怒而采取的措施。至于骚乱,那是国民议会所处的危险,以及对巴黎被围的恐惧造成的。

实际上,国民议会现在以相称于国家之父的庄严姿态出现了。即使看到自己身处危险之中,它也没有胆怯地从先前挑起了宫廷暴力的行为准则中退缩。议长年事已高,被认为无法胜任现在的辛苦工作,就又任命了一名副议长。

拉法耶特侯爵被选中填补这一职位,有几个原因使他这个副手很受欢迎。早在法国支持美国的独立事业之前,他就甘愿冒着生命和财产的危险,去美国学了一些公正的政府原则,并将其消化到了可以理解的程度,虽然那程度还比较有限。法国人的虚荣他固然也有份，但是他的内心非常正直。早在显贵会议期间，他就因为发现并揭露卡隆挪用公款，以及反对阿图瓦伯爵的专断而脱颖而出了。在那次参会期间，他还出于同样的动机提出了一些旨在减少公共税收、减轻国民不满的大胆改革计划。其中一项是，在全国范围内，废除巴士底狱和其他国家监狱，废除秘密逮捕令。现在，就在国民议会收到国王轻蔑答复的那一天，他出于同样的目的，将一份《人权宣言》的提案放到了议会面前，这份提案类似美国一些州的提案。孔多塞侯爵在议员们开会前为了给其提供指令，也曾发表过一份这样的宣言。拉法耶特把自己的《人权宣言》的一份副本转交给了聚集在一起的选举人，让他们读给人民听。再也没什么比宣言开头的简短演说更让人民坚定，知道自己应该坚持什么立场的了："想想自然铭刻在每个公民心中的情操吧。当这些情操得到所有人认可时，它们就获得了一种新的力量。一个国家要想爱自由，她只需要知道自由。要想获得自由，她只需要愿意自由。"*

---

　　* 拉利-托伦达尔说起此时的拉法耶特时，说他"谈论自由就像他曾经捍卫过自由"。

米拉波虽然顽强地支持国民议会的尊严,此时却感到了一丝嫉妒,因为另一个人居然干出了一件类似于起草一部新宪法那么重要的事业。这就等于明确表示,万一议员们慷慨就义了,世人也好知道他们是如何行事的,他们争取的又是些什么东西。

现在,国民议会不可能不从内阁的更迭中看出眼前的危险,有些议员将这危险的来临当成幻想中的怪兽。不过,面对种种敌对的准备,他们决心继续自己的工作。同时,为了确保安全,他们也采取了一切谨慎的预防措施。他们派人通知国王巴黎发生骚乱,指出如果不遣散巴黎的驻军,国家将会遭到罪恶的威胁。他们还提出愿意在军队和公民之间居中调停,以尽力避免后续可能发生的灾难。但是国王固执地支持目前的措施,他可能受到了阴谋集团的操控。他回答说自己是唯一能判断撤军是否必要的人,他对议员们提出的调停方案表现出了最难以言喻的蔑视态度。他对议员们说他们在巴黎毫无用处,在凡尔赛却很必要。他们必须完成那些重要的工作,而他则会继续推荐这些工作。

这一回答一经传达,拉法耶特就提议说,应该宣布现任内阁需要为其顽固所造成的后果负责。议会也进一步宣布说,他们对内克尔和其他刚被撤掉的内阁成员表示敬意，并感到遗憾。由于担心国王的回答可能会产生危险，他们表示不会停止对撤军以及建立有产者自卫军的坚持。议会重申了之前的宣言，即在国王和国民议会之间不存在任何中间权力；公共债务既已被置于法国荣誉的保护之下，同时国家也不拒绝支付利息，那就没有哪个国家有权说出"破产"这个臭名昭著的字眼来。总之，议会宣布坚持以前的法令；议长应将目前的决议提交给国王，将其印刷出来，供公众参考。

但是宫廷仍旧怂恿国王坚持执行他们之前说服他采取的措施。这一措施不仅蔑视议会的勇敢抗议，也不为人民的恐惧所动，尽管那恐惧似乎正在驱使人民走向绝望，而绝望最终总是能克敌制胜。议会为种种迹象所警觉，知道危机已经来临，并将决定他们的个人命运和政治命运，而国家命运也会牵涉其中，因此议会认为谨慎的做法是使自己的席位永久化。共同的危险激发并团结了议员们，他们互相提醒说："即使自己死了，国家还会存在，并将恢复活力。他们为公众谋福利的计划将再次温暖法国人的心，这个勇敢而慷慨的民族会将一部宪法当成不朽的战利品，立于他们的坟墓之上。那将是一部如理性般坚实、如时间般恒久的宪法。同时，他们的殉难还可以作为一个例子，证明知识和文明的进步不会因为少数人遭屠杀而终止。"

无论宫廷想如何处置国民议会——可能是屠杀，也可能是监禁，这是驱散他们、扰乱他们的改革理论所必需的手段——可以肯定的是，议员们的处境受到了极大威胁，而他们之所以能逃脱，靠的是人民的勇气和决心。当薪酬和特权遭到质疑时，内阁的胸膛太冷酷，不管是尊敬还是厌恶，他们都已经感觉不到了。

宫廷由于缺乏共同的远见，无法对抵抗做出防范，因此形势对人民和人类的事业是有利的。宫廷的确太疏忽大意，以至于十四日一大早就在各处搜寻武器的市民因为听说武器藏在荣军院内，就要求委员会下令把武器取来。为此委员会派了一名选举人和群众一起去见荣军院院长，要求他向国家交出由他负责照管的所有武器和弹药。院长回答说已经有一批群众来过了，现在正和他在一起，而他也已经派人去了凡尔赛听候命令。他恳请新来者一同等待送信人回来，而那需要一两个小时。这一回答起初令群众感到满意，他们准备安心等下去，直到有一个人说今天不是浪费时间的日子。于是群众坚持立刻进入，并立刻占有了他们所能找到的所有武器，也就是三万支步枪和六门大炮。另有相当数量、种类不同的武器也被一个不那么有秩序的群体从动产管理处抬了出来,落到了流浪汉手上。哪里有混乱,哪里就会有流浪汉跑来加入。头天晚上,一百五十个这样的流浪汉在市政厅里被缴械了,当时他们喝饱了偷来的白兰地,昏昏然倒在楼梯和长凳上睡着了。但是醒来后,因为没钱,没面包,又想要工作,他们就被派去协助制作长矛和其他武器——制作这些武器几乎不需要什么技能。事实上,没有一个公民是不带武器出现的,不管那武器多么粗野,都可以供他们挥舞,以示反抗的态度。同时还有六万人被登记分配在了不同连队里,他们的武装更为有序,虽然看起来也不像是能打仗的样子。现在,自由之军的面貌着实令人生畏,然而内阁从不怀疑自己会成功。在对安全的轻率不顾中,他们忽视了唯一还剩下的那个能让被唤醒的民众接受任何条件的办法。

巴黎,这座大都市,这座也许是世界上最大的都市,感到面包短缺已经有一段时间了,现在更是没有足够的面粉能支撑到四天以后。*

---

　　* 巴黎的补给从来都要靠各种因素的谨慎安排才能实现,它是可以由国家政府控制的。巴黎不像伦敦和其他大城市,这些城市的地理位置早已由自然决定,福祉也靠大规模且不间断的商业流通创造,且自己就可以控制这些流通。要想切断伦敦的补给,需要封锁港口,并以公开方式阻断国家财富在很大程度上有赖于此的流通。而巴黎却可以在几天之内因宫廷的一道密令而进入饥荒状态,其影响所有巴黎人都能感知,(转下页)

因此，如果德布罗意元帅切断补给的话，公民们只能挨饿。或者在他们训练得当，能够参加常规战斗之前，他们也只能在混乱中前去和德布罗意的军队交战。但在暴政的堕落情绪的唯一指导下，民众认为暗杀是最快结束斗争，使结果对自己有利的办法。他们还不习惯统治自由人，他们梦想的不是国家摆脱束缚、充满活力的样子。或者，如果说在他们阅读那几个勇敢的斯巴达人如何在温泉关海峡驱逐了数以百万计、排列成行的奴隶时，类似的古典幻想教会了他们对人怀有尊敬，他们却不知道自由的事业也是一样的，服从其冲动的人们将能永远抵抗全世界所有失去活力的雇佣军的进攻。

　　巴黎人的想象充满阴谋，每个小时都会制造出许多恐怖的对象来吓唬自己。在巴黎周围活动的驻军当然制造出了许多假警报，而巴黎人多疑的脾气也让他们用不着编造就能充分将其夸大。因此市政厅接到了各种

（接上页）但没人能探明原因。有了这些考虑，一七八九年夏巴黎持续缺乏补给的原因也就好解释了。没有人会怀疑宫廷在看待革命时会满怀恐惧，因此宫廷会采取措施制止革命，而在这些措施中，有一个明显的方便之法是他们不会忽略的，那就是切断首都的补给。宫廷预料民众会把这一罪责怪到新秩序的头上，并因此会对革命心生厌恶。

关于屠杀和暗杀的报告，尽管后来证明这都是些出于恐惧的无稽之谈，但还是激怒了人民。然而有一点似乎是肯定的，那就是有人看到一个骑兵中队正在圣安托万（St. Antoine）市郊街入口附近盘旋，而当法兰西保安军的两个连队靠近时，他们却消失不见了。同样，这个市郊街的人还注意到，巴士底狱的大炮转向了他们街道的方向。接到这一消息后，委员会向巴士底狱的狱长发出了忠告，并传令各区，希望他们在全区发出警报，拆毁街道路面，开挖壕沟，尽可能设置一切能阻止军队进入的障碍物。不过，尽管巴黎城郊一些支队的敌对行为激起了恐怖的情绪，我们却仍有理由怀疑士兵们的真实性格并不如此。因为有相当一部分分属不同军团的士兵携带武器和行李出现在了路障前，宣称他们决心为国家服务。他们被各区接收，并被带到了市政厅。委员会将他们分配到了国民武装中，还采取了必要的预防措施，以防他们当中有意外的叛变出现。

派往巴士底狱的代表团现在回来述职了。他们告诉委员会，人民因大炮的位置太有威胁而怒不可遏，已经包围了巴士底狱的围墙。但是代表团进去时并没有遇到太大困难，他们被带到狱长面前，要求改变大炮的部署。狱长的答复并不像他们希望的那样明确。然后他们要求进入第二进院子，也比较轻松就获得了许可。小吊桥放下了，可是通往院子的大吊桥仍然是吊起的。再然后，狱长吩咐打开一扇铁门，他们从铁门进入后看到院子里已经有三门大炮做好了战斗准备，还有两名炮手，三十六名瑞士人，以及十几名伤残者，都被武装起来了。此外，参谋人员也都集合在了一起。代表团立刻请这些人为了国家的荣誉以国家之名改变炮口的方向。在狱长本人的亲自提议下，全体官兵共同发誓：除非他们受到攻击，否则大炮绝不会开火，其他武器也不会使用。总之，狱长还非常客气地接待了某区的另一个代表团。他们吃点心时，狱长实际上已经命人在将大炮撤回了，而且就在他们被告知此事后不久，命令就得到了执行。

为了安抚人心，代表团走下市政厅的楼梯，向人民宣布他们得到了狱长友好的保证。可是当号角响起要求安静时，大家却听到了来自巴士底方向的炮声。与此同时，一大群人涌入了市政厅对面的广场，说有人要叛国。为了支持这一指控，他们还带来了一名公民和一名法兰西保安军的士兵，两个人都受了伤。有传言说，还有十五或二十个以上的人也都同时受了伤，在来的路上被留在了不同人家里加以照顾。事情的经过是这样的：

为了吸引那些要求得到武器的人靠近，狱长德拉奈（Delaunay）放下了第一座吊桥。群众应邀满怀信心地进入吊桥，却立刻遭到了堡垒里所有火枪的射击。这一报告得到现场两名伤员的证实，这向委员会表明了巴士底守军的背信弃义，以及向己方进攻者提供援助的必要，因为这些人是在既没有命令，也没有足够武力的情况下发动进攻的。与此同时，人民的愤怒转向了市长，因为他承诺弄到武器却没有弄到，还试图用各种诡计来平息由此激起的愤怒。的确，市长曾几次分散群众，命他们到不同地方去取武器，其实他知道那里根本就没有武器。现在，为了平息猜疑——因为一些可怕的暴力行为可能会从中爆发，并把整个委员会都包含在破坏之内——市长提出再派第三批代表团去巴士底。为了防止大规模流血事件，第二批代表团已经被派去向德拉奈抗议，但是他们似乎被扣押了。代表团还奉命带了一只鼓和一面旗子随行，因为他们以为先去的人无法执行任务，是因为缺了某种信号。

然而，在第三批代表离开后不久，第二批代表就回来了，并通知委员会说他们在前往巴士底狱的途中，遇到了一名由同伴抬着的受伤公民。这个伤者告诉他们说，他中了一枚轻型燧发枪的子弹，子弹是由巴士底狱射向圣安托万大街的。很快他们就又遇到了一群人，这群人护着三名在子弹射向公民时中枪的伤者。代表团说，我们根据这些事来判断，知道危险正在加剧，就加快步伐，希望制止这种不平等的战斗。到了离要塞不到一百步远的地方，我们看到塔楼上的士兵正在向圣安托万大街开火，还听到巴士底院里市民们开火的声音。再走近一点后，我们向狱长发出了几个信号，但是要么是没人看见，要么就是看见了也不在意。然后我们靠近大门，看到几乎手无寸铁的群众正在向前冲，而且就暴露在直接向他们射来的猛烈炮火中，伤亡惨重。我们说服了我方那些有武器的人暂停射击，同时再次向狱方发送了我们的和平信号。但是堡垒里的驻军根本不管，还是继续射击。我们悲痛地看到身边有好几个人倒下去了，还是我们劝他们停的手。其他人的勇气再一次被愤慨点燃，鼓舞着他们向前。我们的抗议，我们的祈祷，已经没有任何效果了。群众大叫说他们现在想要的不是什么代表团，而是围攻巴士底，摧毁这座可怕的监狱，杀死狱长。我们在这些勇敢公民的斥责下，也加入了他们的激愤中。他们对如此可恶的背信弃义行为感到愤慨是完全正当的，而背信弃义正是他们对狱长的指控。他们还向我们重复了你们已经得到的消息，那就是上午有一群人接近巴士底想得到武器，狱长允许其中某些人进入，接着却向他们开了火。因此狱长的背叛是战争的第一个信号，表明他已经开始向同胞开战了，而且似乎还很愿意顽抗到底，因为他拒绝接见后来的代表团。现在到处都回荡着一个声音：占领巴士底！五门大炮在这一呐喊的指挥下，正在加速行动。

过了一段时间，第三批代表团也回来了。他们说，看到他们的白旗后，巴士底狱顶上也升起了一面白旗，士兵们都放下了武器。在这些和平信号的吉兆下，代表们以常设委员会的名义与群众交涉，让他们退回各区，采取最恰当的措施重建和平。撤退实际上正在发生，群众很自然地经过代表团所在的院子。虽然塔楼上还展示着和平的白色象征，代表们却看到院子里公然放着一门大炮，而且此时突然就来了一通火枪射击，杀死了三个人，就倒在代表们的脚下。正好在监狱试图平息群众情绪的那一刻发生了这一幕暴行，惹得群众大怒，他们中间很多人甚至用刺刀顶着代表们的胸口说："你们也是叛徒，因为你们把我们带到这儿来，为的就是让我们更容易被他们杀死。"若不是其中一位代表让群众看到代表们的处境也同样危险，群众的情绪恐怕很难平息。沸腾的气氛终于缓和下来，代表们急忙往回赶，路上遇到了三百名法兰西保安军，身后还跟着荣军院的大炮。人和炮都在快速推进，同时叫喊着要攻下巴士底。其中一位代表因为和其他代表分开了，就进一步讲述说，被迫从已经死去和正在死去的人们身上挣扎着艰难逃生的群众认出他是一个选举人，就告诉他要自救，因为叛变是显而易见的。他却回答说："我的朋友们，应该离开的是你们。你们阻止了我们的士兵和大炮进入这个设有障碍的院子，你们去了也是白白送死。"处于狂热中的群众打断了他的话，大声叫道："不！不！我们宁可用尸体填满战壕。"于是这名代表就在耳边嘶嘶作响的枪弹声中离开了。这些故事和有关狱方第二次背信弃义的流言在城市中蔓延开来，强烈刺激着已经开始怀疑的头脑。

新来的人群不断涌入市政厅，他们再次威胁要火烧市政厅，因为市长骗了他们这么多次。当市长试图用似是而非的借口使他们平静下来时，他们异口同声地答道："他想浪费我们的时间，好给他自己赢得时间。"两封写给巴士底狱主要军官的信件被截获了，现在也被大声念了出来。信里说希望狱方挺住，会有增援。这更增加了公众的愤怒，恼怒的对象主要就是巴士底狱的狱长、市长，甚至还有常设委员会。群众一声接一声呐喊着，一边举起赤裸的手臂宣布要复仇。这时一位老人叫道：朋友们，我们在这儿和这群叛徒干什么！让我们向巴士底狱进军吧！所有人听到这声呐喊，就像听到胜利的信号一样，都匆忙离开了市政厅，委员们发现现场竟然只剩下他们自己了。

在这孤独恐怖的时刻，一个人走了进来，满脸惊骇。他说，广场在人民的怒火中颤抖，人民已经完全把自己献给死亡了。"快走吧！"他喊道，一边向外跑，"赶快自救，不然你们也完了！"委员们还是一动不动，不过很快他们就没法在沉默中等待危险的来临了。因为一拨又一拨的人带来了他们受伤的同伴，带来的伤员还激动地讲述着巴士底城墙下牺牲的公民如何被残杀的故事。军官们把这次屠杀归咎于袭击的混乱，以及比混乱更为巨大的袭击者的无畏。

关于屠杀的叙述无疑非常夸张，因为堡垒似乎是被不顾危险向前推进的群众的思想能量占据的。围攻者的热情，而不是围攻者的人数，使守军陷入了混乱。巴士底狱无疑是欧洲乃至全世界最强大最可怕的监狱。它总是有相当多的军队驻守，狱长也事先为防御做好了准备，但是任何东西都抵挡不了巴黎人出乎意料的冲动。可以肯定的是，德拉奈一开始对人民的举动是心怀鄙视的，他急于从伤害或抢劫中挽救他在外院建造的一座优雅小屋,而不是避免屠杀。但是,据说后来他在绝望的疯狂中,从平台上往人民头上推落好多大石头,还企图炸毁堡垒,甚至自杀。诚然,法兰西保安军和群众混在一起,在攻打巴士底狱时起到了关键作用,例如他们建议带上大炮,还采取了其他一些只有军事经验丰富的人才能决定的措施,但是当时的热情使得战争的知识毫无必要,决心比世界上所有的武器和炮台都更强大,它能使吊桥落下,墙壁坍塌。

正当民众势如破竹之际,委员会考虑的却只是如何防止流更多的血。因此他们又任命了一个代表团,是迄今为止人数最多的。可是这个代表团刚一踏上执行和平使命的路,就有一些声音说巴士底狱已经被攻占了。不过这些声音几乎没人注意,而且这个消息是如此不可思议,以至于谣言给人留下的印象不深,无法阻止暴民的愤怒,他们仍在威胁市长和委员会。这时一场新的喧器开始了,一开始从很远的地方传来,无法分辨它是胜利的呐喊,还是惊慌的号叫,但是它带着狂风暴雨般的撞击和急促证实了这个出人意料的消息。巴士底狱真的被攻陷了!

顷刻间,大厅被一大群各阶层的人淹没了,他们手里拿着各式武器。局面乱得难以形容,但是还嫌不够,在胜利和叛国、复仇与自由的混合呼喊下,有人大叫市政厅就要塌了。大约有三十名伤兵和瑞士士兵被拖进了大厅,群众强烈要求将他们处死。吊死他们! 吊死他们! 所有人都在咆哮。

女王卫队的一名军官(艾利〔Elie〕先生)被巴士底狱的征服者们用肩膀扛了进来,并被他们宣布为第一公民,因为他刚刚使他们成了巴士底狱的主人。他们对他的荣誉赞美有加,他虽然不想让他们这么说,可也制止不了他们。他尽管谦虚,还是被安排坐在了委员会对面的一张桌子旁。俘虏们站在周围,似乎对自己的末日充满了恐惧。艾利就在这种情况下被加了冕,战利品笨拙地摆在周围,但是情绪和环境给了这个场景以尊严。巴士底狱所有的金银餐具也都拿了来送给他,他的战友们以最诚挚的态度催促他接受,将其当作从战败之敌那里缴获的最丰盛的战利品。他却坚决拒绝,还雄辩地解释了拒绝的动机,说服了所有听到他话的人。他说这些战利品不属于他们,还说爱国主义只渴望光荣和荣誉,爱国主义会因得到金钱的报偿而羞愧。他高尚地利用他在人民心中的影响力,提倡节制和宽大,但是很快他就被德拉奈之死的报告打断了。德拉奈在巴士底的院里被抓,愤怒的民众几乎是将他拖行到了市政厅,然后杀死了他。很快,其他三名军官的死亡也被报告出来了。

俘虏们听着这些故事,脸上的表情让人想起随时准备献祭的受害者,愤怒的人群要求立即将其处死。一位选举人想为他们求情,但是人群几乎不让他说下去。事实上,人们主要是恨其中三名伤兵,因为他们是炮手,曾经非常麻利地向市民开炮。其中一人受了伤,得到了较多的同情。拉萨尔侯爵站在这个可怜人面前,坚持自己作为总司令应有的权力,强迫大家听他说话。他说他只想确保罪犯受到军事管制令的严格审判,人们似乎赞成他的推理,于是他利用了这一有利时机,将伤者送到了另一间屋里。他保住了这个人的性命,暴徒们却急忙把另外两个人赶出了大厅,还当即把他们挂在了附近的灯柱上。怒火已经如此横流,沸腾的情绪却仍在继续,甚至没有被这些残酷的报复行为抑制。两种情绪刺激着公众:征服的喜悦和复仇的渴望。人人都对叛国行为发出了混乱的谴责,人人都急于表现自己发现阴谋的聪明才智,也都同样固执地用定罪取代了怀疑。已经有足够多的证据表明市长有支持宫廷的意愿,因此群众对他发怒是理所应当的。市长周围已经是呼声一片,要求他去王宫广场接受同胞的审判,而他也同意陪同人民前往那里。

与此同时，反对其他伤兵的呼声也在加倍。但是成群结队进入现场的法兰西保安军要求赦免他们的老同志，以作为他们为国家所做贡献的报偿。艾利也同意了这一请求，他说比起群众想给他的所有礼物和荣誉，这一恩惠更令他感激。有人被他的雄辩打动了，大声叫道："赦免！"同样的情绪在整个圈子里传递，"赦免！赦免！"继而是凶残的报复要求，这要求扼杀了同情心。为了确保俘虏的安全，艾利提议让他们宣誓效忠国民和巴黎，这一提议得到了皆大欢喜的赞成。宣誓后，保安军们将囚犯包围在中间，带走了囚犯，而群众也没有做任何抵抗。

现在，委员会力图重建秩序，因为骚乱中桌子被打坏了，到处都面临破坏的威胁。这时有人进来通报说有一只不知名但实际上很仁慈的手射杀了市长，从而用唯一可能的手段将其从民众的愤怒中夺走了。事实上，市长的所作所为的整体性质证明公众对他的指控是正当的，公众愤怒的这种结果也是可以原谅的。如果不是因为后来人民的激情被奸佞之人激起，犯下最野蛮的暴行，那么今天的复仇不仅情有可原，甚至几乎算不上什么不公正或不人道的行为。

巴士底狱是在大约下午四点被攻破的。先是营救囚犯,之后为了确保公共安全而提出了一些必要的规章制度。当权者的行为让人民如此恼怒,现在群众之中高涨起反对贵族的呼声。当天晚上,一群知名人物就被不安分的民众带到了市政厅里。焦躁的民众在街上游荡,好像制造出了一些冒险,而且很有必要地用上了他们已经觉醒的精神。胜利让他们兴奋得喘不过气来,当下就纵情欢乐起来。然而欢声随着白天的消失而消失,黑夜的来临又让他们恢复了之前所有的忧虑。他们重新满怀恐惧地听到报告说有一支军队正准备攻入某道屏障,于是他们不愿荒废用来征战的武器而去睡觉,这个夜晚就成了一个让人警惕的不眠之夜。虽然攻占巴士底狱证明了巴黎人的勇气和决心,但这绝对无法使他们免受宫廷诡计的伤害。他们已经表现出了坚决抵抗压迫的决心,但是那些激起他们抵抗的军队显然还在等待消灭他们的机会。成功使他们对恐惧更加敏感,于是每个公民都急忙赶往自己的岗位。警钟再次敲响,迫使巴士底狱投降的大炮也被急急拖到警戒地点。邻近街道的路面以惊人的速度被拆除,铺路石运到了屋顶上。妇女们同样活跃,她们爬上屋顶,准备将拆下的铺路石投掷到敌兵身上。简而言之,整个巴黎都醒了。这种警惕要么挫败了阴谋集团的计划,要么震慑了敌对势力,后者似乎从来没有真心想过要实施自己那些措施。某些决定性的打击可能是事先协调好了的;士兵们的不满或许也让军官们犹豫起来。他们原以为只要自己一出现,就能吓得市民服从,没想到结果却激发了市民的勇气。这样一来,愤怒的人民就以几乎令人难以置信的行动拯救了国家。他们第一次感到自己是主人,自己的力量配得上自己的意志。这无疑是一个极好的例子,证明没有任何东西能抵挡一个决心生活在自由中的民族。而且,很明显,法国的自由不取决于少数人,无论其美德或能力如何,而只取决于国民的意志。

这一天,当巴黎人为了安全而积极行动的时候,国民议会正在忙着成立一个委员会。它负责整合对宪法的设想,以供全体代表审议。这个设想就是要在永恒的理性和正义的原则上,保障人民的权利,确保国家的尊严和体面。到了傍晚,巴黎不确定的形势,内阁的神秘举动,凡尔赛的驻军,已经被证实了的诸多事实,还有那些可疑的禁令,都让议会产生了一种不由自主的情绪。当灾难临近,即将决定一个国家是得救还是毁灭时,自然会产生这种情绪。米拉波的态度很坚决,他坚持毫不拖延地将军队送走。不久,诺阿耶子爵(Viscount de Noailles)从巴黎赶到,通知他们武器已经从荣军院拿到,巴士底狱也已被围。于是议会的第一个冲动是一起去让国王睁开眼,但是在深思熟虑之后,他们还是任命了一个人数众多的代表团。目的之一是坚持撤军,之二是以一种富有活力的坦率精神和国王对话。国王既已被他周围每一个人所骗,这种精神就显得尤为必要。代表团出发后,巴黎的选举人派了两个人来通知议会巴士底狱被攻克的消息,以及当天发生的其他事件。面圣代表团带着国王含糊不清的答复回来后,也被告知了这些事。

接下去议会又派了第二个代表团去向国王通报这些情况,国王却说:"你们把巴黎的不幸告诉我,让我心甚为不悦,但是我不能相信我给军队下达的命令是这些事情的起因。因此关于你们从我这里得到的回答,我没有什么好补充的了。"

这一回答令议员们普遍警觉起来,他们再一次决定延长开会的时间,以至通宵达旦,他们准备好要么在他们履行神圣职责的时候迎接敌人,要么就在王位附近尽自己最后的努力拯救巴黎这座大城。再也没有什么能比当前这种情况更令人焦虑和担心的了,即使是最坚定的议员也对自己的命运深感不安,因为他们的人身安全和法国的得救息息相关。夜间的谈话自然转到了巴黎最近发生的事,各省的骚乱,还有饥荒的肆虐上。因为一个人即使能在内战中幸免于难,说不定也还会被饥荒吞噬。年长者在桌上和地毯上睡了一小时,病人则在长凳上休息。所有人都看见刀剑悬于自己以及国家的顶上,都惧怕更为可怕的明天。

他们的处境和国家所处的危险深刻打动了其中一位代表——利昂古尔(Liancourt)公爵,他离席去和国王私下会面。他热烈地劝诫国王,向国王指出,如果国王坚持支持当前措施,则国家将处于危难之中,甚至王室也会处于危难之中。国王的大弟①,王室血亲中最诚实也是最通情达理的一位,立刻与公爵的意见不谋而合,这使得阴谋集团的其他成员都闭上了嘴。他们当初听说巴士底狱被攻占的消息时都以轻蔑待之,现在消息被证实,他们都吓呆了,再也不知应该如何指挥国王,只好任其听从那些敢于劝告他的人的意见。而国王或是信

① 路易十六有两个弟弟,后来都做了国王,大弟是普罗旺斯伯爵(1755-1824),后来的路易十八(1814-1815,1815-1824年间两次复辟),小弟是阿图瓦伯爵(1757-1836),后来的查理十世(1824-1830年间在位)。路易十八试图推行改革,接受君主立宪,但是遭到阿图瓦伯爵及保皇党人的反对阻拦,最终于一八二四年因病驾崩。查理十世上台后则力图恢复专制权力,导致一八三○年七月革命,被迫退位,流亡英国,后去意大利,终老异乡。

了,或是被说服了,总之他决心顺应形势来摆脱当前的困境。

十五日上午,还未获悉这一情况的国民议会决定再次向国王抗议。米拉波略述了呈文内容,迅速生动地勾勒了当前的紧急情况。"告诉他,"他说,"昨天,围困我们的外国人得到了王公贵族及其宠臣奴仆的拜访。后者在这些外国人身上挥霍爱抚和礼物,鼓励他们坚持下去。再告诉他,这些大口吞咽着黄金和美酒的外国附庸者,整夜都在他们渎神的营地里预言法国将被征服,他们还以残酷的气焰祈求国民议会也被毁灭。再告诉他,即使在他自己的宫殿里,朝臣们也在随着这种野蛮的音乐一起舞蹈。再告诉他,这就是那个预示着圣巴托罗缪的场景。①

"告诉他,当其祖先亨利亲自围攻巴黎时,都会允许补给进入叛乱状态下的巴黎。而他自己凶残的顾问却在商业活动给他那忠诚而又饥饿的城市带去面粉时,把面粉拦截回去。世人想起亨利时都会祝福他,而他真该

---

① 圣巴托罗缪大屠杀是法国天主教徒对新教徒胡格诺派实施的恐怖暴行,始于一五七二年八月二十四日的巴黎,杀人者抛尸塞纳河,任鲜血染红河水。之后屠杀从巴黎蔓延到外省,持续了几个月之久,并引发了一场旷日持久的宗教战争,直至一五九八年南特赦令颁布后才告停息。

以亨利为榜样。"

代表团离开大厅，却被利昂古尔公爵拦住了。公爵告诉他们，国王就要来恢复他们的安宁与和平了。大家听到这个消息，都松了一口气。也许愤世嫉俗者们在议会当前的欢乐中发现的不是尊严，而是悲伤。然而一位议员用以下这些话中和了这些最初的情绪，他说："这些狂喜和人民已经忍受的痛苦形成了惊人的对比。"他还说："公众感到悲伤时，恭敬的沉默是接待君主的恰当礼仪，因为人民的沉默是国王唯一的教训。"

不久，国王出现在了议会面前。他身上没有披挂，不再注重仪式，还以狡猾的亲切语气向人民代表发表了讲话。这让人没法不把他现在的亲切，和头天晚上代表们一再向他提出抗议时他所表现出的冷淡和轻蔑进行对比。因此对他这种装腔作势表示蔑视，认为这是出于自私的谨慎，而非正义感或人性，并不是什么严厉的判断。国王哀叹首都的混乱，要求代表们想办法恢复秩序与安宁。他提到了有报告称代表们的人身安全受到威胁，并以可鄙的虚伪问道，他那众所周知的品格是否已经证明了这个传言为谎言？他最后说，他以臣民的爱和忠诚为依靠，已经下令让军队撤到了较远的地方。他授权，不，是邀请代表们，向巴黎表明他的心迹。

尽管一些代表的睿智不可能被同情心蒙蔽，但是国王的演讲还在进行中就得到了代表们最热烈的掌声，并在结束后也获得了同样热烈的掌声。国王步行回宫，大部分议会代表也护送他回宫，身后还尾随了一大群人，他们将祝福的话语抛向空中。路易十六这份关于依靠人民代表、命令军队撤离凡尔赛的宣言传播开来后，人人都以为可以就此摆脱恐惧的压迫和专制主义的束缚，就都抛开了忧虑。国民议会立刻任命了八十四名最受尊敬的议员，向巴黎转达这一喜讯，以便饱受折磨的巴黎人可以分享他们通过最崇高的行动为议会带来的欢乐。

　　到达巴黎后，议员们被当成了国家的救主，受到了热情的接待。而议员们也看到已经有十几万人武装起来，编成了连队。和暴政的雇佣机器相比，这显示了一个民族奋起自卫的崇高。人民的喜悦和议员们的同情必定形成了一幅极为有趣的画面：成功振奋了此刻的人心，希望为前景镀上了一层金色。然而想想后来发生的那些险恶事件如何遮蔽了明亮的阳光，想象力就备感压抑，只能颓然描绘眼前这片耀眼的阳光。忧郁的思考让我们无法与人群一起欢庆，我们有必要将注意力转移到当前的形势上，从中获得启示。我们首先注意到的是那些扰乱了内阁邪恶计划的人,那些维护了城市秩序的规章制度,人民对巴士底狱的惊人占领,法兰西保安军和公民的联合,以及迅速建立起来的城市民兵组织。简而言之,还有人民的表现。他们既不渴望掠夺,也不喜欢骚乱。

宫廷的罪恶行径早就完全破坏了那架维持老旧破损的政府的政治机器*,让它所有的支柱都遭了虫蛀,所有的关节也都烂透,因此它一受冲击就立刻倒地,再也没法站起身来。而巴士底狱的毁灭——这暴政的堡垒,两个世纪以来巴黎的耻辱和恐怖**——就是在对旧宪法宣判死刑。

---

* 一七七八年八月,拉利-托伦达尔说:"法律被推翻了,两千五百万人没有了公正和法官,公共财政没有了资金,也没有了资源,主权被大臣篡夺,人民除了三级会议以外没有了任何其他希望,且对国王的承诺也没有了信心。"米拉波也对形势做出了类似描述:"我们没有固定或完整的政府形式,没有宪法,因为所有权力都是混乱的,权力的边界也没有勾勒清楚。司法权甚至没有和立法权分开。权威是分散的,它的各部分之间总是处于对立中,于是低等级公民的权利就在它们永久的振荡中遭到了出卖。法律被公开蔑视,又或者我们就什么应该叫作法律没有达成一致的认识。"

** 诚然,在巴士底狱只发现了七名囚犯,而且其中三人都是已经失去理智的疯子,但是应该说明的是,当监狱的秘密公之于众时,人们看到因暴政的使用而变得老朽的刑具还是甚感惊惧,公民们进入多年来关押他们同胞的恶臭地牢,哪怕只待一小会儿也会觉得害怕。

事实上，三个等级的结合确保了国民议会的权力，使宫廷归了零，还不可能不让宫廷那班老奴才痛心疾首。既然人民七月十四日的成功宣示了他们的至高无上，朝臣们就耍起了老伎俩，向国王建议了一条行动路线，以便讨好革命中最无谋略的那批信徒，让他们感到这条路线最可信也最讨喜。然而，对于较有洞察力的人而言，这条路线暴露了一种明显的伪装，如国王顾问们极其自私的动机一样昭然若揭。后者性格中的堕落导致其观点的狭隘。他们以为国王的表面许可既然激起了全国人民的敬仰与爱戴，就将成为确保国王在政府中获得重要性的最可靠方式，并有可能最终推翻他们所说的"暴发户立法"。如果善用机会的话，他们还有可能恢复无限君主制的暴政。

　　这场严肃的闹剧是在那个令人难忘的新纪元前开始的。面对那些导致了灾难、玷污了革命荣光的事件，在观察其显著特点时，我们不可能拉近距离把行动各方的技巧以及人民的轻信和热情都看清楚——人民的注意力总是集中在同一点上，感情却总是被最受欢迎的无政府主义者控制。然而只有近距离观察，才能让我们对以惊人的速度相互取代，并制造出最致命灾难的人类的各种变化形成公正的看法。

的确，内阁为了更好地掩盖其密谋，于六月二十三日让国王宣布他"废除并解除所有的权力和限制，因其制约了代表们的自由，阻碍其或者通过分等级的形式，或者通过三个等级共同聆听各等级不同声音的方式采纳决议"。这就等于国王绝对赞同成立一个不可分割的国民议会。在同一份宣言的第六条里，国王还说他"不容忍将会议记录或命令看作独裁，相反，只能将其看作单纯的指示，须交由获选代表的良心和自由意见去考虑"。这就给了代表们无限的行动自由，不仅许可他们议事，还授予他们制定宪法的全部权力。即使按照旧的专制主义的武断规则，这一条款也可以使代表们的行动合法化。它还正式废除了那种假想的权威，以前没有这种权威的许可，代表们不可能作为人民代表存在，好在那个时代已经幸运地过去了。那些过去除了君主的命令不知道还有其他同等重要的行动规则的人，现在已经充分启蒙，他们开始要求恢复他们长期以来被让渡的权利。他们还想拥有一部宪法，以巩固自己的自由和国民间的友爱。

这种迫切的要求不可抗拒。内阁无法控制舆论的走向，只好求助于权谋，结果却将所有那些建立在蝇营狗苟的破坏基础上的虚假的伟大都埋葬在了废墟中，导致了自身的毁灭。至于伟大上面的那层镀金，则掩盖了在其阴影下受苦的悲惨对象。活泼乐观的头脑厌恶这些诞生于法国巨大的不平等中的恶习和虚伪，因此当巴士底狱被摧毁时，他们自然就会欢呼新一天曙光的来临。同时自由就像狮子一样从她的巢穴中醒了过来，她充满尊严地起立，镇静地抖动身体。活泼乐观的人们满怀喜悦地注视她高贵的步伐，却从来没有想到还有一头渴血的老虎，且整个残暴的兽群一定都会勾结起来共同对付她。然而，事实就是如此，战争的走狗业已放出，腐败伴随着有害的生命大量涌现。但是，不要让冷酷的智者庆幸他们的头脑没有被他们的心灵迷惑，也不要以为时代的进步不代表政府的更迭，因为政府正在逐渐发生变化，正在改善人类的命运。旧制度尽管造成了人类行为的堕落，但是真理的优越仍然使原则在某些方面战胜了人，恶作剧的工具也会惊讶于自己在无意中所做的好事。

第四章

对宫廷和国王行为的思考。法律复杂化的有害后果。知识的普遍传播。古代文明的状态。这是进步。宗教改革。英国早期的自由。英国宪法。自由在欧洲的命运。

俄罗斯。亚里士多德哲学的衰落。笛卡尔。牛顿。教育得到改善。德国。普鲁士国王腓特烈二世。

宫廷的欺骗产生的后果一定非常大,因为凡尔赛发生的沧桑变化无法教会每个有常识的人一件事,那就是诡计和背叛再也不能逃脱审查和惩罚的时刻终于来了。唯一能获得人民持久信任的方法就是对正义的严格关注,因为这会让行动产生尊严和诚意。欺骗人民的阴谋被拆穿后,人民自然会对每个知道内情的人产生最警觉的怀疑。

路易十六的顾问们但凡能从经验中获益,法国和不幸的路易十六就都会是幸运的。然而,他们还是走了老路。尽管地雷的爆炸一度令他们不安,他们还是宁愿在雷区中颠簸。于是我们发现,国王的持续伪装及其顾问们的计谋,即便不是毁灭他的唯一原因,也是主要原因。国王有时候似乎不信任这个阴谋集团,可是他的性格是那种既随和又固执的混合体,再加上他头脑怠惰,结果只好任人左右,而不试图形成任何行动的原则,以规范自己的行为。如果国王真想对人民有用,真想减轻人民积聚起来的各种负担,就像他一直坚称的那样,那么他在判断力上就有着惊人的缺陷,因为他看不到自己周围全是谄媚者。这些人靠血养肥自己，还用他的手在他的名字上打上了耻辱的烙印。也许有人会说，国王脾气柔顺是国王善意的证明，他希望促进臣民的幸福，他想防止无政府状态的恐怖。为了驳斥这种说法，我们只须说，为解散国民议会并使人民完全臣服所做的准备，如果不是这个人的直接发明，也都有他的批准，不然不可能生效。他这次的背叛足以使人对他统治期间的每一个操作都产生怀疑。他后来为安抚民众所采取的所有步骤也都有这个特点，但是这些步骤在民众激动的情绪消散之后很少受到重视。同时，宫廷乃至国民议会都缺乏道德，这就使得普遍存在的不信任导致整个帝国的行为都反复无常。也许，在突发的紧急情况下，或者在一项有益的改革开始宣布实行时，会出现一些英雄事迹或高尚无私的行为，即便如此，也不可能指望一个堕落的国家为公共利益坚定地追求伟大的目标，走上一条有道德、有志向的直路。

然而在法国，即便将攻占巴士底狱这一崇高努力后的灾难部分归咎于无知，或者完全归咎于缺德，罪恶也不会因此而减轻分毫。对于那些在理性声音的鼓舞下充满男子气的奋斗而言，对之进行恶毒攻击者的行为不能证明是正当的。统治集团答应了人民废除上千种难熬的压迫的要求,结果却只是为了欺骗人民。人民最终发现,朝臣们的阴谋很可能会摧毁他们减轻痛苦的希望。这样一来,这些朝臣想要踩死的虫豸,反过来踩扁了准备踩死它们的脚,我们还会为此奇怪吗?

各国法律的复杂往往使人难以理解政府治理的科学。狡猾的政客固然可以利用同胞的无知或轻信,却无法阻止道德的堕落,因为有罪而不罚永远都会刺激激情。这就是不诚实的原因。长期以来,这种不诚实已经使欧洲的宫廷蒙羞,还渗透到了社会每一阶层的各种职位和职业中去,并毒害了更高的阶层。为了确保政策的公正与开明,法律必须简化,权利必须平等,大臣也必须负起责任来。在这一点实现之前,如果我们听说当今那些假装的爱国者大肆宣扬的公共改革其实只是出于邪恶的目的,我们不应感到惊讶。或者,如果我们碰巧发现,那些最受颂扬的人其实是在可悲的自私的驱使下,或是受到了怨恨的腐蚀刺激,才为公共利益挺身而出,我们也不应感到惊讶。政治进步是通过逐渐改进人类的行为方式获得的,但历史学者却会无知地将其归功于上文所说的伟大人物的决心以及他们才干的良性发挥。

我们不应该气馁于这种使法律简单化的尝试,因为迄今为止都还没有一个国家能够做到这一点。而且有一点很清楚，那就是风俗和政府一直都处于不断进步的状态，知识也从来没有像现在这样普及，后者是一个能够证明的真理。

如果在我们所知道的文明的某个时期，艺术和科学所取得的一切进步都被突然颠覆，就像希腊和罗马一样，我们也不必探究为什么某些肤浅的思考者会认为人类只能取得某种程度的文明，然后就会被可怕的无政府主义拉回到野蛮状态，尽管我们可能有必要说，导致这一事件的原因再也不会产生同样的结果，因为印刷术的发明已经将一定程度的知识在社会上传播开来，任何野蛮人的泛滥都不可能将其根除。此外，政府的改进现在已经不取决于个别人的天才，而是取决于发现有用的真理，并能给全社会带来动力。如此一来，民选政府的反对者们，如果他们乐意，也许就会告诉我们说，塞米斯托克利斯(Themistocles)①没有救国的动机，他所做的只是

①　古希腊杰出的政治家、军事家(公元前 524–公元前 460)。公元前四九三年至公元前四九二年任雅典执政官，为民主派代表人物。力主扩建海军，着手兴建比雷埃夫斯港，以抵御波斯帝国的侵略。后在萨拉米斯海战中大败波斯舰队，个人声望和权力达到顶峰。雅典人害怕他会成为军事独裁者，将其流放，使其辗转逃亡，最终死在小亚细亚。

为了满足个人野心。他们还可以说西塞罗①是虚荣的，布鲁图斯只是嫉妒恺撒②的日益伟大。或者，在我们自己的时代里，如果傲慢的韦德伯恩③没有侮辱富兰克林，富兰克林将永远不会成为美国独立的倡导者。或者如果米拉波没有在监狱里受苦，他就永远不会撰文反对秘密逮捕令，或者支持人民的事业。我愿意承认所有这些判断，因为它们证明了我想实行的东西。也就是说，尽管很坏的道德和更坏的法律在一定程度上助长了人类

---

① 古罗马著名政治家、哲人、演说家和法学家（公元前106-公元前43），出身骑士家庭，以善于雄辩而成为罗马政坛的显要人物。

② 恺撒（公元前100-公元前44），罗马共和国末期杰出的军事统帅和政治家，后期抛弃共和制度，成为独裁者，因此遭到元老院成员暗杀身亡，刺客中包括他的养子、坚定的共和派布鲁图斯（Brutus，公元前85-公元前42）。恺撒看到布鲁图斯时感叹："还有你吗，布鲁图斯？"这个感叹定格为后人很爱回顾的一个历史瞬间，莎士比亚在其剧作《裘力斯·恺撒》中对此有过描述。恺撒死后，罗马成为帝国，恺撒的甥外孙及养子屋大维（Octavius，公元前63-公元前14）成为第一任皇帝。

③ 一七七四年，当时被北美殖民地十三州之一的马萨诸塞州派往英国公干、后成为美国建国者之一的本杰明·富兰克林（1706-1790）被英国国王的议事机构枢密院传召，去了却发现自己要接受对一些失窃信件的调查。由于富兰克林先前已经承认是自己公开了这些信，因此在长达一个半小时的时间里，枢密院副检察长韦德伯恩（Wedderburne）当众对其进行嘲笑谩骂，说他是个"文人"（a man of letters），"三个字母的人"（a man of three letters），即fur。fur是罗马俚语，意思是小偷。除一人外，听众皆拍手大笑，富兰克林则始终保持镇静。

激情的堕落,使得社会从个人才干或努力中获得的好处竟然都成了自私的结果,但是社会仍然在逐渐改良,并且已经达到相对完善的地步,以至于连欧洲最专横的政府——俄罗斯除外——都已经开始将其臣民视为有人类情感,也有一定思考能力的人了。

相反,古人最高度的文明似乎无非表现在艺术(包括语言)的完善上。那时的人只是些驯化了的牲畜,他们被宗教表演统治和娱乐,而这是有史以来对人类理解力最恶劣的侮辱。女人处于一种被束缚的状态,男人虽放纵无度,甚至到了违背自然的地步,却仍然希望女人贞洁。他们在这样一种堕落的社会状态下,采用了唯一能让女人贞洁的办法,那就是用铁棒统治女人,并使女人——妓女除外——成为待在家里、仅为男人繁殖后代的动物。

同样,很大一部分男人的奴役状态可能比任何其他情况都更能贬低整个社会。因为这种奴役虽然给了一个阶级被错误地称为尊严的傲慢劲头,却会使另一个阶级神态卑微,那是恐惧总会在松弛的脸上打下的烙印。我想,可以将这种情况总结成一句格言,那就是,当一种主要的行动原则建立在不公正的基础上时,它会使整个性格扭曲。

在古人的治理体系中,在艺术的完善中,在代替科学的奇思妙想中,我们看到了人类激情为使人类品性高尚所能做的一切。但是如果我们将阿里斯蒂德斯[①]排除在外的话,我们就只看到了激情产生的英雄主义。当世界尚在年轻时,它培养的只有想象力,理解力只占从属地位,只是为了规范品位而存在,还没有扩展到它的宏大用途,即形成原则上去。

法律由野心而非理性制定,它蔑视人与人之间的神圣平等,只想先壮大国家,其次才是个人。因此,文明从来没有超越打磨礼仪的程度,还常常以牺牲内心或道德为代价。这两种表达方式(内心和道德)我认为意义完全相同,只不过后者的范围可能更宽一些。半吊子哲学家们为什么想要欢欣鼓舞地表示一个国家犯的错另一个国家不会犯,好像这可以证明道德没有坚实的基础?可是他们所有的例子都取自那些刚刚摆脱了野蛮状态的国家,这些国家靠激情造成的狭隘观点,或者靠一时之需治理社会。这些例子到底能说明什么?除非用它们支持我的观点,那就是,迄今为止文明只是艺术的完

---

① 阿里斯蒂德斯(Aristides,约公元前530—约公元前468)有"公正的阿里斯蒂德斯"的称号,古希腊政治家,观点温和、保守,与前述塞米斯托克利斯相反。

善以及对礼仪的部分改进，它更多是为了美化社会的高级阶层，而不是为了改善全人类的状况。感情往往是高尚的，同情心也很公正。然而，大多数第一阶级的人的生活恰恰是由一系列的不公正构成的，因为那些被认为有利于巩固社会的规章制度对自然的正义施加了暴力。尽管这些规章制度中的很多条款已经因为年深日久而备受尊敬，成了道德准则冷冰冰的替代品，可是如果不把它们哥特式的背心脱掉，那才真是亵渎。到哪儿可以找到一个能够坦然说出"国王不会做错事"的人？如果国王犯下了最卑鄙的罪行，玷污了他的思想，他这个人还怎么可能依然神圣？谁又敢断言，一个利用恶人垂死时的恐惧来欺骗其继承人的神父不比一个劫道的盗贼更卑鄙？又有谁敢说由情感驱使的对父母的服从应该超出对理性的尊重？如果一个女人内心反叛，想离开一个男人，转而投入另一个更合她心意或者更人道的怀抱寻求安慰，因为前者只是因为对她的人身和财产享有专横的权力就成了她名义上的丈夫，可是她对他既没有爱，也没有尊重，那么在这种情况下，谁又能冷静地说，剥夺她的一切公民权而非坚持把她当成一个被社会抛弃的人是正确的？以上是当今社会结构中的一些主要偏见，它们使希望之花枯萎，使生活悲惨无用。在一个充斥着如此多弊端的互联体系中,当这些偏见被容忍,不,是被当成神圣之物时,除了人类完善的可疑痕迹外,还能有些什么存在?只剩下沉湎感官能将人的性格软化为心的柔情。品位的培养会使人寻求和平,但这不是因为公正,而是因为方便。当战争无法避免时,富人会雇人让自己安静地享受奢侈。于是战争成了一种交易,它并没有使所有直接或间接发动战争的人都变得凶残。

因此,当文明生活的进步几乎完全体现在打磨礼仪、发挥心灵的短暂同情上,那么很明显,这种局部文明一定会摧毁所有的精神能量,进而把自己消耗一空。而被削弱的性格自然会退化到野蛮的地步,因为最高程度的感官培养侵犯了灵魂的所有真情,使理解力成了想象力的卑微奴隶。但是,当知识进步使道德成为社会团结的真正基础,而不是使道德的影子成为自私的面具时,人们再也不会失去如此有把握地获得的立场,也不会忘记原则,尽管他们可能会忘记成就。

事实上,一个建立在理性和道德基础上的文明正在这个世界产生,对于所有那些曾经考虑过残暴的罪恶和巨大的罪行如何玷污了古代文明光彩的人来说,这一点显而易见。即使是在那些贵族享有生杀予夺大权的国家里,有什么贵族会在优雅地款待了一番宾客后,下令将佣人扔进池塘喂鱼,从而引起客人的厌恶?*时至今日还会有什么暴君敢在自家餐桌上毒死自家兄弟,或者会刺伤敌人的母亲而不感到脸红?更不用说刺伤自己的母亲了。在英国,反对拳击比赛的呼声不也证明人们现在已经不能再容忍这种竞技,更别说享受它?即使死刑还没有废除,比二十个死刑更严重的肉体折磨也已经遭到了反对,而这仅仅是因为礼仪进步了。人们现在再也不会被迫去喂那盏吞噬他的灯了,或者当他颤抖的四肢上的肉被割下,他也不再只是徒劳地呼唤死亡了。同样,很多从前胆敢见光的恶习,现在不得不像猛兽一样潜伏到隐蔽处,只有到了晚上才敢出来游荡。“憎恶”现在强迫几种恶习把头藏了起来,而过去这些恶习大可冒充成想象力的游戏。当正义为所有人所共有,财富也不再能代替理智和美德时,“憎恶”就有可能将这些恶习赶出社会。如此一来,如果我们将野蛮的宏伟想象赋予古人——它虽然与人性冲突,却不排斥内心的柔情——我们就应该提防对情感也表达同样的崇敬,因为

---

   * 半开化的罗马人的残暴,加上他们不自然的恶习,即使是在其文学艺术达到最高水平时,也证明人类是理解力的后代,光是科学的进步就能使人变得更聪明、更快乐。

能让我们崇敬的对象只能是由理性塑造的原则。

古人的悲剧仍然只是对激情和品位的培养，它们已经被后人卑躬屈膝地颂扬过、模仿过了。然而，这些悲剧在感动心灵的同时也腐化了心灵，因为很多产生了最惊人舞台效果的虚构其实都是绝对不道德的。它们用崇高的恐惧将人的头脑填满，可能会让人觉得有趣，不，是觉得快乐，然而其中有何进步可言呢？此外，未开化的头脑最容易吃惊，而这通常只是崇高的感官刺激的别名。例如，从俄狄浦斯这个诸多悲剧中最受欢迎的一个故事里，我们可以汲取什么样的道德教训？众神驱使俄狄浦斯前行，尽管他本人完全清白，却在盲目命运的专横指引下，和他不幸的同族一起，因为一桩他的意志并未参与的罪行而遭到可怕的惩罚。

从前的国王和伟人会公开藐视他们所违背的正义。然而现在，理性至少在某种程度上规范了政府，让人们发现有必要给自己的行为披上一层道德的外衣，即使这可能不是他们的初衷。甚至如今在谈话中引入的表达粗俗情感的行话也显示了虚荣心——时代真正的温度计——倾向哪一边。假装人道是今天最时髦的假装，而人类几乎总是会假装自己具备那种正在受到重视的道德或品质。

从前，人只有在世界上的一个文明之地是安全的。甚至即使在那里，他也是命悬一线。世事变化如此突然，人的恐惧感会持续，想象力会升温，智力也会蒙上阴影。然而现在，人可以合理地期待安静地从事任何科学研究。当人可以平静地运用理解力时，他的心也会在不知不觉间纵横驰骋。这和涵养艺术不同。艺术家通常性情暴躁，当他们的幻想升温，激情也会随之燃烧。一般说来，艺术家是放荡的。他们在获得自己作品所传播的风度的同时，也被品位扼杀了富有男子气的热情，因为品位只是感官刺激被减弱了以后的提纯。

　　然而，品位和优雅的举止却被成群不文明的冒险家扫到了一旁。在欧洲，一些种子还保留着，社会状况直到十七世纪才逐渐改善。但是，艺术仍然轻视自然，就像科学仍然轻视理性一样。在愚蠢那庄严的面纱下，各种职业比现在粗劣得多。各种学问的主要内容仍像处于野蛮状态下一样是为了欺骗百姓，其手段则是将自然界中不存在的权力的主张深深印刻在人民的脑海里。祭司要在没有道德的情况下拯救大众的灵魂，医生要在没有药物的情况下医治大众的身体，正义要在天堂的直接干预下才能执行。一切都靠符咒完成。简而言之，没有任何东西是建立在哲学原则之上的。娱乐是野蛮的，礼仪正式而凶残。的确,头脑的培养与其说是运用判断力,不如说是学习语言和大量记忆事实。因此,理性既不约束法律,也不约束立法,文学同样缺乏品位。严格说来,人民是奴隶,被封建的终身制和更为压迫的宗教戒律束缚。领主带着他们去屠杀,就像驱赶羊群一样。幽灵般的父亲用最无根据的征税,从他们嘴里抢夺面包。然而,十字军解放了许多封臣,宗教改革也迫使教士采取了新的立场,变得更道德,甚至更聪明,也产生了一种观点的改变。这种改变尽管没能改善各类政府,却也很快表现在使礼仪人性化上。

但是,当整个欧洲都被奴役,都在暴君的反复无常或专制制度下受苦,同时暴君的骄傲和躁动的野心还在不断骚扰邻国的安宁时,英国人却在很大程度上维护了他们率先恢复的自由。这种特殊的幸福,与其说是由于其岛国的地理位置,不如说是因为他们充满活力的努力。国家的繁荣是对他们努力的回报,因此英国人是现存唯一自由的人民,他们似乎不仅满足于宪法,还很迷恋宪法,尽管他们也总在抱怨政府滥用职权。身处这么一个高高在上的环境里,英国人自然会以优雅的自豪思考他们相对的幸福,理所当然认为自己的幸福就是完美的典范。他们似乎从来没有形成过比这更简单,或者说更能促进和维持人类自由的制度。

这个制度在理论上是如此巧妙，以至于英国人认为这是人类头脑所能构想出来的最完美的制度。他们为支持这一制度而进行的争论与其说是为了确保真正拥有这一制度，不如说是说服自己相信他们真的拥有广泛的自由和最好的政府。然而，如果说这个制度在《人身保护法》①通过以前，除了《大宪章》②以外没有任何具体的依据，或者说在1688年革命以前，它只是人的性情的体现，那么它也足以证明，这是一个建立在同意原则而非国家意识上的政府。

当威尼斯和热那亚的市民用荒淫的享乐消耗自由，当瑞士唯利是图的贵族腐蚀自由，当贪婪的荷兰人用堤坝埋葬自由，当联合起来的贵族将自由赶出瑞典，当科西嘉的邻居们用野心猎杀自由之时，法国对自由的价值却毫不敏感。意大利、西班牙和葡萄牙正在可鄙的偏执下畏缩，任其使他们曾经享有的野蛮自由的残余衰竭，

① 一六七九年英国颁布的保护人身权利的法律，由英王查理二世（1660-1685年在位）签署。全文共二十条，包括非依法院签发的载明缘由的逮捕证，不得逮捕羁押等条款。

② 一二一五年由英国国王约翰王授予，承认贵族、教会和自由人的权利和特权，规定之一即为非经贵族会议决定，不得额外征税。

而没有形成任何政治规划。整个德国不仅被奴役,在最具侮辱性的公民暴政的重压下呻吟,其枷锁还被一个极其可怕的军事方阵死死固定。而当俄罗斯伸出双臂,有力地钳制住欧亚时,专制主义在这个辽阔帝国中存在的时间比在其他任何国家存在的时间都长。俄国就像北方的两栖熊一样阴郁,她的冰封之地把她冻到对社会生活的魅力失去敏感的地步,她周边的每个国家都遭到过她的轮番威胁。她的野心之大就像她的帝国之大。她的乡巴佬的举止粗鲁野蛮,她的宫廷的专制统治似乎永不满足。在文明程度上,俄国已经达到了宫殿的宏伟华丽会被误以为是礼仪的提高,荒芜省份的虚假荣耀会被误以为是智慧和宽宏的阶段,因此女沙皇宁可放弃她最喜欢的仿效彼得大帝、使其国家文明起来的计划,也决不允许自由在她的领土上站稳脚跟从而对其有所助益。的确,她曾徒劳地想使自由的甜美之花开在有毒的专制树荫下,这就使俄国人在获得生活的便利之前对生活的奢侈有了一次错误的品尝。这种试图草率改变一个民族行为方式的做法对这个民族的道德产生了最坏的影响。它将一种剥夺了真诚、朴素和野蛮的社会状态,和另一种缺乏优雅和文明的纵欲状态混为一体,让这两个极端过早地相遇了。

自由如此被追击、误导，虽然仍然存在于英伦小岛，却因为英国政府的专断而不断受到伤害，它开始振翅，似乎想要飞往更有希望的地方。既然英裔美国人带着祖先的原则来到了避难所，自由也就携新的魅力和成熟女性冷静的优雅，出现在了新世界。

自由确实是人的自然权利，也是不可侵犯的权利。没有自由，人不可能成为有理性、有尊严的人。人在自然状态下享有完全的自由，但是人的本性是要生活在一个更亲密的社会里，是要施展才智的，因此为了实现形成社会的主要目标，人就必须放弃一部分自然权利，以便更有效地保护其最重要的东西。但是，由于人类的无知，人类的领导者很容易在社会的幼年时期通过频繁篡夺权力，制造出一种专制主义。它扼杀了原本可以振奋人类思想的活力，使人对生活中的种种剥夺不再敏感。人的存在只是如动物一般，而人间的暴君则不断将人当成实现其目的的机器。

然而，在知识发展的过程中，公民自由的好处开始被更好地理解，专制的链条也随之变轻。这是因为先前欧洲的知识发展异常缓慢，有学问的人只满足于通过书本观察自然，而并不亲自开展任何实验。尽管如此，学究的系统阐述，祭司巧妙制造的谬误，以及宫廷的文学谄媚者们（都是些当时的著名作家）的傲慢与卑鄙，仍然困扰和混淆了那些没有受过教育的人的理解力。意大利诸共和国刚从罗马法学的灰烬中崛起，其原则就遭到了马基雅维里使徒的攻击，为恢复自由所做的努力也遭到了马基雅维里给其王公提出的阴险信条的破坏。

诚然，艺术在得到美第奇家族的赞助后得以恢复。但是，科学，不管它叫什么名字，仍然要和亚里士多德式的偏见作斗争，直到笛卡尔敢于独立思考，牛顿也效仿笛卡尔，解释了运动和引力的定律，并以惊人的洞察力展示了宇宙的机制。从那时起，对概念的分析照亮了知识的每一个分支，而在此前它甚至都没有被应用到数学中去。分析性真理，包括政治真理，最初只被当作辉煌的理论，现在却开始渗入欧洲的每个角落，并潜入德国的学院，在那里，枯燥的经院神学，对人类理解力所做的胡言乱语的艰苦汇编，对古人作品的细微整理校对，曾经耗尽年轻人的热情，浪费了时代的耐心。学院和宫廷总是彼此关联。文学开始引起几个小君主的注意，他们资助了那些因攻击宗教或政治偏见而受到公众迫害的勇敢之人，允许他们在自己的宫廷里避难，并且对他们的谈话感兴趣。娱乐活动于是让步于对品位和道德问题的口头探讨的乐趣，北方专制主义的凶残开始在不知不觉间减退，奴隶的状况也就变得容易忍受了一些。

教育尤其得到了研究，对有用知识的合理的教学模式取代了过去对死语言[拉丁语]的唯一关注，有望在半个世纪内使德国人成为欧洲最开明的人。德国人虽在国家影响下变得更加优雅，但他们朴素的举止和诚实的心肠也在很大程度上保留了下来，这就防止了源自商业的财富泛滥在一个国家的理性还没有成熟之前就将它的道德先行摧毁。

普鲁士的腓特烈二世虽然野心最炽，却极度渴望以作家的身份获得声望，就像他渴望以战士闻名一般。他写过对马基雅维里《君主论》的考察，他鼓励文学的天赋和能力，如此就为促进他治下知识的获得做出了巨大贡献。同时，通过任用具有哲学气质的赫茨伯格，他的政府的统治也变得相对温和起来。

腓特烈作为战士的辉煌声誉不断震慑着邻国君主的不安野心，这使他的帝国居民有机会在他平和的治理下追求文学。即使是在半文明的彼得堡宫廷，追求文学也成了时尚。的确，现在看来，可以肯定的是，德国在未来必将赢得重要的政治优势，因为人们开始敢于思考，开始自由审视傲慢的约瑟夫①的所作所为,对其虚荣心嗤之以鼻。

正是通过教育人从年轻时就开始思考,人才能恢复自由。有用的学习已经发展到了没有什么能阻止它进步的阶段。我果断说出"没有什么",因为这不是一个需要迟疑补充的时代,它已经没有了超自然事件。尽管英国法庭的不当行为,或者说武断的首席大法官曼斯菲尔德(Mansfield)的不当行为(此人在法律上确立的一条先例是事情越大,诽谤就越严重),实际上防止了那些就美国独立战争著书立说的作者们受到暴虐措施的攻击——这些措施终将阻碍知识的进步和政治真相的传播,然而,对这场不受欢迎的战争的反对之声却表明,哪怕正义睡着了,思想的自由也还是没有抛弃英国这个岛。

然而,那些对真正的政治科学一无所知的人看到一国繁荣得无与伦比,所有邻国却在衰弱颓败,不知道该

① 约瑟夫二世(1741-1790),本书几次提到他时态度都很负面,大概因为他是路易十六王后的娘家哥哥。他是奥地利大公,罗马人的国王(1764-1790),神圣罗马帝国皇帝(1765-1790),从一七八〇年起也是匈牙利国王和波希米亚国王。沃氏说他傲慢,大概是因为他得意于自己的理性治国。但是约瑟夫其实有可取之处,包括他是改革者,以开明专制著称,主张废除农奴制,建立统一的国家机构等,但其改革措施遭到强烈反对,最终饮恨而终。

如何解释这个现象，就以过度的傲慢给原则疯狂地设障，试图愚蠢地保持这种繁荣，不想却加快了原则的传播，正是这些原则才将英国提升到了她在欧洲的现有地位。而法国是欧洲大陆第一个形成文明举止的国家——法国人将这一点看成生活唯一的艺术，我们发现这也让它成了第一个摆脱过去的偏见束缚的国家。

正是在这场危机中，法国的专制制度被彻底推翻了，两千五百万人得以从可憎的捆绑中解放出来。几个世纪以来，这种捆绑已经麻木了他们的官能，使他们屈服于最不光彩的奴役。我们现在要做的事是观察这场重要革命的影响，它的起始可以从攻占巴士底狱算起。

第三卷

第一章

国民议会的一个代表团到达巴黎。巴伊成为市长，拉法耶特成为国民自卫军总司令。内阁辞职。内克尔的回忆。国王造访巴黎。巴黎人的性格。革命推进得太早。一些贵族和其他人的出走。卡隆建议法国王公挑动外国势力反对法国。福隆被杀。

代表们的出现使整个首都弥漫着令人陶醉的喜悦。除了巴黎，还有哪儿能用这种像是完全忘了明天一样的幼稚嬉戏来表达喜悦？公民们怀着一贯的、永远都像崇拜一样的感激之情，选择了议会的第一代议长巴伊为市长，拉法耶特为国民自卫军总司令。"国民自卫军"的名称代替了先前的"有产者自卫军"，其他士兵也都加入进来。然而巴黎人的狂喜虽然热烈，却也短暂，随着他们精力的耗尽，狂喜变成了怀疑的嘀咕声。他们说，那些被选中来镇压他们的大臣到现在还没有辞退，大臣们用来捣乱的工具——军队，现在也仍旧盘旋在巴黎的周围，甚至还有两个新军团进驻了圣丹尼。有传闻说，一个面粉车队在去巴黎的路上被大臣们下令截获了。巴士底狱发生的一些骚乱似乎也证实了一个消息，那就是大臣们试图再次使自己成为这座重要堡垒的主人。这样一来，十五日的晚上又只好在守望的焦虑中度过。次日上午，一个代表团被派往国民议会，请求议会解散现任政府，召回内克尔。

议会审议了这个问题。但是他们仍然关注礼仪，于是就干涉行政权的任命是否恰当辩论了起来。这激起了米拉波的天才，他滔滔不绝的雄辩驱散了恐惧的泡沫和稻草般怯懦的反对。讨论变得热烈起来，但就当前情况而言，讨论很快就变得不再重要了，因为大臣们发现自己承受不了暴风雨的正面冲击，都辞职了。内克尔也被请了回来，因为公众对他仍然怀着绝对的信心。国王似乎急于拿出一切证据，证明自己想建立普遍的和平，表示希望去巴黎。很快议会就被正式告知，部队正在迅速转移到更远的地方。于是议会派了一些议员去向巴黎人传达这个受欢迎的情报,以平息人民的恐惧,为迎接国王做好准备。

国王说话算数,第二天(十七日)就离开了凡尔赛,尽管其家人可笑地试图劝阻他,暗示他不应将自己的神圣之躯任由愤怒的群众摆布。同时,有关有人想密谋暗杀他的谣言也被夸大其词地告诉了他。但是,作为一个相当有勇气的人,同时现在也已基本意识到,他正在为之挣扎的所有罪恶都是由他顽固的顾问们造成的,国王似乎决心不再听从顾问们的危险建议,至少目前是这样。他甚至很有智慧地预见到,即使国家处于动荡之中,顾问们仍会设法挑起内战,这样一来,他的性命就可能更加危险。在这种情况下,正如我们在其他很多情况下看到的那样,路易十六似乎接受了一种闪烁的本能的指引,做出了正确的决定。考虑到早先在御前会议上,宫廷排场产生的效果微乎其微,他在当前这个关头不穿长袍、不带卫兵去会见人民的做法就成了格外明智的做法。事实上,跟随他的百名议会代表现在是人民心目中唯一体面的随从。尽管路易十六之前听说了很多,但是现在当他穿过一条宽阔的大道,看到两边都是武装起来面貌一新的巴黎人的时候,他想必也很惊讶。迄今为止,他只见过一群胆小鬼在警戒面前飞快跑开的样子,这群家伙只会用徒劳的歌声发泄仇恨，用微弱的低语表达悲痛。然而今天他看到了他们胜利的样子，他们整齐地列队前行，行进中四面八方都在发出制定宪法和法律的呼声！他们随着自己的思绪缓慢前行，因为他们几乎不敢心怀希望，而只敢迈着谨慎沉思的步伐，或者说悲伤的步伐向前走去。就像暴风雨虽然过去，大海上的巨浪却还在继续拍打一样，人民的头脑仍然激荡不安，他们没有发出"国王万岁"的快乐呼喊，而是威胁地警告着"国家万岁"。

这是个不祥之声，就像巴黎被围时回荡在寂静街道上的"悲哀啊！悲哀啊！"的声音一样，都是命运之声，都在宣告着人民厌恶宫廷，甚至也怀疑国王的意志。路易十六似乎被到处显现的活力打动了，和市政厅里向他发表的雄辩演说相比，公民们的面容更能打动他，因为自由之火已经在每张脸上点燃了男子气概既坚定又宁静的光辉。整个场面给他留下了如此深刻的印象，以至于当热情的演讲者们安静下来的时候，他大声回答说："我的人民！我的人民，你们可以永远依靠我的爱。"他从市长手中接过国民帽徽①，双目含情地出现在窗前，似

①　即红蓝两色帽徽。关于三色（红白蓝）帽徽的由来，流行两种说法。一说它由拉法耶特于革命前夕设计，取巴黎市徽的红蓝两色与象征王室的白色而成，为的是给他领导的刚成立的国民自卫军一个（转下页）

乎急于让众人相信他的真诚。也许他已经意识到了先前他只是屈服于需要，现在却服从了感情。这话一出口，就闪电般地在所有阶层中流传开来，广场上所有人都感受到了这电击般的同情。到处都有人在喊"国王万岁"，重新燃起的亲密情谊散发着新的热度，抹去了怀疑的记忆，对不公正的恐惧变成了最有力的温柔之泉。人民暂时说服自己，让自己相信，与自己的幸福相冲突的与其说是国王的性情，不如说是他的行为，于是人民尽情地祝福国王，相反却把所有诅咒都泼向了国王的顾问。

快感现在几乎达到狂热的地步，整个巴黎都立刻行动起来。炮声雷鸣，向凡尔赛迅速传递着和解的消息，那里的王室一定也在焦急等待今天的消息。

这些从一个极端到另一个极端的突变没有留下任

（接上页）共同的标记。另一说即为文中此处，即一七八九年七月十七日这天，路易十六来到巴黎市政厅，从市长巴伊手中接过红蓝两色帽徽，将其别在了自己原有的白色帽徽旁边，成就了红白蓝的三色设计。后来的法国国旗的设计就来源于此，蓝色被认为代表自由，白色代表平等，红色代表博爱。三色竖条排列的国旗设计也被认为象征革命、独立和反抗，影响了后来很多欧洲国家如德国、意大利，当时的殖民地国家如印度、墨西哥，以及很多阿拉伯和非洲国家的国旗设计。

何确定的信念,以证实或消除那种带有腐蚀性的不信任。这种情况在巴黎表现得比在其他任何地方都更为明显,因为在这里,各种原因的相加已经使理性失去了男子气,以至于我们都可以把法国看成一个妇女国家。法国人可能也被同样的情况叠加而弄得虚弱,正如这些情况本身就很可能微不足道一样。法国人的研究与其说深奥,不如说巧妙。他们的感情与其说激昂,不如说温柔。他们行动迅速,但是很快就会疲倦。他们工作似乎只是为了逃避工作,思考的也只是如何避免思考。懒散烦躁的他们把房间里的高雅家具弄得就像房子本身一样奢华方便。简而言之,每件事都显示了法国人的灵巧,以及他们对当下享受的关注。

因此,他们的想象力似乎如此被动,需要由新鲜事物唤醒。他们转瞬即逝的感情活泼而不强烈,几乎不会留下任何痕迹。他们从年轻时起就尽情享乐,老了以后通常只能在满足动物需求中度过,因此你很少能在法国见到长相体面的老人,无论男女。同样,当他们嘲笑一个人的时候,在希望让自己显得斯文有礼的虚荣之外,他们对性格的极度敏感会导致他们对这人的所有感觉都产生兴趣,可是这些感觉他们一旦体会到,又会立刻遗忘。诸如此类的短暂的情感阵风阻止了他们形成坚定的理性解决方案,然而当心灵被触动时,理性会刺激神经,使同情屈服于原则,使头脑战胜感官。

此外,法国的气候是如此温和可爱,以至于在人民的血脉里,甚至是在受压迫的老百姓的血脉里,也都流淌着欢快的血液,这使得只为当下而活的他们不断沐浴在阳光下。哪怕黑云压顶,阳光也会从乌云背后挣脱而出。

在追溯了宫廷对人民的生命自由所构造的可怕阴谋后,不可能不对这个政府报以最难以言表的蔑视,因为它将国民的幸福置于反复无常的国务大臣的摆布之下。这种背信弃义的发展轨迹所能提供的教训既可怕又有趣,应该在人民心里留下不可磨灭的印象才好。这个教训让人一想到它,心就停止了温暖的跳动。应该将其反复说给人类听,好让他们深刻认识到一个堕落的专制政府为了牢牢把控权力,真是无所不用其极。简而言之,这是一种经验的演绎。它带给后人的教训是,只有维护自由,才能确保生命和人类所珍视的一切。

路易十六的性格缺乏决断似乎是造成他所有错误的基础,也是他所有不幸的根源。每当我们追溯他对问题的不当处理,或者同情他的处境时,我们总是会随时发现一些新情况,让我们做出这样的判断。

举一个引人注目的例子,我们只须想想他为了恐吓三级会议而同意召集一支外国军队所产生的致命影响。他无法抗拒提出这个建议的宫廷，也无法平息自己内心的疑虑，这使他不愿让军队采取任何可能导致屠杀的决定性步骤。解散军队时，他仍然受到了这些涣散情绪的支配，再一次听从了使他陷入这一困境的阴谋集团的建议。于是他一边屈服于人民的意愿，一边即使在和解的同时也还在人民面前惺惺作态。因此他永远都在摇摆不定，很难从他的行动中找出任何确定的目标来，除了那种制止流血的愿望，这倒是他做得很对的一件事。总的来说，不流血的原则指导了他的行为，但是那些出于胆怯、缺乏意志力的短视措施又使他的所有努力都适得其反。

由于军队的存在，以及其趁自由还没孵化出来就将其扼杀的未遂企图，蛋壳被过早地打破了。法国人还没能形成一定的判断，热情就被激发出来。陶醉于征服中的人个个都开始对现存的弊端指手画脚，以便显示自己有指出补救办法的智慧。而武器一旦掌握在群众手中，就很难说服他们放弃武器并将其用于和平事业。诚然，如果能够允许国民议会悄悄实行一些改革，以便为更多改革铺路，那么巴士底狱即使在其地牢上摇摇欲坠，也仍有可能不会坍塌。如果真是这样，人类的痛苦总和就几乎不会增加。因为如果断头台没有找到那条通向广场①的路，没有将那个辉煌的广场玷污，无辜的鲜血就不会流淌，对冤狱的记忆就不会泯灭，孤独悲伤的呻吟也就不会淹没在痛苦的叫喊声中。当生命之线被迅速地一刀斩断，颤抖的希望之光也就在瞬间破灭了。巨浪骤然收拢，我们感受到了死亡的寂静！这个故事很快就在被人讲述了。当每次以几英寸的速度发生的解体麻痹了我们的躯体或是扰乱了我们的理智的时候，我们不会听到岁月在痛苦中的枯萎。然而，又有谁能估算有多少安慰被毁坏，有多少幸存者渴望获得想象中的猎物？那想象早就已经被痛苦弄得烦乱不堪了。

事实上，法国人的性格早就被世代根深蒂固的专制统治腐化了，以至于即使是在攻占巴士底狱的英雄主义中，我们也被迫看到了这种可疑的脾气，以及这种想要脱颖而出的虚荣野心，它们导致了后来所有的愚行和罪行。即使是在最具公共精神的行动中，法国人的动机和荣耀似乎也都是图出名，而不是将国民幸福当成终极目标。这一观察揭示了人类的一条伟大真理，那就是没有

---

① 指路易十五广场，革命期间改名为革命广场，是断头台的行刑现场，路易十六、玛丽·安托瓦内特、丹东、罗伯斯庇尔等人先后在这里被砍头。此地现名为协和广场。

道德，就没有伟大的理解力，也就没有真正的行动尊严。整个民族的道德都被政府形成的风气败坏了。人们追求快乐，为的是填补没有理性活动的空虚。欺诈与奴性结合，贬低了人格。因此，当他们改变自己制度的时候，这个叫作自由的新制度就成了暴政的极致。可也正是这点区别唤醒了自然的所有力量，巨大的邪恶也许诺要以某种强烈的震荡将自己救治。

国王和人民的重新联合不仅挫败了阴谋集团，还吓坏了他们。这些在逆境中怯懦、在顺境中放肆的人立刻采取各种方式逃跑，甚至伪装。其中一人由于贪得无厌、粗俗残暴，长期以来一直遭人民厌恨，即使贵族优雅的屈尊也没能软化他的这些恶行。他让人传信说他死了，而著名的德布罗意元帅则赶往卢森堡寻求庇护，波利尼亚克（Polignac）夫人也逃到了巴塞尔。一个亲切的女人就这样被流放了，王后对她的喜爱让她成了自己家族野心的工具，家人贪婪地利用了她。王后对漂亮女人的奇特嗜好损害了她所青睐的每个人的名誉。

阿图瓦伯爵、其他几位王室血亲和大贵族都认为，为了确保个人安全，或者为了伺机复仇，暂时离开法国是明智之举。他们在布鲁塞尔遇到了不安的卡隆。卡隆听说内克尔被解雇的消息，自以为看到了一线希望，就被引诱着回来了。

他曾经很不耐烦地忍受侮辱,现在希望将侮辱一扫而光,他还深情地相信军队有足够的时间来平息国民的口头争端。现在他正匆忙赶回法国,准备去迎接属于他的那一份胜利。

对国家而言,这次会面是罪恶的根源,只能由卡隆这样的头脑孵化出来。这个头脑毫无原则,充满了恶作剧的筹划,极易使他想用武力颠覆的那个事业陷入困境。他上一次争权是想在三级会议上谋一个席位。如果不是因为别人对他先前执政的记忆妨碍了他,他是很有可能成功的。如果他能当上一个政党的领袖,他极有可能变成一个热情洋溢的爱国者,因为他具备那种在公众集会上获得瞬间的掌声所必需的显著才能,哪怕那是一种欺骗式的口才,并不具备真正的威力。相反,米拉波似乎天生就对高尚人格和端正品行有着强烈的感知,真理也给他的论断增添了一份真诚,使得听众不得不出于自尊而赞成他的观点。这样一来,米拉波就总能挺身而出,把似是而非抛在脑后,成为理性坚定的捍卫者。甚至在放下抨击的棍棒时,他也能悠闲地戏弄想象。因此,当米拉波向国民议会传授尊严的时候*,虚荣的卡隆

---

* 米拉波看起来像是被议会不断缺乏尊严的表现——也就是前后不——伤害到了。议会一时间像英雄一样以一种真正戏剧性的高视阔步趾高气扬,一时间又像习惯了做奴隶的人那样胁肩谄笑、畏惧退缩。

却在怨恨和失望的双重刺激下,向那些垂头丧气的王公贵族建议求助于外援,以恢复国王之前的完满权力,同时也治愈贵族们受伤的骄傲。卡隆的言谈举止貌似有理,加之论点新鲜独到,不幸唤醒了贵族们的恐惧,还助长了他们的偏见。很快,贵族们开始主张自己希望相信的东西,开始抗议国民议会的行动,并暗示说大多数民众并不支持议会的主张。幻觉不止于此,因为卡隆甚至还使贵族们相信,如果向法国人的民族荣誉感发出呼吁,却没能将大批民众召唤到骑士的效忠精神下,那么由他来代表他最虔诚的基督教陛下,将欧洲所有国家集中起来,倒也不是什么难事。办法就是他可以告诉这些国家,自由一旦在法国立足生根,很快就会跨越国界,来到阿尔卑斯山和比利牛斯山的另一边。

这就是宫廷寄生虫和努力争取自由的人们之间的对立情绪,或者更确切地说是对立的行动,两者足以形成鲜明的对比。代表们的生命受到威胁,人身遭到严重的侮辱,但是他们不仅原谅了昏君对违背最神圣原则的行为表现出的支持,还向各方表达了和解的态度。暴民们确实在暴怒中残忍地杀害了两个人,两个甘为专制主义邪恶工具的人。但是,这种献给正义的暴力行为不应归咎于民众的脾气,更不应归咎于国民议会的纵容。议会此时表现出了一定程度的宽宏,后来却忘记了这一点,对此我们再怎么惋惜也不为过。无论是在罗马的竞技场上,还是在巴黎灯柱的周围,在所有国家里,被压迫弄成铁石心肠的孩子们的行为都是一样的。

国王的大弟独守宫中。他固然比其他王室成员更有理解力,可是他非常渴望得到他小弟阿图瓦伯爵那样的待遇,他将这一点视为个人荣誉所在,因此榨干了王室财富的贪婪里也有他的一份,尽管那些昂贵多样的娱乐活动并不一定使他感兴趣。

高贵的掠夺者们现在逃走了。可是大臣福隆(Foulon)——这帮人中最绝望、最懦弱的一个,尽管给自己办过假葬礼,但还是被抓了。我故意用"帮"这个词,因为我们觉得术语有种神经质的微妙,有时候会让我们混淆了人物,以至于大恶棍不会被冠以和绞刑架相关的绰号。这是因为理性遭到了最严重的颠覆,造成了罪恶越重,惩罚反而越轻的怪状。本来绞死都嫌玷污绞索的头颅,现在却在砧板上被郑重地剁下。

一旦被抓,没有任何权威能够阻止福隆这个可怜虫被谋杀。同一天晚上,巴黎的行政长官,即他的女婿,死得更令人震惊。但这还是那位可敬的市长和拉法耶特进行人道干预,将其死期延后的结果。

奇怪！一个看戏时因为不忍看到灾难发生，经常提前离场的民族竟能培育出这样的怪物！我们还应该记住，那个被誉为"温柔的性别"[①]一旦被激怒，也会干出明目张胆的野蛮勾当。和有教养、有理解力的人性相比，仅仅出于同情或优雅举止的温柔是如此脆弱。唉！区分人和兽的是道德，不是感情！为了人性的荣誉着想，真希望遗忘能给这些恶行罩上一层经常把心灵包裹的裹尸布。那心灵的仁爱虽已被人感觉到，却还没有被人认识到。但是，如果不可能从记忆中抹去这些罪恶，就像颜色最深的染料在良心上留下污渍、被悔恨复活后永远也擦拭不掉一样，为什么还要详述这些令人类憎恶的过分之举，从而使眼睛欣喜凝视的画面黯淡下来，于是眼睛只好经常仰望天堂，以便忘掉人间承受的苦难？那是因为，我们既然不能"抹去那块该死的污渍"，就有必要知道，只要专制和迷信还存在，人类再生造成的阵痛就总会带来其所制造的恶习，以便吞噬其父母。

奴性破坏了人的自然能量，扼杀了灵魂最高尚的情操。英雄行为就这样被贬损了，只能听从头脑指挥，心灵却不把它的香脂倒进去，而那是比从阿拉伯树木提炼

---

① 即女性。

出的都还要珍贵的香脂！这样一来，我们是否还应怀疑，这种替代人性的干硬之物［头脑］常常被炽热的复仇之火烧焦？事实上，现在已经是这样了。因为法国人中已经出现了一个虚伪的类别，一个以自己的罪行为荣的食人族。他们挖出那些对他们毫不同情的心，以证明自己有副铁石心肠。"但是，如果人民的愤怒是可怕的，"米拉波惊呼道，"那么专制主义的冷静就是残暴的。那些有系统的残暴行为在一天之内造成的痛苦，比人民起义多年来造成的伤害还要多！" *"我们常常害怕人民，"他补充说，"因为我们伤害了他们，于是我们只好给我们压迫的人戴上镣铐。"

首都给各省树立了榜样。全体公民都急忙拿起武器，士兵们则放下武器，发誓说不想让手沾上同胞的血。在密谋解散三级会议、屠杀会议代表的说法之外，还有

---

* 他还补充道："让我们比较万塞讷城堡［巴黎郊外一个用作监狱的城堡］的地牢里和巴士底狱的监室里，因为错误，因为刑事法庭血腥的准则，还有因为大臣挟私报复而牺牲的无辜人数，以及群众突然而暴烈的报复，然后再决定到底谁才叫野蛮。当暴政为折磨其受害者而创造的地狱向公众敞开时，或者当所有公民都被允许下到那些阴暗的洞穴里，掂量其朋友和捍卫者们身披的锁链时，又或者当记载着邪恶罪行的档案登记落到所有人的手里时，人民在本质上必须是善良的，否则大臣们的种种罪恶表现会把人民变得像大臣们那样残酷！"

一些别的无稽之谈,说当前是多么危险,这就让乡下人不仅急于防范他们自己并不知道是什么的东西,还渴望冒险,渴望分享巴黎人的荣誉。

在所有的内战中,个人仇恨混合公众仇恨,或者前者利用后者,往往决定了刺客匕首的方向。法国尤其应该对此感到恐惧,因为当恐惧诱使一个人窒息了其正义的怨恨,溃烂的伤口只能通过复仇来治愈。因此,城镇里的大多数野蛮行为很可能是私人怨怒爆发的结果,或者是堕落、未开化的头脑的娱乐,这些人在折磨别人时发现的乐趣跟淘气男孩在肢解昆虫时发现的乐趣是一样的。而在巴黎以外,针对贵族暴政的公开愤慨一般只表现在焚烧乡村城堡和贵族档案上。乡下人确实很少犯首都人那样的罪行。而在巴黎,罪恶像是爬行动物抬起了头,恶臭的空气为其提供了毒液所必需的有毒颗粒物。事实上,村民的罪恶与其说是本性穷尽后的邪恶渣滓,还不如说是激情的极度喷发。

第二章

利昂古尔公爵被选为议长。人民武装起来保卫国家。旧政府任命的市政官员被委员会取代。宴会上背信弃义,有人被地雷炸死。日内瓦居民被巡逻队带走。

法国人怀疑英国的阴谋。内克尔归来。巴黎选举人决定实施大赦。关于《人权宣言》的辩论。《人权宣言》应该独立于宪法之外。贵族、教士等所做的牺牲。

　　曾经在危险时刻发出预警、令国王环顾四周的利昂古尔公爵此时被选为议长。此时此刻,起初妨碍议会工作的障碍似乎被克服了,不承想新的障碍又出现了,众人由欢欣转为沮丧。对饥荒的恐惧,无论真实存在还是人为制造,尽管极为常见,却还是令人不安。

　　王公们和靠旧制度的腐化谋生的人们早就在法国边境上酝酿新的阴谋。然而这么做只是刺激了国民,因为国民决心确保其突然恢复的权利。他们在全国各地筹措新兵团,很快就可以击退哪怕是整个德国发动的进攻,因为德国是当时在逃的法国王公们唯一能指望获得帮助的国家。人民的精神是如此迅捷,势头是如此迅猛,以至于在一周时间内,有超过三百万武装人员就像产生电共鸣一样聚集成队。事情就这样接二连三地迅速发生了,全国人民同声共气,力量是如此强大,立刻就和行将就木的专制主义的无力威胁抗衡了起来。历史将记录这个难忘的时代,因为尽管真理只是半露头角,但是在它的力量面前,最强暴的纪律部队也只好消失,傲慢的谄媚者们也只得借夜色的掩护从受伤的民众面前偷偷溜进森林深处去寻求庇护。

国民自卫军在革命进程中的行为，即使在无须对其在热情迸发下做出的过分之举进行粉饰的情况下，也足以证明民兵应该在所有地方都取代常备军。经验不是早就证明，除非人们被专制主义贬损为纯粹的机器，否则法律将永远不会得到以战争为业的那些人的尊重？

从前的市政官员因为是宫廷的朋友们提名的，现在大多受到了怀疑，不得不让位给人民选出的委员会。后者掌握了公共事业的管理权，开始到处推行一种新秩序。然而人们不安的想象仍然被阴谋填满，一些神秘而致命的事件又滋养了这些阴谋。

索瓦松的政府通知国民议会，说有匪徒在玉米成熟前把玉米都砍了，还赶走了村民，村民只好跑到城里避难。但是经过进一步调查后，议会发现此事的起因似乎只是农民之间的一次简单争吵。只是争吵吓到了一些干活的人，他们跑去了邻近的城镇，还以为身后跟着成千上万的强盗。

巴黎也被一个有关圣丹尼暴乱的无稽之谈困扰着。有人非常严肃地肯定有暴乱发生，宣称自己就是目击证人，于是军队和大炮都被派去了，却找不到暴乱的痕迹。

另一件更严重的事激起了人民对贵族的愤怒，也激起了国民议会的愤怒。那就是一名贵族兼高等法院的顾问在自己的城堡里为村民举办了一场宴会，而他本人却托故缺席了。就在人们快活起舞、一切喜庆祥和的时候，一颗地雷却突然爆炸，撒播了恐惧和死亡。听说了这种背信弃义的行为后，人们纷纷拿起粗糙的武器和火把赶往邻近的城堡，烧毁了其中一些，拆掉和破坏了另外一些。

对这一暴行的叙述在国民议会里产生极大反响。米拉波说："尽管大型议会太容易受到戏剧性情感的影响，尽管此事得到了一名公职人员的证实，但是这个罪行太过残暴，反而显得不大可信。而且对此事的叙述伴随着一些实际情况，可是谣言却很少以这些情况为前提。"尽管历史学家会愿意相信这种肆意的野蛮行为是人在头脑发热时想象出来的可怕怪物，但它却得到了充分证实，就像任何事实所能得到的证实一样。此事的确看起来既愚蠢又野蛮，只有有罪一方的供认能让事实变得绝对确凿。

拉利-托伦达尔对这些混乱状况的热情表述使得议会决定在七月二十三日发布一份公告，邀请所有的好公民一起加入秩序维护的行列，并宣布说，在议会通过宪法前,所有涉嫌危害国家的罪行都只能由议会审判和惩罚,而在宪法制定后,将设常任法庭,并由常任法庭审理此类罪行。米拉波在为暴力行为开脱,或者更恰当地说,是在对其做出解释后,对议会说:"议会应该完全相信,这个可怕的独裁者[暴力]的继续存在使自由面临的风险,将和自由的众多敌人的计谋使其面临的风险一样多。"他还说:"如果那些习惯于流血和混乱的民众凌驾于治安官之上,挑战法律的权威,社会很快就会土崩瓦解。人民非但不能奔向自由,还会很快将自己投入奴役的深渊,因为危险常常将人类聚集在绝对权力的标准的周围。在无政府状态的怀抱中,暴君甚至都能成为救世主。迦太基①还没有被摧毁,仍有大量东西阻碍我们行动,并在议会上挑起我们的分歧,而我们的议会是一个只有靠危险才能团结起来的议会。"

一些琐碎小事在臆想中变得越来越重要,它延续了国民的不信任,牺牲了一些无辜受害者,同时还没有减

---

① 迦太基是腓尼基人建立的古国,存在于公元前八世纪至公元前一四六年,位于北非,当东西地中海要冲。公元前七世纪,迦太基发展成强大的奴隶制国家,首都是迦太基城(今突尼斯城)。公元前三世纪七十年代,罗马对外扩张,成为迦太基的劲敌,爆发了三次战争,最终在公元前一四七年灭亡了迦太基,将迦太基城夷为废墟。后又在迦太基原址附近建了新城,成了罗马帝国阿非利加省的首府。

轻它阴郁的倾向,反而像嫉妒一样,催生出它所害怕的邪恶。巴黎市民巡逻队对自己的权力有点虚荣,他们怀疑每一个人,有时候会在没有充分理由的情况下多管闲事,拘捕任何他们认为可疑的人。比如他们拦截了一位来自日内瓦的居民,在他身上搜出三封信,其中一封是写给阿图瓦伯爵的,这就使得这个人撕掉第四封信的行为变得可疑。

巴黎市长派人将这些信送到议会面前。事实当前,米拉波想起从前曾经触动过他的一个弊病,即侵犯私人通信,于是他借机在这个问题上展现辩才。然而侵犯私人通信的问题和当前问题并不完全相同,因为当前这些信件并非截获而来,而是偶然和一些可疑人物挂上了钩,才被检查人员发现的。不分青红皂白地拆开所有信件,以便政府能够判断每个人的性格和情感,这种专制主义太过明显,根本犯不上批评它。事实上,即使这种专横来自敢于偷看孩子内心秘密的父母,或是到处搜罗信息、只为让无聊生活多点变化的无礼好奇心,也不会让人不对它大加抗议。这些做法可以算是轻微的盗窃,却往往破坏了全家的安宁,让争吵变得不可调和,造成家人怒目相向,说出一时的气话。允许秘密截获的信件作为证据出现在法庭上更是对法律首要原则的严重违背。私拆任何信件都不合法，应该像寻找其他可疑之物一样，首先向治安官报告相关信息才对。如果信上的封印是某人自行裁度后拆开，并因此提起了对他人的刑事定罪，那就更是完全的不公，等于让一个人自认其罪。如果面对不公之举反而褒奖其正义，那就构成了滥用职权，须对其调查。但是眼下的情形并非恰当的一例。它不是为了寻找某些可疑的阴谋线索而秘密洗劫所有信件，也和阅读一个喋喋不休的阴谋家的通信有所不同。后者的信里可能会有一些胆小共犯的名单，危险结束后，这些共犯可能会因曝光而被逼上绝路。最后，还是朗格勒（Langres）主教决定了这个问题的走向。他说每个时代的人都会称赞庞培的慷慨，因为庞培把参议员写给塞多留的信统统付之一炬。[①] 效仿罗马人这种做法的狂热于是开始在议会出现了，并制造了一种虚假的宽

---

① 昆图斯·塞多留（Quintus Sertorius，公元前122-公元前72）是罗马共和国后期的一位著名将领，曾任西班牙总督，是第一个对西班牙地区进行罗马化教育的人。他为反对罗马独裁者苏拉，曾自建元老院，拉拢罗马元老院的议员。格涅乌斯·庞培（Gnaeus Pompey，公元前106-公元前48）是罗马共和国末期著名的军事家和政治家。庞培征讨塞多留的过程费尽心机，消耗了他本人和国家的大量财富，却屡屡失败，只在塞多留遭部下哗变，被部将杀害后才有了转败为胜的机会。文中所指即为庞培宽容对待暗通塞多留的议员之事。

宏——而这总是由模仿引起的。如果不是因为后来的装模作样造成了更严重甚至是致命的愚蠢，那么当前模仿的结果实在微不足道，不值一笑，更不值得责难。

巴黎人很小就进入了社会，脾性使然，他们自以为获得了对人类激情源泉的深刻知识，自以为经常能发现人类心灵的弱点，睿智者几乎就获得了预测未来事件的能力，于是他们现在以为英国宫廷想从法国的国内问题中渔利。英法互为天敌的说法在两国早已有之。多疑的法国人很快想到，既然自己之前在美国独立战争期间所采取的干涉于美国人有利，那么英国人此刻一定会想立刻夺取法国在西印度的一些岛屿以雪前耻。多塞特（Dorset）公爵为英国所做的辩护只是改变了法国人的怀疑对象，引发了一些关于把布雷西特［法国军港］交给英国人的阴谋的模糊猜测。由于没有线索，无从知道叛徒是谁，布列塔尼的几个很可能无辜的贵族被逮捕了。

尽管如此，这些也都只是些小障碍，因为觉醒的国民发出的振奋人心的声音给了议会活力，使议会任命了委员会来快速处理当前事务，以便为制定宪法的宏图伟业做好准备。议会的权威和体面得到承认后，仔细衡量了国家的状况，也考虑了人民目前的困境，颁布了有关粮食自由流通的法令。先前，粮食流通受到了与真正的政治经济原则背道而驰的古代形式的阻碍。

此时此刻，仍然受到国民尊敬的内克尔不幸归来。这位大臣陶醉于个人声望，没有足够的谨慎拒绝国民授予他的荣誉，也没有那种能支撑起这些荣誉的行动尊严，而这是渡过当前危机所必需的素质。在来巴黎的路上，他听说和德布罗意一起的瑞士卫队①司令贝桑瓦尔（Bensenval）男爵的生命受到威胁，就人道地插手制止了暴力。他的行为直到那时都还值得称道，但是抵达巴黎后，热情的市民把他当成法国的天才守护神来对待，这种神化就产生了通常的效果。他开始在市政厅扮演半神的角色，不满足于只保护男爵一个受害者不受公众怒火的侵害，还建议大赦天下。这个提议很欠考虑，采纳它也一样欠考虑。早在首都遭受威胁时，巴黎人就已经对选举人的滥用权力皱眉了，但是那时形势危急，迫不得已，而现在，这些号称为全国颁布法律的选举人却更令巴黎人不满。狂流就这样被扭转了。早上人们还宣

---

① 瑞士是山地国家，历史上人民贫困，有出国当雇佣兵的传统，且以纪律和忠诚著名，直到今天瑞士卫队仍然驻守梵蒂冈保卫教皇的安全。历史上法国也曾组建瑞士卫队，负责保卫王室的安全。一七九二年法国大革命期间，面对进攻的法国暴民，路易十六因不敢激怒民众，下令瑞士卫队不得杀死暴民，结果却造成七百八十六名瑞士卫兵全部以身殉职。

布"自由是安全的,因为有内克尔的看管",现在却指责他野心勃勃,想通过帮助宫廷的奴才们回国或逃跑来维持和宫廷的良好关系。法国人就是如此反复无常,他们总是追求戏剧化的场面。警钟在城市的这一边敲响,谴责内克尔是个朝臣,而另一边,王宫广场却灯火通明,庆祝他作为爱国者的归来。

然而,大赦提案在做了修改性的解释后,还是提交给了国民议会。议会的决定比较温和,对提案背后的良好意愿表示尊重,但是没有假装认可选举人的草率决心。

这场骚乱平息后,内克尔有限的能力使他不能坚定地参与代表们正在进行的那项宏图伟业。他的思想没有足够的力量打破旧观念的桎梏;而且在他惯常的商业算计的指导下,他似乎成了造成分裂的一个原因,这种分裂已经开始在搅动一个由形势而不是由情操团结起来的议会。此外,人民的突然解放引发了一阵狂喜,须采用最微妙的方式加以控制。意外成功带来的眩晕在全国多地造成了暴乱和暗杀,政府必须强大,才能制止这种通过暴力不断表现出来的放荡劲头。每个人在抱怨旧政府的同时,似乎都渴望在各自的势力范围内尝试自己的执政方式,从而弥补先前自己把权威交由他人代理的那段时间。此外,作为人民期盼的革命的直接成果,救济的拖延,无论怎样不可避免,都不仅使人民嘀咕埋怨,还会让人不顾一切理性,企图通过武力获得比正义在很长一段时间内所能给予的更多的东西,即使正义不会因私利而偏颇。

国民要求制定宪法。议会于是就人固有的权利以及成为公民时人所放弃的权利进行了辩论,并决定以此作为宣言的基础和解释的支撑。

有几位议员争辩说,宣言应该是宪法的结束,而不应是先于宪法的开始。他们坚持认为在悬崖边上叫醒一个梦游者是危险的;把一个人带到山顶,向他展示一个属于他的辽阔国家,却又告诉他不能立即声称拥有这个国家,同样也是危险的。"这是一幅面纱,"他们说,"突然将其掀开是轻率之举。这也是一个有必要隐藏的秘密,需要一直隐藏,藏到一部好宪法的效力能使国民身处一种可以安全听到它的境地。"*

尽管问题仍在辩论中,但是巴纳夫(Barnave)结束了这次会议。他说:"《人权宣言》在两方面是有实际效用的:一、它确定了立法的精神,以免将来发生变化;二、它在制定法律以及立法的所有细节方面能为国民

---

　　* 这些议员似乎已经对法国人的性格形成了公平的评估。

代表提供指导，而立法的完成只能依赖时间。"针对那种认为人民了解了这些权利就会滥用这些权利的忧虑，他说："忧虑是徒劳的。我们只须翻开历史，就可以摆脱这些徒劳的恐惧，因为我们将不断发现，人民的安宁程度与其觉悟程度是一致的。"

平等自由的支柱就这样平衡好了，然而第二天的讨论又被委员会提交的一份报告打断了。这个委员会由议会任命，职责是从每天从各省收集来的让人难过的情报中，给议会分类报送一些信息——"税金、租金不再支付，税收耗尽，法律失效，社会关系几乎破裂"。为纠正如此之多的罪恶，委员会建议议会尽快发布一份严肃的声明，以示对各省所受苦难的深切感受，以及对不纳税不交租的不赞成。同时也要声明，在议会有时间审议为规范这些目标所必须通过的法令之前，不得再以任何理由予以拒绝。这个提议引发了热烈辩论。

有代表说，封建法律太不公正，税收太不公平，可怜人太多，这样的声明无法产生良效，反而很快就会像《和平宣言》那样被人遗忘。它会加重国家的痛苦，凸显国民议会的无能，甚至激怒那些需要安慰的人民，因为以人民目前的状况看，不可能要求他们纳税。一定要他们纳税的话，等于在嘲笑他们。议会很清楚每个人都觉得税赋不公。

另一些人则认为，这样做有让混乱加剧的危险。他们坚持认为财产神圣，赤字巨大，国家正在遭受赤字的威胁。他们还补充说，如果国民议会不采取最有力的措施，它是会遭人鄙视的。他们进一步详述了重新确立法院权威的必要，并表达了其他具有类似倾向的观点。如果《人权宣言》的支持者能够提出确保宣言执行的模式，哪怕只是一点影子，这些观点也就能更确实、更有用。辩论从热烈到激烈，直到最后议会决定发表一份有关财产安全的宣言，并决定于第二日即八月四日晚间，讨论委员会的其余提案。

但是，休会前，议会获悉德布罗意已下令将存放在蒂永维尔镇①的全部武器悉数运走。在议会看来，这一举动极其轻率，因为此刻为了保卫公共安全，全社会必须将自己武装起来。

次日上午，议会中绝大多数人认定应该有一部独立于宪法的《人权宣言》。人们迫不及待地等着晚上的会议，反对新宣言的人则自以为是地认为爱国主义需要巨大的牺牲，因此应该确保普选，而不应再搞什么形式主义的虚假劝诫，因为人民很快就会鄙视这种劝诫，相反应该

---

① 蒂永维尔(Thionville)，位于法国东北部洛林地区。

把真正的祭品送上和平的祭坛。这是一位贵族——诺阿耶子爵所做的一次演讲的主旨。他以一种非常有力的方式表明："此时此刻，国家在两种选择间摇摆不定：或者毁灭社会，或者建立一个全欧洲都会羡慕和模仿的政府。如何建立这个政府呢？已经松懈下来的社会关系又该如何加强？"他继续说："让人民平静下来，让他们看到我们确实是在为他们谋福利。只有当抵制他们于他们有利时，我们才会抵制他们。为了达到这种必要的宁静，我提议：

一、宣布在委员会发表宣言前，国民代表已经决定对国民按其个人收入的比例征税。

二、从今往后所有公共开支都由全社会共同承担。

三、一切封建权利均可按公正的估价赎回。

四、一切庄园权利、死手权①及其他劳役都予以废除，且不付赎金。

五、庄园对家禽征收的租金及其他种类的供应，由业主或承包商以公正的估价赎回。"

————————

① 此处原文为法文 mains-mortes，意思是 dead-hands。英文中确有 dead hand（"死手"）一词，来自对法语 mortmain 的翻译，一个意思是掌握在教会或其他团体手中不可让渡的土地房屋的所有权或租赁持有权，另一个意思是死后犹在的令人不快的控制。也有人将法国革命时期的 mains-mortes 解释为封建领主的一项特权，意思是居住在领主领地上的农民死后，如无居住在此领地上的子女继承财产，则领主可以占有该农民的财产。

艾吉永（Aiguillon）公爵附议了这项受到热烈欢迎的动议，或者说他另外提出了一项旨在达到同样目标的动议。由于害怕自己的年金被取消，审议红皮书①的时候，他突然从旧宫廷的奴仆摇身一变成了一个响亮的爱国者。为了进一步表示自己对自由事业的热忱，他还宣称："人民遭受的苦恼为暴动提供了借口。"他认为"庄园主们很少做出令其附庸者抱怨的过分行为，但是庄园主的代理人却往往缺乏人性。野蛮的封建律法仍在发挥效力，可怜的农民受制于此，只好在使其成为受害者的禁锢下呻吟。在这个幸运的时代，当我们为公共利益团结起来，脱离一切个人私利的时候，我们要为国家的复兴努力。依我看，先生们，在制定国家渴望的宪法前，有必要向全体公民表明，我们的意图是尽快建立平等的权利，因为只有权利平等才能确保人民自由"。

这种情况时有发生：人们会从一个极端跑到另一个极端，绝望也会使人采取最暴力的举动。长期以来，法国人在千百种压迫的鞭打下呻吟，为了少数被选中的人砍柴挑水，因此他们一旦挣脱了枷锁——这枷锁在他们的性格上留下了可恨的奴役的伤疤——就渴望得到

---

① 红皮书内有国家发放的年金的秘密名单。

最不受限制的自由。同时他们还厌恶一切有益的约束，将其当作他们现在没有义务服从的缰绳。也许正是因为观察到了这些时代特点，政治帝国才能不断通过奉承大众来助长大众的缺点。于是有可能在革命中遭受最大损失的贵族阶层，却做出了最受人民欢迎的举动。他们既然无法驯服人民的精神，就去给它挠痒，以此博取人民的喜爱。因此，我们看到绝望的派系领导人们巧妙地选择了"无套裤"①、"公民"和"平等"三个词，以哄骗普通百姓的头脑。而且，随着哄骗经验越来越丰富，统治权也相应下降，落到了政治上最绝望无耻的半吊子手里。同时，公共领域的无政府状态和私人间的不和也催生了可怕的灾难和肆意的暴行，给自由的尊严带来强烈冲击。

后来，有人试图列举封建社会侮辱人性的主张，那些主张表明，在当初制定法律时，人是多么接近野蛮的造物。可是充满愤怒和恐怖的呐喊声四起，制止了这位

---

① 所谓套裤，指长度及膝的裤子，通常是丝绒质地，加上小腿上穿的白色丝制长筒袜，头上戴的敷粉假发，以及腰间的佩剑，构成了法国贵族男子的身份象征。而穿无套裤者则为第三等级劳动者，也代指这场革命中的革命者。革命后的男子着装开始以长裤取代套裤，代表旧体制的废除和新秩序的确立。到了十九世纪，长衣长裤成了西方男子的基本服装样式，流传至今，更是成为世界各地很多男性的日常穿着，由此也说明法国革命对服装演变的重要意义。

代表把这幅人类堕落和野蛮的可怕画面描述完全,尽管实际上仍有一些人在珍惜这些可憎的压迫的残余。当政治缺乏道德的指引时,这些人之所以还有人道,是因为他们神经脆弱,而不是理解力健全。

尽管如此,诺阿耶子爵的动议还是激起了一股夹杂着愤怒的突然的热情。特权阶层就像孩子一样,他们似乎在用行动表明,如果你强迫我放弃这个玩具,你也应该放弃你的糖块。如果有人打了你的脸一拳,礼貌的还击应该是反手一击。艾吉永公爵的慷慨不应以牺牲他人为代价,因此有位贵族提议立刻废除宫廷大方赐予贵族的所有职位和薪水,因为那是人民最沉重的负担,人民不得不用自己的必需品来负担大人物们的奢侈品。而贵族们被拘禁在宫中守护宫廷,不仅不能因为自己的存在使各省活跃起来,还因为拿走了各省的农产品而使各省苦恼不堪。好在这位贵族区分了通过阴谋获得的养老金和通过实际服务挣来的报酬,提出前者应该被取缔,后者应该被减少。

这样一来就有人提议,不仅应该废除封建权利,还应废除建立在同一武断基础上的所有庄园领主的管辖权。

现在,根据规定,议长意识到没有人试图反对这项动议,就想对其进行表决,但他停顿了一下,责备自己居然想在教士们还没有机会表达看法之前就试图结束这场有趣的讨论。

这一巧妙的恭维激起了南锡主教的回应，他说："就人民的苦难而言，教士是心怀同情的持续见证者，在有机会为人民的解脱贡献力量时，他们无疑会长叹一声，说这一提议正是他们所期待的。然而，为了表示他们对这一提议完全赞同，我必须获准另外提议，对教会封建权力的赎金不应转化为教会当事人的利益，而应设立基金，救济较为贫穷的那部分教士。"

沙特尔主教赞成已经做出的牺牲，同时要求在这些牺牲中加入对狩猎法的废除。这位可敬的高级教士描绘了狩猎法的不公，说它的荒谬程度不亚于它的压迫程度，它迫使农民平静地旁观自己的收成遭到破坏。如果农民顺从天性的第一冲动，杀死伤害他的那些动物，那么他就会受到残酷的惩罚。很多贵族同意主教的这种看法，也要求放弃这些不自然的特权。谁会愿意在逞英雄时被别人比下去呢？

圣法戈（Saint-Fargeau）议长现在站起身来，要求教士和贵族对他们答应分担的税务问题做出解释。他说："我们已经给了人民希望，但是我们还应该给他们一点更实在的东西。我们已经颁布了法令，要求人民暂时还像以前那样纳税。也就是说，我们把免税的好处留给了教士和贵族，直到这个好处被明令撤销。我们既然已经在几乎所有的指示中都对这一撤销做了严格规定，为什么还要将其拖延呢？因此我提议，所有享受特权的人不仅在过去六个月内，而且从今年年初开始，都应该无一例外地缴纳他们在公共赋税中所占的份额。"

随着对诺阿耶子爵的提议的讨论的深入，消除一切奴役的必要性变得越来越明显。所有成员似乎都在急于向其同事指出他们应该为国家利益做出新的牺牲。一个人要求废除养兔的专属权，另一个人要求废除渔业的专属权，第三个人则要求废除官职的买卖，并要求司法程序应该无偿履行。

苏佩（Soupes）的教区牧师也以教会同侪的名义，提议和穷人一起加入百牲祭①，因为大多数祭品几乎不用花献祭者什么钱。他宣称，由于渴望为救济人民贡献一份力量，他们将从现在起放弃所有的任意收费，也不再对法衣收取费用。这个诚恳而朴素的提议感动了议会，即使是夏特莱公爵提出的另一项非同寻常的议案也不

①　最早指古希腊时期举行的大型祭祀宴饮活动，起初需要宰杀一百头公牛做祭祀。

能完全抹去其光辉。公爵想买下什一税。

当一个成员请求允许他献出他的麻雀时,气氛就在向欢乐转变。这种转变对法兰西民族是很自然的事,因为他们总是会将某种程度的讽刺玩笑混合到最严肃的事情里,而且在严肃和玩笑当中,最先出现的是玩笑那张愉快的脸。然而,笑声停止后,这位代表继续正色说,他认为一个外表微不足道的东西其实正是农民真正怨恨的对象,因此他提出彻底摧毁全国所有的鸽舍。

可敬的拉罗什富科(La Rochefoucault)公爵在为所有这些提议喝彩后说,国王已经率先垂范,解放了他领地里的农奴,因此现在是时候把这一利益扩展到全国了。这位仁慈的公民并没有就此罢休,而是补充了一个愿望,那就是在会议结束前,他希望议会考虑一下另一个半球上[殖民地]处于奴役状态的、被贪婪侵害的不幸受害者们的命运。

又有一位议员提出了一项动议,要求增加教区牧师的津贴,因为他们是教士中最受人尊敬的。议员们纷纷为这一提议由衷地表示满意。

教会里有几位领两份或两份以上圣俸的显要人物不愿在慷慨方面屈居人后,他们也随之宣布,他们决心在符合教规的情况下,只领一份圣俸。

享有特权的省代表们受到暗示，认为法国公民都应该享受同等的权利，公民的称呼是他们所能承受的最光荣的称呼，因此他们立刻站出来宣布放弃特权。殿后的是另外一些提议，有的重要，有的不太重要。比如，废除占有第一批果实的特权，废除监护权，废除那些终生约束不幸之人的野蛮誓言。简而言之，让非天主教徒享有充分和完全的自由；允许所有公民担任所有职务，不管这些职务属于教会，还是民事的，或是军事的；废除教会俸禄的多元化。后来有人提议应该铸造一枚勋章来纪念这一晚*，这真是没忘了法兰西的民族性格。同时还通过了一项法令，不必要地授予国王一个庄严的头衔，称他为"法兰西自由再造者"，这一称号可能与历史的尊严不太相称。议会还任命了一个代表团，前去向国王献上这一新的崇高标志，并邀请国王出席一个全国上下都会参加的庄严的赞美上帝的庆祝活动。看啊，著名的八月四日的夜晚就这样结束了！

一位当时参会的记者说，不可能对这次会议期间不断变化的场景作出清晰的描述。情感的活跃，从慷慨之情迅速转变为警句般的感动，情感凌驾于立法尊

---

* 有些聪明、爱取笑别人的法国人极重视这些晚饭后通过的法令。

严之上的混乱，议员们相互之间的不信任，以及争相表现慷慨的竞争，都因法国人那种特有的亲切诱人的热情而变得多姿多彩，也使这次会议成了革命史上的一个新纪元。那些惯爱思考人性多样化的人一定会对其深思的。

另一种看法也很自然地出现了：这一切都只证明这些立法者的政治观念——更不用说政治原则——还很粗糙。人人都在谈论牺牲，夸耀慷慨，其实他们行使的只是普通的正义，发表的也只是对他们上午通过的《人权宣言》的一些很明显的实际评论而已。如果这就是人权，那么将其掌握在自己手里、拒绝将其分享的人要么超出常人，要么就还不如常人。这些人一旦承认人民的主权，成为人民的代表，就需要具备那种隐忍之心——这隐忍更多是对他们理智的恢复，而非对其财产的牺牲。

到了次日上午，很可能各方都不敢相信，自己脑子里有的不只是对一个梦的不完美回忆。会议的决定来得如此之快，而且占用的是午夜的时间，以至于代表们头脑不清，无法赋予这些决定以尊严。事实上，这些决定大多是激情、野心或者徒劳的复仇欲望的结果。对那些只被热情和一时虚荣引导的人来说，当他们有时间冷静下来，都认为自己的行为太不切实际了。但是平民议员的观点最为深刻,他们知道自己推进这些观点想要达到的目的是什么,他们不会后退。

诚然,废除这些特权和权力是选民给代表们严格定好的指示,但如果不是最明智的人预见到忽略这些指示可能会引发内战,那么指令能否得到执行仍是值得怀疑的。平民代表们知道,财产在当时不会受到谨慎的尊重,于是一开始就选择攻击那些专横对手的财产。事实上,他们出其不意地让议会一致放弃了所有的封建收入,甚至还废除了什一税。贵族们也看到,他们通过废除什一税获的利,比牺牲令人讨厌的庄园费损失的利益还多,于是也加入了这一体系。同样,通过提高占议会人数最多的贫苦教士的薪资,议会确保了这部分人的影响力。而且通过打破市政府和司法部门的垄断,议会还获得了城市的支持。这样一来,国民议会发现自己不用再斗争就已经无所不能了。诚然,他们唯一的敌人是那些看似重要的个人,这些人早就习惯了领导巨大的法人团体,但是,当他们先前的所有臣民都已不再受其控制,他们建筑起来的帝国又算得了什么? 在这些敌人当中,教会显贵是最重要的。然而教会财产被没收后,即使发生反革命事件,宫廷也不再可能为其提供经费,因为这部分人对保皇党而言是个沉重的负担。

不幸的是,迄今为止,几乎一切与人类相关的事,无论那上层建筑多么辉煌美丽,都建筑在卑鄙自私的基础之上。美德一直是口号,爱国主义是号角,光荣是进取的旗帜,但是报酬和掠夺才是真正的动机。我并非断言议会里没有真正的爱国者,我知道有很多。我所谓真正的爱国者,是那些研究过政治,在政治观点方面已经形成原则的人,他们把这门科学当作自己的主要目标,情愿放弃时间、人身安全,以及个人利益(不管社会对这个词如何理解),也要确保改革计划得以执行,知识得以传播。

但是,引导国民议会大多数领导者的却是这个词[政治]的粗俗含义,是那种想赢得喝彩的虚荣愿望,或是那个深藏不露的薪酬计划。例如,曾经给王后卑躬屈膝当奴才的拉梅特(Lameth)兄弟,现在成了民权最狂热的拥护者之一。整个议会里不乏类似的精神轨迹。

在第一次斗争中,国民议会和人民群众就分成了共和派和保皇派,但是我们将会发现,从动乱的一切危险看似结束的那一刻起,上层阶级就已经开始从爱国者中退却,并且从保皇派中招兵买马,以便在公正的名义下,让自己形成日益壮大的贵族势力。

第三章

对国民议会议员的思考。几个伪爱国者的分裂。整个欧洲社会的改进时机已经成熟。野蛮状态下人类自然会发生战争。论社会的起源与进步。艺术,财产,条件的不平等,战争。现代法国的风气。

法国前政府的专制主义在社会上层形成了最淫荡、最虚伪的人格,因此现在议会里那些占据领导地位的爱国者们缺乏原则和政治知识也就不足为奇了。他们在这方面的知识来自书本,是其随便捡拾的结果,因为他们读书不过是为了在不享乐的时候打发无聊的一小时。他们对任何需要思考的问题了解得实在肤浅,举止也太堕落,以至于每个有识之士都会自然做出这样一个推断,那就是他们即将创造的事物的新秩序要想达到稳定,必须经过相当长的时间。然而这并不是一个令人沮丧的想法,因为人民显而易见已获得重要利益。而且,因为道德必然会随之提高,那就不妨假设,旧制度产生的罪恶将会随情况的逐步好转而消失。同时,通过对政治自由和公民自由的实际了解,革命的伟大目标——法律公正和平等自由——也会实现。

上层阶级的堕落，以及下层社会对实用政治科学的无知，使二者都无法独立思考。因此，不管是对哪一方，那些奉承其缺点，或是满足其弱点的措施，都一定会对公众产生巨大影响，并在其心中造成分裂。这就给了革命的敌人一个阻碍革命进程的机会。下层阶级在获得自由的同时，也获得了相应的分量，于是最大胆的创新者成了公众最喜欢的人，公众的意愿成了每一个谨慎考虑所必须服从的对象。

八月四日那天国家获得了众多好处。旧有的封建臣属制被彻底推翻，法国站在了有史以来对组建政府而言最有利的位置。她摆脱了世代的偏见，她像自由的曙光一样美好地站在那里，她的理智正在追寻通往美德、荣耀和幸福的出路。但是，野心勃勃的自私和令人难过的缺点在议会中占了太大比例，那些曾经反对三个等级联合的贵族和教士现在又开始阴谋策划了，于是每一场辩论都成了激烈或暴力的竞争，好在人民的拥护者们还在继续获胜。

法国人的性格通常被认为是爱耍阴谋，缺乏诚意，这就为普遍的不信任奠定了基础。当初的派系合并并非出于对自由的热爱，或是对国家繁荣的考虑，而只是巧妙迎合了一时的情绪之需。这些合并起来的派别根本就没有意识到，到头来警惕、多疑的群众很可能会对他们产生不信任，就像当初群众曾经对那个靠毁灭人民的幸福而养肥自己的宫廷产生不信任一样。这种盲目非常严重，以至于看看那些轮番充任大臣，或是替国家掌舵的人，就会知道判断力不够、无法贯彻行为上的诚信真不是一件好事。只有诚信能让清醒意识到自身权益的理智群众满意。

群情激荡之时，虚荣的雄心，再加上令人眩晕的爱国主义的流产，构成了对政治研究最致命的毒药。思想深邃者的坚实观点是与时代精神以及同代人的理性状态相适应的。如果这样的思想者发现，根深蒂固的偏见虽然已经不再合乎风俗，法律之墙也已腐朽不堪，但是在将其推翻的过程中，舆论威胁到了最神圣的原则，可能将其破坏，那么他们就应坚守岗位，直到激情消退，然后再通过分流的办法，逐渐将其控制在适当范围内。但是，这样的爱国主义发展缓慢。它既需要一块肥沃的公共土壤，也需要通过良性的效仿将其培养。然而，在一个阴谋诡计代替了崇高功绩，成为获取社会地位最可靠阶梯的国家里，这种效仿永远都无法兴盛。人们在旧政府的统治下，通过可耻的欺骗获得恩宠和地位。而当这些受过旧制度的教育、思想被其石化者登上法国的政治舞台开始表演之际，他们上演的悲喜剧永远让人又气又笑。

诡计对诡计，策略对策略，这样的做法可能会让双方在一段时间内交替出现失败，但是最终，最狡猾者会获胜。

尽管在暴政或反复无常的统治下，政治格言的作用从来都不确定，但是虚荣仍然让每个法国人都成了理论家。诚然，国民中的智者很清楚，革命现已不可避免，但是自私无法与高尚、全面或是值得称道的见解和谐共处，再加上法兰西民族的缺点，因此当三级会议召开时，每个代表都想提出自己的独特计划也就不是件好事了。很少有领导者的计划完全一致，如果不团结起来采取行动，那么最暴力的措施肯定会受到最热烈的欢迎。我们还发现，一些热烈支持改革弊端、制定宪法的人，当其最喜欢的制度遭到破坏时，会愤恨不平地退出。然后他们会发泄这种怨怒，会迅速驱赶着一群怪物行动起来。而这群怪物是有史以来最恶劣的一群怪物，他们滥杀无辜，嘲弄正义，震惊世界。当正义的圣殿遭到亵渎，沾满鲜血，并在血腥的野兽身上打下无法磨灭的烙印时，逃兵们注定不会逃脱他们应得的耻辱。

当我们思考革命的进程时，我们会在以下观察中产生一种忧思，即，几乎每一次鲁莽事件，都是政治行为体因为假装罗马式的宽宏大度而表现出的固执和弱智的结果。罗马式的宽宏大度到底是什么，这些人其实非常陌生，就像他们同样缺乏合法的爱国主义及政治科学一样。

我们第一次看到卡隆时，此人正在为赢得个人的声望地位提出一个平等的税收计划。后来当他发现自己的权力地位尽失时，就厌弃了祖国，并用最不正当的手段发动同胞，将同胞卷入内战的恐怖之中。像他这样的慷慨陈词者还有好几位，他们后来的行为都令我无法对其高看一眼。这些人发现自己的计划不受重视时，即便没做出卡隆那样可耻的事，也都擅离职守。声望没了，他们的爱国心也就没了。只要记住革命期间所有表现积极的领导人的作为，就可以看出，国家的灾难都源于卑鄙的虚荣心以及自私自利的卑劣争斗，尽管此时危机要求所有开明的爱国者团结起来，组成联盟，以便巩固其伟大的工作。刚开始的时候，他们曾加快过这项工作的速度，但是随着逃跑行为的发生，一国之内最好的人才都消失了。仅仅因为找不到人才，无知和无畏就得了逞。它们追求政治经济的直线前进，中止了每一个心怀好意的公民的参政权。法国其实是有人才的，如果这些人能够团结起来，本着对国家的纯粹热爱，将其观点统一起来，那么所有那些压倒了帝国且破坏了欧洲安宁的灾难就不会发生，自由的事业也不会蒙羞。

每一场伟大改革都需要系统的管理。无论那些软弱又大胆的人如何看待这句话的严重性，每一次革命的和平进程很大程度上都取决于行动各方所做出的让步的适度性和互惠性。诚然，对一个以机智著称的国家而言，几乎不可能指望它有多谨慎——然而，这并不足以成为谴责引发革命的所有原则的理由，因为我们不能将自由看成一种物理结果，认为它仅仅属于某种特定的气候类型或精神状态。的确，为了抵制旧偏见的危险后果，尤为紧要的是成立一个联盟。人的积习难改，而且个人利益将人牢牢固定在其立场上，因此这些积习肯定会在道德上打断革命的平和进程。人在主要目标上达成一致后，如果能在实现目标前忽略细微的意见分歧，那会是明智的做法。有几个议员似乎意识到了这一点。*

---

* 拉利-托伦达尔尤其突出。他在评论两院制时说："就眼下而言，就这届议会而言，因为这是第一届议会，因此毫无疑问一院制更好，可能还很必要。当前还有如此多的困难要克服，如此多的偏见要战胜，如此多的牺牲要做出，且有如此陈旧的积习要根除，如此强大的力量要控制，总而言之，要消灭的东西太多，要重新创造的又几乎占了所有。先生们，此时此刻——这个我们如此高兴看到的时刻，对它进行描述是不可能的——个人、阶层和各省之间都在彼此竞争，都想为公共利益做出最大的牺牲。所有人都拥到这个讲坛上，都在自愿放弃可憎的特权，甚至公正的权利，因为在你们看来，它们都是公民间一切平等友爱的障碍。先生们，此时此刻，这种催促着你们向前的高尚丰富的热情，这种由你们开拓的新秩序，所有这一切，非常肯定，只能从所有人、所有意见和所有心灵的团结中诞生。"

如果人的行为是真诚的,而且真的追求他们不断宣扬的那种博爱,那么他们在巩固法国公民权的过程中,说不定真的可以建立起政治优势来,因为当时的理性状况是能够让人为了社会的当前利益而采取这些措施的。但是,怨恨爆发了。长期以来怨恨隐而不显——这是奴役和欺侮的结果,再加上法国在政府治理方面有种想胜过其他国家的虚荣心,就产生了一种傲慢无耻的行为。它旨在颠覆一切,使动摇者灰心,使胆小者害怕。狡猾的流氓们想出了一个计划,他们想通过利用群众积累得越来越多的缺点来实现个人的显赫地位。而刚从一切束缚中解放出来的群众,很容易就被最卑鄙的无政府主义者用阴险手段网罗。

这些恶魔想破坏荣誉和人性的神圣纽带。其目标虽然早就被更具穿透力的人察觉,但是这些人并没有反对恶魔的阴谋,相反,很多人还加入了恶魔俱乐部。其他人则弃国而逃,任由国家陷入内乱的旋涡,以及所有随之而来的不幸。后一类人更傲慢,也许还不那么遵循原则,如果他们有原则的话。

我们必须密切注意这些方面,以便对接二连三的各种革命形成正确看法。从具有此类性质的事物的表面来看,我们经常把道德堕落归咎于人类的激情或天生的卑鄙。因此，很多革命初期的仰慕者现在却侈谈起了不切实际的革新，想要扫除所有阻挡正义的障碍，践踏人类的感情，破坏一切美好辉煌的事物，而全然不顾那是多少世代、勤劳、品位和学问的产物。

但是对这场革命感兴趣的并不只有法国人，相反，革命的影响遍及欧陆，因此欧洲所有的激情和偏见都立刻浮出了水面。世界上最受青睐的这部分［欧洲］已经上升到了惊人的卓越地位，尽管其人民到处在和最不自然的等级制度以及最根深蒂固的偏见做斗争。然而，在克服了阻碍公民幸福的巨大障碍后，社会似乎达到了文明的某一阶段，使得政府有必要改善其治理。否则，如果故意无视时代的暗示，政府的权力和权威必将土崩瓦解。这个事实人民已经看到，可是宫廷的寄生虫和专制主义的拥护者们却不愿相信。此外，这些人的维持，或者说存在，既然有赖于那些野蛮的暴虐措施的继续实施，他们就在以不同寻常的无畏为自己抗争。这样一来，战争就成了宫廷的事业，并在战争中狡猾地激发了人民的热情。

处于野蛮状态的人不具备智力的娱乐，甚至也没有田地或葡萄园来劳其体肤，而只能靠偶然的机会维持生计，于是他们不断在彼此间，或是在国与国之间制造战争。从敌人手中夺取战利品成了争斗的主要目的，因为战争不像劳动那样是人自由的一种结晶。但是，人在经历了危险的生活后，到了喋喋不休的老年时，社会情感就会在长篇故事中流淌。后代一边听老人讲故事，对其功绩感到惊讶，另一边，他们的野心被点燃，也想媲美祖先。同时，人在感受了同类的痛苦，尤其是衰老时的无助状态后，灵魂会因同情的力量而感到温暖。他开始认为人类的交往是可取的，可以防止孤独寂寞带来的不便。于是小团体为了给其成员积蓄力量，就在友谊的纽带中生活在了一起，这就成了社会的起源。后来部落发展成国家，在全球范围内扩散，形成不同的语言，就又产生了不同的利益和误解，并激起彼此间的不信任。

艺术的发明现在为人类提供了就业。而随着艺术的发展，人又成了家庭的一员，并依附于各自的家庭。当艺术尚在襁褓之中，人类焦躁的脾气和野蛮的举止仍在使其对战争和掠夺的热情不减。回顾人类最初的进步，我们会发现，随着人类凶残的逐渐消失，财产权开始变得神圣。那些蛮族领袖的勇力和才干使其在各自王朝中得了势，时代越无知，他们的力量就越强，由此产生人的差别，从而形成巨大的不平等的根源。待到差别的必要性早已不复存在，差别也依旧存在。

在无知的统治时代，国家间的分歧只能通过战争解决。虽然理智本应是分歧的仲裁者，但是真正决定高下的似乎只有灵巧的谋杀术。在现代欧洲，用刺刀解决争端的习俗已经被野蛮人的例子证明为正确了。傻瓜们不断以不人道的野蛮人的行为为借口，争辩说战争是必要的恶，而宫廷则发现战争对其永固权力非常便利，因此屠杀就为贪污提供了合理的借口。

幸运的是，尽管存在着阻止知识进步的各种障碍，社会经验却已足够丰富，足以使我们相信，政府唯一所能期望的坚实利益必定来自人身和财产的安全。家庭幸福给了人类幸福一种温和的光泽，胜过血淋淋的破坏或盛大的抢劫所造成的虚假荣耀，因此田地和葡萄园逐渐成为我们关心的主要对象。正是基于这种支配了世界上文明地区的舆论的普遍情绪，我们才能在某种程度上较有把握地思考即将到来的和平时代。

在法国，一个毫无道德灵魂的礼仪团体做了它为改善人类所能做的一切，结果是制造了一种文雅的奴隶制。对享乐的过分热爱导致大多数人只追求享乐，直到自然的基调尽遭破坏。只有极少数人真正学会了生活的艺术，那就是让家人间的交往具备某种程度的优雅，禁止粗俗的熟不拘礼。只有这样，家庭的亲情才能持久，从而产生所有的社会美德。

认为法国甚至巴黎没有家庭幸福的想法是错误的。相反，很多法国家庭成员间表现出了一种亲切有礼的行为方式。在某种轻松愉快的气氛并不能缓和年龄和条件差异的情况下，这种情况是很难得的。法国的夫妻，如果不是情人，是世界上最文明的朋友和最温柔的父母，也许还是唯一真正把孩子当朋友的父母。对仆人来说，法国人也是最和蔼的主人。我们还会发现，哺乳期结束后，法国妈妈也会关注孩子的教育，而我们原以为这会不见容于她们轻浮的性格，法国妇女也因此获得了其他国家的妇女很少有的品位和知识。她们好客的餐桌不断地向亲戚和熟人开放，后者不必拘泥于邀请的形式，就可以在那里无拘无束地享受愉悦。而更精英的圈子则会通过讨论文学来结束夜晚的活动。夏天，当法国人回到自己的乡间宅邸，他们会到处散播欢乐，也会带着父亲般的关怀拜访农民，分享农民的乐趣。诚然，这些人属于少数有理性的人，在哪个国家都不多，但是到哪儿还能过上比这更有益或更理性的生活？

外省的礼仪比较简单，道德也更纯洁，尽管像英国一样，家庭自豪感让每个村子里最高贵的那户人家成了那个村的王室。待到这些人真正造访王宫时，却也只是带回了王宫的愚蠢。此外，在法国，妇女没有英国人共有的那种做作傲慢的举止。她们的行动更自由,性格也更果断,甚至更慷慨。卢梭还教会了她们注重个人卫生,这在其他地方并不多见。她们的卖弄风情不仅更讨人喜欢,也更自然。她们不至于为不满的感觉所苦,因此她们虽然确实不如英国人浪漫,[1]可是她们中的很多人却有着细腻的情感。

也许正是在相对无所事事的状态下——从事并非维持生计绝对必要的工作——心灵才得到最好的磨练。那些属于个人的优雅才可以立刻感受到,却形容不出,然而维护自由需要获得实质性的美德。我们当然希望,在法国人付出劳动,使自己变得更加可敬之际,他们不会变得不讨人喜欢。

---

[1]　通常以为法国人浪漫,英国人刻板,此处沃氏的看法正好相反。也许她所以为的浪漫的英国女性正是以她自己为代表,性格中有种感性压倒理性,想象压倒事实的倾向吧。

第四卷

第一章

关于八月四日事务的意见。这些事务引起的混乱。内克尔要求议会批准贷款。贷款发布。什一税被废。关于《人权宣言》的辩论。宪法的形成。关于行政权的辩论。通过了暂停式的否决。对反法联盟中暴君的假装和真实的观点。关于参议院宪法的辩论。以和平手段进行改革应该成为每部宪法的一部分。

八月四日那天,议员们向自己的国家献上了无数祭品,激起了热烈掌声,也引发了讽刺的责难之声和不赞成的嘀嘀咕咕。

有人指责这些法令,说它们只为满足议员们赢得民众欢迎的虚荣愿望,就牺牲了几千个家庭的财产。

另一些人则抱怨议会忽视形式,说每一个希望其法令更加成熟的议会都应该以一定的形式指导其辩论。他们不赞成下午开会;不赞成快速讨论议题,认为这样没时间仔细权衡任何一个议题;不赞成议题各式各样;不赞成不断欢呼,认为这样没法平静地讨论。"什么!"他们接着说,"难道永远要以轻浮的态度对待最重要的事情吗?在我们值得被叫作一个民族以前,轻浮曾经是我们的特点。我们的活力永远都在寻找娱乐,一个巧妙的措词就决定了我们最严肃的事,开心的俏皮话永远都是我们争论的替代品。最明智的事我们会用疯狂的办法去做,甚至我们的理智也总是会被这样或那样的细线系于反复无常之上。长期以来国民议会一直因为沉湎琐事,忽视公众事业而备受指责。然而一夜之间,二十多项重要法律却在一片喧哗声中决定下来了。这么短的时间干了这么多的事,实在是太惊人了,简直像做梦一样。"

有人回答:"既然大家都同意了,还讨论什么?普遍福祉不总是不言自明的吗?难道将这些爱国主张宣布出来还不足以证明它们的正当性吗?当第一个人指出对公共利益可以如何表达新的敬意时,他只是说出了大家以前都曾经感受到的东西,所以对大多数代表已经决定、也已得到令人敬畏的国家权威授权的东西,实在没有再讨论或雄辩从而使之通过的必要。议会的操作确实可以更有条不紊,结果却不可能比现在更有利。在那个时候,封建压迫的所有陈旧财物和腐朽头衔似乎都拿来拍卖了,不同等级间的不信任对公共利益而言仍然是件好事,因为它刺激了各个等级向彼此做出让步。"

没有被八月四日的热情冲昏头脑的外省贵族和教士感到特别委屈。那些新近晋升为贵族者不喜欢在他们受到王公般尊敬的城镇里再次和平民混迹一处,人民则渴望行使自由,他们开始捕鸟猎兽,而不管这些畜类对尚未收割的谷物是否搞了什么恶作剧。贵族的让步似乎激起了他们本应平息的复仇,因为平民通过焚烧城堡来发泄愤怒,而这些城堡早就合法拆除了其封建的防御工事。

教士们尤其抱怨说,他们的代表在投票放弃教会私有财产时大大越界了,因为他们不认为什一税属于封建终身制。同样,缺粮少食也使人民对目前的委屈叫嚣不已,未来的舒适和体面无力安抚他们现在的情绪。因此,所有人都拿起了武器,三百万人身穿军装,显示了这个国家人民的天性,以及他们现在再也不想在压迫下卧倒苟安的决心。很多过激行为是这一突变的结果。有一件坏事众所周知，那就是在某些情况下，人民会成为溃败分子的工具。为了达到煽动国民对革命不满的目的，这些溃败分子会不断利用各种诡计。

保护个人财产是人的本性，无论这人处于野蛮状态，还是生活在社会中。政府鼓励这种精神是明智的。只要人民还有兴趣支持他们赖以生存的政治制度，法国目前的例子就证明设立常备军的不当。国民议会意识到了这一点，就请民兵和市政当局尽力平乱，以制止动乱对人身和财产施暴。议会特别要求他们采取最谨慎的措施，不要让无所事事和无法无天的人阻止运送小麦和面粉的车队，因为有几起最致命的骚乱都是由此引发的。

于是，八月四日的法令就被提请审查和解释。对于很多自夸的牺牲，有人试图否认其本质。但是讨论被打断了，因为还有更紧迫的事要处理。国家的现状令人震惊，大臣们不知道该怎样在新的责任制下采取行动，于是前来议会陈说法律已经失了效，法院也没了活动，他们要求议会立即指出必须采取的强制措施，以赋予行政当局它所丧失的影响力。"因为，"大臣们说，"无论是国王希望改革、你们希望永远禁止的那种弊端唤起了人民恼怒的意识，把人民引入了歧途，还是对普遍新生的宣告动摇了社会秩序赖以生存的各种力量,或者不管原因是什么,先生们,事实是,公共秩序和安宁几乎在国家的每个地方都遭到了破坏。"

内克尔后来解释了财政的可悲状况,包括支出如何庞大,农产品收入又是如何减少的。据此他以国王的名义要求议会批准三千万里弗尔的贷款,以便履行约定,并支付未来两个月必不可少的开支。他推测到那时宪法应该差不多已经制定好了。他还认为放债人的爱国心是不可靠的,因此他建议将一些投机的诱惑加到他提出的百分之五的利息之上,以使放债人尽快下定决心。他进一步推断,在议会推动宪法形成,以确保国家未来的安宁并提供一份永久收入的同时,私人利益也有助于国家平静下来。

这项提议激起了雷鸣般的热烈掌声。一名议员提议,应该立即在内克尔在场的情况下为贷款投票,以示议员完全满意。另一名议员则提出愿意拿出六十万里弗尔做担保,并在自己的省里筹集贷款。兴奋是如此具有感染力,虽然它只是肉体的感觉、动物精神骚动的结果,但也证明,要使自己不至于对他人产生本能的信任,使其以对原则的尊重取代对人的盲目信任(即使是最有能力之人),也可能还是需要相当长的时间,之后人们才能习惯于谨慎行使自己的权利。要想把一个人数众多的议会提升到这种平静庄严，提升到能压制一时情绪的永久尊严的状态，可能还需要更高的理性。

拉利-托伦达尔赞成采取措施，获得贷款，以满足政府的一时之需，因为这种需要已经变得极为紧迫了。他驳斥了几位代表反对批准贷款的意见，这几个人说，他们的指示严令禁止他们在宪法形成前批准任何税收或贷款。米拉波站在反对贷款的一边。他虽然能力很强，天才卓越，却没法不嫉妒那些低能者，只因为后者吸引到了最少的一点欢迎。他以似是而非的言辞，肤浅薄弱的论据反对贷款。他还隆重建议议员们提供个人信用，而不要背离指示的字面意思。这是一个假装无私，或者说虚假爱国的例子，意在让人民佩服他，实际上却把国家拖入了新的尴尬中。

贷款计划提交给了负责撰写财务报告的委员会审议。委员会承认有立即提供贷款的必要，但是同时也认为，目前要想获得贷款，无需把内克尔提到的那个额外好处作为必要的诱饵。于是议员们又热烈讨论起来，甚至还带着个性，最后贷款的利息被定在了百分之四点五。贷款要想从他们不敢割断的绳套中钻过去，就得在八月四日法令的庇护下得到批准。

然而,结果证明无效,因为在三个星期内,只有两百六十万里弗尔获得了认购。这一延误使得议会不那么顾忌地通过了另一项新的贷款提议,和上次没有希望获得响应的贷款不同,这次的利率对国家不太有利。或者说形势所迫,议会只好屈服,并把获得贷款的方式留给行政权,尽管他们以前反对这么做。不过鼓励银行家和持币者对新政府产生足够的信心,促使他们站出来支持新政府,并非易事。此外,先前的讨论已经将谨慎变成了胆怯。财政状况越是令人绝望,怀疑就越强,这就给临时救济制造了不可逾越的障碍。

八月四日通过的法令提出废除封建附庸制,现在,在敲定其确切条款时,关于是否应该包括什一税,议员们以最诚挚的态度讨论了起来。反对废除什一税的意见不仅巧妙,而且合理。*西哀士神父的话很有道理,他说:"什一税不是对国民征税,而是一种租金,目的是对现在的财产拥有者给予适当补贴,而非向财产的实际所属人交钱。"因此,他坚持认为"如果必须做出牺牲,也

---

* 有个法国作者说:"值得注意的是,什一税的**神圣权利**从来没有被人坚持过,甚至本次辩论中的教士阶层也没有对其予以坚持。然而一年前,当同一个问题在爱尔兰议会中被提出时,重点却放在了什一税的起源这个粗糙想法上。"

应该向公众牺牲，从而减轻人民的负担，而非使业主们富起来，因为一般而言，业主们已经是社会上最富的一群人了"。他建议议会保持警惕，以免被打着热心幌子的贪婪所欺骗，从而把国家引上奖励贵族而不是补偿贵族的道路。事实上，为了获得实在的利益，地主们只是放弃了那些过时的特权，他们本来也是几乎不敢行使这些特权的。迄今为止，社会的构造实在邪恶，为了救济穷人，必须先使富人受益。当前的问题相当微妙：废除什一税会去掉一个长期以来悬挂在劳动人民脖子上非常沉重、讨厌的障碍物，然而对于这个问题，希望的解决方案是不要给贵族带来巨大的金钱利益。尽管在物质上不可能立刻向全社会做出牺牲——因为不动产的业主，尤其是租赁人，不可能不使自己毫无痛苦地赎回什一税。这么做几乎会停止农牧业的发展，更不用说会影响农业的改良了。而农业改良对法国是如此必要，以至于它被看成自由的果实——但是，如果对原来的地主逐步征税，就能阻止贵族在虚假地牺牲特权的过程中，借由自己被高度赞扬的无私而成为大赢家。因为对所有不动产①而言，它们都应得到补偿。相对于令人讨厌的

———————————

① "不动产"的英文原文是 real property，字面意思是"真正的财产"。

封建终身制,例如个人劳役,以及其他那些贵族自己都羞于列举的一个人亏欠另一个人的东西,什一税是一种充分的补偿;或者更恰当地说,什一税是种明确的利润,除了对那些心里怀着巨大遗憾和自己羽毛分开的人而言。这些人之所以显得比其他人高级,靠的正是这些羽毛的装扮。将善恶分开确实很难,但是免除什一税有益于国家。然而,教士们中断了辩论,他们直接放弃了这项权利,表示愿意相信公众能公正地发给他们一份必要的津贴,以支撑其职能的尊严。

因此整个讨论到十三日就结束了,因为其他条款无需太多争论。议长于是请示国王,国王收到了他的新头衔,还有这些法令。他对法令提了些反对意见,但是议会认为法令实际上就算得到了他的批准。*

一个由五人组成的委员会被指定在宪法制定前先整合一份《人权宣言》。上文已经提到有人认为不应该发表这份《人权宣言》,此事似乎还须进一步考虑。也许此处应该区分一下哲学家和政治家的性格。哲学家致力于促进人类的福祉和完善,其观点超越了作为观察

＊　可以注意到的是,人民的满意和特权阶层表现出的不满是绝对不对等的。

对象的时代；而政治家的职责则是关注他所生活的那段时间的改善和利益，他不会为了将来的完美或幸福牺牲现在的舒适。如果这个定义是公正的，那么哲学家自然就是个被动者，政治家就成了主动者。因为尽管仁者——无论其头脑是何种类型——感受到的最强大的愿望之一是大声宣告自由的伟大原则，使其迅速扩散开来，但是他一想到要服从这个冲动，就会发现自己置身于两块岩石之间。真理命令他说出一切，智慧却对他低语，让他暂缓，而对正义的热爱最终会使他跳出这些谨慎的约束。人类在经过了对人性认识的启蒙后，难道不应该害怕以当代人的苦难为高昂代价去购买后代的利益？

《人权宣言》在通过之前经过了异常激烈的辩论。在对各项条款进行考察时，各种各样的问题都提了出来，延长了讨论的时间，造成争论升温。关于宗教的条款尤其引起了议会的注意，局面一度出现混乱——这样的混乱经常令议员们的审议蒙羞。不容忍的情绪发声了，甚至某些修正案因为措辞矛盾，无法在《人权宣言》中找到一席之地。这些修正案的加入证明，议会中的大多数人仍在被偏见左右，仍在对最大程度的自由心怀敌意。但是，人只要不侵犯其邻人也享有的同样权利，自由就是每个公民不可分割的权利。*议会里最明智的那部分人主张不应提及宗教，除非宣布宗教信仰自由是与一切言论自由相同的权利。只有当宗教采取了某种形式，产生了效力，并与法律发生冲突时，宗教才能接受民事的审判。即便到了这个时候，刑罚禁止的也只是犯罪的行为，而非消极的意见。

在这份《人权宣言》中，有一篇非常庄严的序言介绍了政治自由和公民自由的原则。它宣布："由于对人权的无知、忽视和蔑视乃是引发公众不满和政府腐败的唯一理由，因此议会决心以一份庄严的宣言重新确立人自然、神圣、不可侵犯的权利，以使这一宣言持续存在于全体社会成员面前，能够不断提醒他们的个人权利和义务，使其随时有权将立法和行政当局的行为与所有政治机构存在的目的相比较，以便有可能增加他们对这些机构的尊重。未来这份宣言的存在，也可以使基于简单和不可辩驳的原则建立起来的公民的抗议，总能够达到支持宪法、促进全社会福祉的目的。"

在将制定宪法作为长期工作前，议会先是料理了一

---

* 见第十条："任何人都不应因其意见——甚至是宗教意见——受到骚扰，只要他对这些意见的表达不扰乱由法律建立起来的公共秩序。"

些临时事务，以恢复公众秩序，使法律生效。而法律之所以失效，是因为遭到某些行事猖狂之人的侮辱。这些人仅仅因为远远嗅到了自由的味道，就对自由的期待陶醉不已。

第一个问题自然落到了以下这件事上——国王应该在立法机构中占据什么样的权力份额？对于那些理论上都是政治家的人而言，这是一个重要的考量。他们中的很多人都曾在国王、大臣的绝对权力统治下遭过罪，现在也仍然痛感于此种压迫，蔑视那个向这种统治授权的权力。另一方面，主张王权不可剥夺的盲目狂热者，尽管为这一措辞［"王权不可剥夺"］感到羞耻，却通过对广泛的国王特权所带来的好处极尽赞美，并对英国宪法及其他政府形式作出相当乏味的评论来煽动他们那一派的想象力，而他们这么做明显是为了展示他们的博学。最吵闹不雅的辩论接踵而至，让议会看上去似乎是为争吵而不是为审议而召集的。最坚决的一个分裂由此产生，并且从此开始在不同称谓、不同原则下，动摇着"参议院"，如果立法会或议会值得叫这样一个庄严的名字的话。

在讨论立法机构的法案是否应该得到国王的批准时，各种无关主旨的问题，还有其他一些被过早提出的问题都和主要问题纠缠在了一起，以至于要想对辩论作出简明扼要的描述，就很难不给这些问题以一定程度的合理性，然而那种粗鲁无礼、大声的个人化争吵方式似乎能毁了这点合理性。很快，在议会中，肺活量就比合理的辩论更为必要，因为它能让演讲者镇住众声纷纭的混乱，让那些只想宣布自己意见的人也能听到别人的意见。这样一来，谦虚者不再有机会被人听到，尽管他们的说服力就在嘴边。而米拉波若想以他雄辩的口才和公正的思想引人注意，固然要靠他惊人有力的组织思想，也要靠他给自己的每句话加以雷鸣般的强调。

就国家而言，法国人无疑是这个世界上最能言善辩的民族。无论他们支持什么观点，他们生动的情感都能为其增添热情。他们伶牙俐齿，虚荣心使他们不断想要表达情感。但是除了选词精到以外，他们并不考虑这些情感有何价值。他们只想说，不想听。他们是最不耐烦的听众，他们会大声咳嗽，哼哼，拿脚蹭来蹭去消磨时间。他们在议会里不仅把本民族的礼貌丢到了一旁，还把人类共有的礼貌约束也都丢到了一旁。当他们生气时，礼貌很少能代替理智。一丁点矛盾就能将他们点燃，本来四分之三的时间都应该用于严肃的调查，他们却浪费在了无谓的激烈争吵中。同时，议会两侧走廊里的掌声和嘘声也加剧了骚乱，刺激得那些虚荣之辈越发想要登台表演。一切都是为了激发感情，都只是为了得到他人的崇拜，于是人民的利益屡屡牺牲于那种想要取悦人民的欲望。人民对国王的感情也被完全扭转，以至于他们似乎不愿意让国王在新宪法中享有任何一点立法权。

利昂古尔公爵就国王作为政府的一部分将要享有的权力份额提出了几个问题。第一，为使国民议会颁布的法令具有实际的法律效力，是否需要得到国王的批准？第二，国王是否应该成为立法机关的组成部分？英国人采用"御准"（royal assent）一词作为肯定表达，法国人却宁愿用否定来表达同样的权力行为，他们选择了拉丁词 veto，意思是"我禁止"。这就构成了问题：如果君主被授予否决权，否决权的范围应该有多大？它是否能坚决阻挠立法机关通过的法律的执行，还只是暂时将其中止，直到经过新的选举，向人民提出上诉？

在这种情况下，议会的行动似乎表明了其头脑不清，或者完全不了解混合政府的性质。要么是问题没有价值，要么就是国王没有用。拉利-托伦达尔、穆尼埃（Mounier）和米拉波都主张绝对否决权。米拉波说："对政体的存在而言，要想有序地履行职能，有两种权力是必要的：意志和行动。所谓意志，是指社会制定的所有规章制度都应该为同一个目的——全体人民的利益——服务。所谓行动，是指执行这些规章制度。公共权威的行使可以使社会战胜相反的个人意愿可能产生的障碍。大国人民无法行使这两种权力，因此就需要有代表来行使意愿权，即立法权，还需要有另一类代表来行使行动权，即行政权。"

他还坚持说："国王只有拥有这种权力才能有用，才能制衡立法机构。立法机构中的多数人可能会以最专制的方式实施暴政，甚至会在参议院驱逐那些胆敢阻挠自己所不赞成的措施的议员。在一个软弱君主的统治下，只需一点时间和口才就可以建立起一支贵族军队的合法统治。如果王室权威在贵族手里只是变成行使其意志的被动工具，那么贵族将有可能使人民重回过去的堕落状态。

"因此，正如议员是人民在某个时期选出来的代表，君主就是人民的永久代表及安全卫士。

"没有人反对国民议会的否决权。事实上，这只是人民赋予代表的一项权利，使其能够反驳所有那些想要重新确立大臣专政的提案。如此一来，为什么还要反对君主的否决权？这无非是人民特别赋予君主的另一项权利,因为君民在阻止贵族的建立方面利益相同。"

他接着证明:"只要立法机构还受人尊敬,国王的否决权就不会造成伤害,尽管它会对立法机构的审议形成有益的制衡。而且,鉴于王室影响力有增无减,一个常设议会足以抵消国王的否决。"他最后说:"让我们每年召开一次议会吧,让大臣们负起责任来,让虽然没有任何具体限制而事实上却非常有限的王室批准权成为国家自由的象征以及人民践行自由的最宝贵方式。"

很多议员在遭受了绝对权力被滥用的痛苦后,都不敢将任何绝对权力托付给立宪君主。他们反对否决权,唯恐这项权利会麻痹国民议会的运作,会让旧内阁的专制主义卷土重来。讨论延伸到了议会外,那些谈论组建新政府时只念着旧政府的人以同样肤浅和热情的态度对待这个话题。人民现在由头脑发热的人领导,这些领导者发现获得人气的捷径是对自由大唱赞歌,就开始在自己的政府里寻找某种程度的自由,尽管这和他们目前的举止不符,更何况他们本来就不知道什么叫自由。因此,反对否决权竟然成了爱国主义的标志也就不足为奇了。米拉波除了支持否决权,从来也没能提出更有力的证据,但是他坚信这符合他所提倡的人民的利益,同时他又在冒失去人民支持的风险。

事实上，公众的意愿如此坚决，以至于几乎不允许提否决权这几个字。而议会为了走中间路线，就在考虑了宪法的其他一些他们认为与王室特权有密切关系的重要内容后，通过了临时否决权。

当然，一些最明智的代表肯定已经意识到了临时否决权的失策。他们只能对这一措施表示赞同，因为他们怀着这样一个理念，即，人民的思想还没有完全成熟到能彻底改变政府的地步。要想从绝对的专制主义过渡到完全的共和主义，政治上仍有保留君主制影子的必要。一位代表说："给否决权规定一个期限，就等于最终迫使国王执行一条他不赞成的法律，使他成为一个盲目被动的工具，从而在他和议会间挑起一场秘密战争。简而言之，这么做的意思就是不给国王否决权，只是有这种想法的人没有勇气公开说法国不再需要国王罢了。"

然而，自从革命开始，法国的苦难就源于领导者的愚蠢或手腕，人民被他们刺激得太过冒进了。他们虽然从根本上拔除了偏见，但是其实他们应该允许这些偏见逐渐消失。举例来说，假如他们允许国王享有绝对否决权所承诺的政府份额，他们就能让国王从不受控制的权力巅峰缓缓降落，而不至于让他感到他在下降过程中失去了多少立场。这种和他从前的威严相似的权力可以让国王感到满足，或者说，可以让他不至于摔得太狠，从而能够耐心服从其他约束。国王可以不用那么丢脸，人民也可以得到更多好处。从经验中可以看出，也可以预见到，议会在这个问题上的决心是造成他们和宫廷及大臣间不断争吵的一个巨大根源。大臣们有意让国王明白，他被树立为偶像，仅仅是为了接受立法机构假装的尊重，直到这个机构能够把人民完全掌握在手里。

如果真能确定路易十六——或者更确切地说是王后——能够如此温顺地忍受权力的缩减，那么这项措施就还算谨慎，因为在道德上可以肯定的是，君主制会随国王的消解而自然终止。但是，在刺激了国王的自尊心后，现在又怕他会有权干扰议会的工作才真是愚蠢至极。此外王后骄傲躁动的劲头广为人知。从她过去生活的整个基调来看，她很可能会想方设法再让那些最放荡、最顽固的人组阁，朝臣们自然也会谋划夺回他们的权力。为了让阴谋快点实施，我们后来发现他们投票通过了一笔巨额资金，那笔钱足以像操纵提线木偶那样操纵数百个腐败的法国人。必须承认，他们的荒谬和缺乏判断力似乎比那个穷凶极恶的宫廷随后的作为更应受到谴责。

制宪委员会认为，有争议的否决权与当时的国民议会无关。国民议会作为一个制宪机构，有责任确保宪法得到接受，而不是批准。这份报告有种低能的神气，读起来令人难以置信。因为如果议会决心迫使国王接受其法令，他们最好以恰当的尊严告知国王这一点，并为国王从一个毫无用处的职位上退下来做好安排。相反，议会就像是把国王从王位上推了下来，让他遭到了残忍和轻蔑的对待。如果议会能允许国王拿着三分之一的津贴退休，那至少还是坦诚的，也可以说是宽宏的。这笔钱他们后来确实投票给了他，不过那时候他正在以戏剧里的国王形象出现，不仅激起了庸人的怜悯，还给欧洲暴君们的干涉提供了辩护的借口。解放一个被囚禁的君主是一个看似可信的动机，尽管暴君们真正的动机显然是阻止原则的进步。因为这些原则一旦被允许扩散开来，最终削弱的将是他们自己暴政的基础，并会推翻欧洲的所有宫廷。暴君们此刻假装只想恢复法国的秩序，解救一个受伤害的国王，而其真正目的是粉碎一窝刚刚出生的自由的幼雏。

　　每一个曾经认真反思过德意志宫廷所作所为的有识之士一定都曾有过类似想法，即，战争是糟糕的政府制度的自然结果，因为在过去的几个世纪里，德意志宫廷实际上早就破坏了欧洲的安宁。他们有军队的支持，没有战争就没有老兵。他们的强大和他们活着的乐趣——那只不过是在仪式的模子里浇铸出来的一半乐趣罢了——都来自人民的苦难，都依靠人民鲜血的滋养。他们将人民成批地赶去屠杀，冷静地将其献祭，就像残酷野蛮的罗马人观看职业角斗士们捉对厮杀的可怕场面一样。一想到这个，人的大脑就会立刻产生反感，对整个帝国产生厌恶，尤其是对那些胆敢吹嘘自己多么英雄主义，对正义多么尊重的政府，因为它们不仅容忍，还鼓励了这种暴行。

因此，在心怀同情、意见一致的欧洲君主看来，应该放弃国王。或者，如果有必要迎合国民的偏见，还让法国人有个最最信奉基督教的国王——或者说"大君主"（grand monarque）——在他们面前吞食肥鸡或松鸡来娱乐他们，就应该允许这位国王享有一部分自由和权力，从而形成一个始终如一的政府。这于理公平，于政策也合适。这样能够防止众声喧哗招来众多敌人，阻碍法律的理性处置。而理性的法律在宪法中涌动流淌，如果允许它逐渐改变人民的行为方式，它将能和平地瓦解专制。可是，如果真的授予国王否决权，有可能带来极大的不便，因为宫廷早就习惯了肆无忌惮地行使权力，就不太可能在只拥有合理特权的情况下心满意足地与立法机构合作。

此类担心议会可能有过，但是他们要么是受到了一种可笑的骄傲的影响，不愿以尊重特权的英国宪法为榜样，要么就是被人民吓坏了，因为在漫长的辩论中，人民曾令其震惊，他们表达了自己的意愿，甚至递交了一份禁绝清单，谴责否决权的拥护者们为叛徒，理应处死。无论如何，议会决定采取一种折中之道，结果非但没能安抚人民，反倒激怒了宫廷。议会先前已颁布法令说国民议会应该成为一个永久的常设机构，不应在每届会议完结时解散，现在他们就决定，国王的否决权只能用来在两届议会中间的那段时间暂停颁布某项法律。哈宝说"这条法律的智慧是举世公认的"，但是它的愚蠢也值得举世谴责。

从议会的组成方式看，议员们恐怕不能长期维持他们事业刚开始时的尊严，因为有一群人当初就激烈地反对三个等级的结合，现在仍在以满腔仇恨和狡猾伎俩反对真正爱国的议员提出的每一项举措。同时，这些人还间接得到了那些不真诚和不坚定者的支持。而这些不真诚和不坚定者，除了最可憎的自私——这种虚荣或贪婪的产物——以外，并没有指导自己行为的其他动机。

谁最能满足群众的粗野愿望，他们就站在谁那边。同时群众这个失去了束缚的群体一旦突然进入公民权和自然权的科学领域，就都成了完美的政治家。他们开始操控一个分裂的议会所做的决定，而这个议会早就被内讧弄得胆小怯懦了。

除此以外，还有很多情况使得任何想要抵消这种影响的努力变得困难重重。三级会议召开时，整个宫廷派，以及贵族和教士中占很大比例者都在反对第三等级。而第三等级尽管人数与其他两个等级相当，却必须与世代根深蒂固的偏见作斗争。宫廷只想设法镇压第三等级，而且如果士兵们的举止就像这类人通常那样盲目狂热的话，那么单支军队就足以完全搅乱第三等级的观点。内阁的这种行为，以及其针对人民和被人民当成偶像的代表的残暴阴谋暴露后，激起了全体国民的怨恨和复仇，麻痹了一切权威，也使由此产生的法律变得可鄙起来。要想反对这股汹涌的民意，需要最开明的谨慎和最坚定的决心。因为民意就像激流，大雨过后，它会不顾一切阻力，将所有障碍都裹挟在它汹涌的胸腔里一路向前冲。

如此多的智慧和坚毅很少落到任何一个国家头上，更是几乎不可能落到堕落易变的法国人头上。他们或骄傲或无知地决定不走任何一条政治路线，而是采取一个只适合文明程度达到最高阶段的制度——一个旨在瓦解政府，使政府所有运作都陷入尴尬境地的制度。这个错误是如此严重，以至于对它只能报以最严厉的批评。那些没有追踪过理性进步的脉络，也没有计算过人类智能到底能达到何种完美程度的人，会认为这个计划是乌托邦，但它其实可能最不适合法国这个堕落社会。同样，革命的仰慕者们的努力并不持久，几乎不能指望他们有足够的美德支撑一个政府，至少他们担心政府维持的期限会很短。那些所谓的经验人士更是认为这在物理上是不可能的，也没有任何论据让他们足以相信这是可能的。于是他们把任务留给了假装的爱国者和狂热者，使得对原则的厌恶又新添了一层。尽管如此，原则仍在不断前行。凡事都须顺其自然，真理的加速发展有可能证明迄今为止任何论据都无法证明的事实。

《人权宣言》为自由奠定了基础，它的前三条包含了自然自由、政治自由和公民自由的伟大原则。首先，在权利方面，它宣称人不仅生来自由，权利平等，而且永远都会如此，因此公民间的差别只可能建立在公共事业的基础上。其次，所有政治团体存在的目的都是维护人的自然权利和不可侵犯的权利,也就是自由、财产、安全和反抗压迫的权利。第三,国家是所有主权的源泉,任何团体、个人都无权享有任何并非从国家衍生出来的权力。第一条确立了人的平等,从根本上打击了所有无用的差别;第二条保障了人权不受压迫,维护了人的尊严;第三条承认了国家的主权,确立了人民的权威。这些都是一个好政府的基本要点。国家只有在确立了这些要点并在公民心中获得了庄严认可后,才有必要在形成政治制度时小心防范行政部门滥用职权。同时国家还应该同样谨慎地不去破坏政府的效率,因为政府的公正、活力和及时性都取决于此。当宪法的结构搭建起来时,其余条款都是对这些权利的性质和意图的解释,应该对这些权利予以更多关注,因为它们是宪法的基础。

在定义国王的权威,或者更确切地说,决定国王不应享有权威(除非扰乱立法的选择值得叫作"权威"),议会以同样不假思索和无知的自以为是就两院问题进行了辩论。两院的反对者不认为任命一个议院去重新考虑另一个议院的决议有何政治智慧,他们嘲笑权力制衡的想法,并列举英国政府滥用权力的例子来加强他们反对的分量。同时他们担心宫廷贵族会搞一个类似英国上议院那样的世袭制参议院,或者害怕贵族们至少想给自己争取个终身席位。这对议会决定每两年选举一次代表来说至关重要，因此议会想迅速解决这一问题。贵族内部的分裂加速了这一进程，也加强了平民代表的论点，后者发现自己可以利用教区牧师的支持，但是教区牧师支持议会团结的愿望很快就被教士阶层中的大众演说家们的观点背叛了。所有这一切都要求对这个以最混乱的方式挑起的两院问题做出决定。

米拉波希望证明，关于议会永久性问题的决定预判了两院问题。制宪委员会提出的参议院计划只会激起新的忧虑，让古老的九头蛇再次抬头。他们把参议院看成新贵的摇篮，是对民众暴力的危险对抗，会继续助长偏见，造成人与人之间的不平等，并让专横的激情不断发挥作用。迄今为止，这种激情已经造成人类的堕落。为了显示他们之前的完全无私，也因为害怕权力的行使会变得随随便便，会成为对社会成员而言不必要之事，他们一致投票决定，对每一届立法机构而言，代表都应该完全换人。"立法机构"是他们给代表们召开的会议起的名字。

事实上，贵族们远没能团结起来支持两院制。这个等级人数众多。为了达到特权上的平等，他们需要全体同意选举上院为整个贵族阶层的代表，但是宫廷贵族和古老家族私下却想独立出来，以获得高于平民的地位，同时还将暴发户贵族保持在适当距离之外。他们早已不耐烦地想把这些新贵挤走了。另外有一个嫉妒的理由是：据说四十七位率先加入议会的贵族现在都将得到奖赏。简而言之，不同派别间毫无根据的恐惧和更为可鄙的虚荣心现在都在支持建立一个不可分割的参议院，于是议会多数对这个问题的决定是不实行两院制。公众对此非常满意，他们也只想有一个议院，而且渴望程度几乎就像他们反对否决权一样强烈。

议员们之所以反对设立上院以促进社会福利，是因为他们相信上院会成为新贵们的避难所，也因为他们完全不明白上院的作用，或者说不了解相关的思想。封建制度的压迫仍然存在于人们的头脑中，先前他们被教导要将自由平等当成新宪法的主要恩赐来期待，因此他们认为将立法机构一分为二不符合他们所期待的自由平等。一提到两院，似乎就颠覆了革命，又把他们带回到过去那种不同等级的负面争论上。至于恐惧为何会退化成软弱，只能说是因为人民还在回忆他们才刚刚摆脱的过去的种种残忍奴役。对那些奴役的回忆，以及最近为了证明自己是人所采取的那些斗争所激起的怨恨，都在他们热情的想象中制造出了无数恐怖，以及有关新的危险的奇异形象，使他们无法充分行使理智。因此，为了让人们相信新机构的正当性，点燃新机构的支持者的热情，再没有比证明这个新机构和旧政府的支持者所拥护的制度完全相反更有必要的事情了。

至于赋予政府行政部门以绝对否决权，这么做是否明智可能会受到质疑，因为这似乎是赋予个人对抗全体人民意愿的权力，不过这种荒谬过于明显，不值一驳。然而，只要王冠还是取悦大众的必要装饰品，就有必要维护其尊严，以防自负的贵族阶层把所有权力都集中到自己身上。只要野蛮人的行事风格保持不变，这就似乎还是一条方便之计。野蛮人天生爱好玻璃和珠子，只要这些东西能和他们自己制作的粗糙材料形成鲜明对比。

在知识对礼仪的逐渐影响下，服饰和政府似乎都变得朴素了。由此可以推断，人在获得人格尊严之后，娱乐活动也将来自更理性的来源，而不是国王的排场或宫廷的浮华场面。如果说迄今为止这些东西都由幼稚无知来支撑，那么它们的影响力将会随着人的理解力接近成年而消失。人类既然越来越聪明，就会想要寻找社会的坚实优势，就会想以足够的警惕关注自身的利益，因此政府行政部门的否决权将会变得毫无用处。尽管在没有原则、胆子又够大的首席治安官手里，可能会变成一个危险的工具。在为代表制政府制定规划时，似乎只须注意一件事，那就是不要草率决定，不要将危险、不明智的措施变成法律。这些措施是由那些太想在人数众多的议会里出风头的大众演说家鼓动的。在能够简化政府原则、传播有关政府原则的知识之前，我们有理由担心大众议会有可能为迷人的雄辩术所左右。一个既不明智又不道德的人也可以雄辩，因此对宪法的制定者来说，给恶提供一些制约只不过是谨慎行事时的一种常见预防措施而已。

此外，在这样的理性状态下，很可能会出现一个控制议会的派别。它会违背智慧的指引，将国家引入最危险的无政府状态的动荡中。因此，制宪议会应该将主要目标锁定在采取某种有益的手段以防恶作剧从这样的源头流出上。一个明显的预防措施是设立第二议院，或者叫参议院，它可能不受以上所说派别的影响。至少可以肯定的是，它的决定不会被同一群演说家所引导。如果两院开展业务的方式不同，两院制的优势将会更明显。让人数最多的那个议会成为最活跃的议会，就可以给另一个议会更多时间，以权衡任何行动或法令可能产生的后果，从而防止那些不便之处，或者至少是其中的很多不便之处——它们是仓促行事或派系纷争的后果。

旧政府的这种制度是可以改进的。一般而言,年轻人的思想更有激情、活力和创造力,因此政治上明智的做法是将参议员的年龄限制在三十五岁或四十岁以下。这个年龄段的人最有可能已经经受了某种日常事务的锻炼,因而变得更贤明、更稳重,更能决定众议院的政策是否正确,行动是否明智。

的确,革命时期的法国还不可能立即实施上述所说的改进措施,毕竟贵族的影响力还很可畏,所以制宪议会不应分割。议员们在多少熟悉了立法事务后,就应该为上院准备好参议员。所有未来的立法机关都应该分为参众两院。即使达不到规定年龄,也可以允许国民议会的议员当选参议院议员。在政府根基未稳之前,不需要此类限制。即便政府根基已稳,仍然可以允许上一届众议院的议员返回参议院担任参议员。

道德家常说人类对自己的性格最不了解,法国人就是如此。不会有人像他们一样需要制约,再加上他们还完全缺乏政治学的经验,因此所有拥有良好理解力的人一定都清楚,仅凭上述计划,他们就能避免很多致命错误。

国民议会最初的努力确实很慷慨,但是议员们的品格太轻浮,在没有被激情点燃时,无法维持同样的英雄主义;又太浮躁,不能以庄重与尊严支撑突如其来的辉煌。此外,议员们的虚荣心难以餍足。他们对无私行为的错误估计固然暴露了他们感情上的天真,但这还不是这个不幸国家所遭遇的最小的不幸。他们的心被玷污得太早,无法找出和千百万人交流的最佳方式,告诉后者什么是自由。他们的头脑又太缺乏算计,无法制订一个符合时代知识状况的切实可行的政府计划。总之,他们似乎是从书本里挑选了一些只适合文明达到完美境地以后被运用的规则。

国家革命本应循序渐进,因为在暴力变化或物质变化中,与其说施政的智慧取得了成功,不如说是施政通过适应社会大多数人的缺点而受到欢迎,从而取得了成功。人最容易被那些有关人人平等的独创性论断迷惑,而这些论断又总是被平民政府的各类领导人加以利用。

如果有最聪明的理论家或人民的绝望信徒利用我们本性中的这个弱点,其后果即使不是出现最可怕的无政府状态,也一定会对社会造成破坏。当一个国家的成员不受实际知识的指导,每个人就会自制政治计划,直至到处一片混乱,国家也会因追求那些天才哲学家的设想而陷入悲惨境地,而这些哲学家对完美政府体系模式的勾勒早就超出了他们生活的时代。因此在法国,休谟对完美联邦的构想,除了少数例外,就被制宪议会采纳为新政府的模式,但是其实只有当文明达到较高的完美程度且知识传播比现在更为普及之时,这个构想才有资格被采纳。毫无疑问,这一选择来自那些没有机会就实际自由获得知识的议员。诚然,一些议员提到了美国人对英国宪法的改进,但是绝大多数议员轻视经验,希望立刻形成一个更完善的体系。这种自负导致法国的无政府主义者向人身自由、财产和所有其他社会认为神圣的东西发起了攻击,犯下可怕的暴行。

在我看来,以上这些沉重的思考似乎提供了无可辩驳的论据,证明所有以人民幸福为奋斗目标的政府都有必要将和平变更权力作为其宪法的基本原则。

尽管如此,如果过早将最聪明的头脑制造出的崇高理论付诸实践,仅仅因为没有立刻取得成功,就给了肤浅的政治家们一个机会来谴责这一理论的荒谬虚幻,那么提倡推广真理和理性的人们也不应感到绝望。因为当我们思考政府在科学方面取得的缓慢进步时,我们不免会想到,当初甚至连英国的宪法体系都被一些最开明的古人认为是人类头脑所能孕育出的最崇高的理论(尽管这样的理论不能简化为实践），那么今天这些真理和理性的倡导者们更不应松懈，而应继续努力使一个较为简单的政体走向成熟，因为它会给人类带来更多平等的自由和普遍的幸福。

第二章

对否决权的看法。妇女们向公众献上自己的饰品。关于波旁家族的西班牙分支能否统治法国的争论。国王针对八月四日法令所做出的举动。法国人的虚荣心。关于在凡尔赛宫安置一千名常备军的争论。个人提供珠宝和盘子以弥补贷款不足。国王将其全套盘子送到铸币厂。内克尔建议每个公民放弃四分之一的收入。米拉波有关此事的演讲。他对全国的讲话。

在国民议会决定立法机构应该由一个单一议院组成，每两年更新一次后，议会似乎又对这项法令的不当产生了怀疑。可是他们不给自己时间去理解从民众中产生参议院的做法，反而试图消除一些温和派人士的恐惧。这些人担心如果不经制衡，一个冲动的议会做出的决定可能会产生不良后果。但是议会向他们保证，因否决而产生的拖延就是一种充分的制衡。他们将国王的否决权视作国民意志的反面原型,说君主有责任慎重审查议会制定的法令公正与否、智慧与否,并通过行使自己的权力,防止仓促制定任何不利于公共利益的法律。人类真是太容易构造论点,以掩盖自己愚蠢行为的平庸特征。一个精致的理论无论看起来多么可行,当帝国的幸福取决于它的成功时,遵循理论的做法都很危险。国民议会在这一伟业中行事如此鲁莽,甚至都不想先弄明白"批准"一词的确切含义。

如果国王代表了国民的消极意愿(国民议会说他代表了),如果国王拥有确保这一意愿所必需的最高智慧和节制(假设他没有呢),那么这个错误就太愚蠢了,蠢到无须置评的地步。我只想以常识的名义发问:为什么国王的否决权要具备暂停立法的作用?

事实很明显,议会没有足够的勇气拿出果敢的态度来。他们知道国王和宫廷不可信,但又没有将其完全放弃的大度。他们理所当然地害怕贵族的堕落和势力,但又没有勇气以一种能够击败贵族未来阴谋并抵消其势力的方式来塑造政府,尽管他们面前有美国十三州的榜样,而且他们关于自由的那点实际知识也完全来自于此。但是,不,法国的复兴必须引领全球的复兴,法国的政治制度必须成为宇宙中所有自由国家的典范!"自由万岁"是唯一的呐喊,零星琐事进入了每一场辩论,同时整个国家欣喜若狂地欢呼黄金时代的肇始。

在这场讨论中,不甘心被罗马贵妇超越的法国妇女站了出来,为国家利益献出了自己的首饰。这一公共精神的新榜样也在第三等级中展现出来,第三等级的女性是匠人的妻女,她们是最先放弃自己女性骄傲的人,或者说她们让一种虚荣心取代了另一种虚荣心。然而,献祭是以戏剧般的优雅进行的,议会也以十足的绅士风度不断为其热烈鼓掌。

同样的中断还有一次,只不过性质更严重。当时,议会先是一致宣布国王人身神圣不可侵犯,王位不可分割,王位继承永久排斥女性,应由统治家族的男性以长子继承的顺序世袭,之后一位代表提议说,在会议继续进行前应先决定"统治西班牙的家族分支是否可以统治法国,尽管它已经通过最真实的条约放弃了法国王位"。

几位最受人尊敬的议员表示,此事极为微妙,现在插手未免不明智、不必要,也嫌轻率。米拉波就是这样认为的。当他发现有大量时间可能会被浪费在无聊的辩论和可鄙的激烈言辞上时,他试图通过抛出一个新问题来尽快结束这件事,即"不在法国出生者不能统治法国"。

但是，没有什么能阻止这一主题演变为接连三天的骚动。这种延续要么是因为一方的恐惧，要么是因为另一方想搅乱议会，阻碍宪法的形成。米拉波对路易十四的性格做了几番严厉而公正的评论，认为是其野心导致了当前有关王位继承的争论，他还严正斥责了路易十四对待国民如同酋长对待私产的态度。他认为将来如有困难出现，国民将有能力对其做出判断，也有平等的权利决定继承问题，例如选择一种新的政治制度。

虽说通常情况下议会都爱忽视合理政策的建议，蔑视温和，但现在却变得谨慎无比。一些代表认为如果惹恼了西班牙宫廷，会有将西班牙贸易拱手让给英国人的危险；另一些代表则预料如果对王位继承不可变更这一点产生怀疑，会导致国内出现问题。最后，他们决定在声明中增加有关君主制的说明，说明他们颁布的这项法令并非意在预判放弃王位继承的后果。

正当议员们在议会里解决这些问题时，难缠的贵族和教士却在谋划阻止国王同意颁布八月四日的法令。在仔细审查"批准"这个词的含义前，议会就已经提出想要得到国王的批准。但是宫廷利用了这一含混，让国王假装误解了这一要求，说他以为议会只是在征求他的意见，而非询问他的意愿。于是国王用一份备忘录而非一个简单的单音节字①答复了议会。他说他大体赞成这些决议的精神，但又或多或少对每一项条款都做了些调查。他权衡各种利弊，指出了预防和修改的措施，因为在他看来这些措施是趋利避害所必需的。他特别反对废除某些租赁，因为它们固然可以替代个人劳役，可是现在已经变成了实际财产。他提出废除什一税可能会伴随某些困难，还暗示，在阿尔萨斯拥有财产而且是通过条约获得这些财产的德国王公可能会对这种侵权行为感到不满。针对最后一项反对意见，一位议员答复说，长期以来，阿尔萨斯省的居民都在德国王公的特权重压下不堪忍受，大臣们的纵容又使重压每天都在加码，因此该省的居民在其指示中增加了一条，明确要求废除这一令他们陷入绝望、迫使他们不断背井离乡的破坏性制度。有几名代表希望将国王的答复提交给一个委员会审查，然而绝大多数代表却坚持认为，八月四日的法令不是应该由行政权执行的新法，而是应该在宪法形成前就必须予以清除的滥用，因此要求立即将其公布。为此他们决定让议长去觐见国王，请国王立即下令颁布法令，同时向国王保证，国民议会在分别审议每项

① 是或否。

条款时都会对国王提出的意见给予最谨慎的关注。

这一紧急请愿达到了预期效果，国王于九月二十日答应了他们的请求，批准了他本不赞成的法令。

这是制宪议会公然言行不一的第一例。至于国王，长期以来他已经习惯于伪装，从来都只会屈服于抗议的压力，无论抗议来自何方，他以罪恶的不诚实态度承认自己是个无足轻重的人，这就为他的毫无用处奠定了基础，因为他下令颁布的法令是他认为与正义不容的法令，他知道这些法令可能会使法国的君主制陷入与外国君主的不悦争执中，而且此时正值和平对平息国内动荡尤为必要的时期。

如果说一位首席长官能对国家产生任何影响，那么他的智慧应该体现在其行动的尊严和坚定上。但是，如果他被认为是正义和荣誉的源泉，实际上却连普通人的能力和慷慨都不具备，那么在有判断力和常识的人的眼中，他该是何等可悲啊？如果宪法的制定者创造了一种必须不断与自身发生冲突的力量，那么他们就不仅破坏了自身结构的支柱，还撒下了对真理和道德最具破坏性的疾病的种子。

在服从了这一强制要求后，路易十六发现自己已无权可用。他似乎不觉得临时否决权有何价值，但他还是决心演好角色,让自己现在的行动看起来显得真诚,虽然他真正的目的是暗中支持反革命分子,如果可能就一走了之。不过与此同时,他还是尽量利用了临时否决权,而不透露自己的秘密想法和意图,以防造成旧制度的彻底混乱。在议会的愚蠢和国王的口是心非之间,很难确定到底谁更应该受谴责。如果路易十六为人缺乏品格,被一个毫无美德的宫廷掌控,那就等于证明朝臣们会利用一切阴险手段恢复旧政府,并且如有可能,还要恢复他们从前的荣华富贵和骄奢淫逸。因为尽管他们已作鸟兽散,但是全法国,不,全欧洲都知道,他们的不同派别之间一直都在保持联系,而且这些派别的计划是由失望者中最阴险的那个人①来组织协调的。因此,在米拉波看来有一点很明显,那就是应该把国王争取到人民这边来,让他把自己当成人民的恩人,以便把他从阴谋集团中分离出来。但是在这方面,米拉波不幸被否决了。议会所表现出的慷慨与胆怯、智慧与顽固愚蠢的混合,乍一看似乎矛盾,让每一个不了解法国人性格的人都要质疑那些不可否认的事实是不是都是真的——这些事在造成革命的重大事件的进程中接二连三地快

---

① 指卡隆。

速发生了。对局势的肤浅一瞥使我们无法解释这种矛盾，因为那几乎是不可能解释得了的。但是我们必须始终牢记，虽然法国人的政治计划由一种半通不通的狂野理论指导，但是法国人的情感却仍然受到那种古老的骑士荣誉感的支配，故而他们的所有行动都弥漫着某种程度的英雄浪漫主义。他们身上那种虚假的慷慨不允许他们质疑一个人是否真诚，因为他们觉得自己是在给那人施恩。即使他们不原谅此人意在破坏他们最喜爱制度的阴谋，他们也还是会对他表现出很大的宽仁。

　　这也许就是虚荣的特点：迷恋思想，其程度取决于自己和这些思想的孕育相去多远，相去越远就越是迷恋，直到这些思想被自然而然的原因带入大脑，让大脑相信它们是多产的自我快乐而自发的流动。思想的辉煌使人的判断力黯然失色，人被热情和自足催促着前进，就像海上一条没有压舱石和舵手的船会被每一阵风催促着前进一样。如果将这个比较更进一步，则可以设想暴风雨恰在此时出现了，人被混乱的旋涡吞没，狂妄使他深陷其中，而那条没有准备好抵挡飓风的船也会被大海汹涌的浪涛掩埋。

　　法国人是现在所有活着的人里最虚荣的，能让我们说出这话的情况时有发生，此处也必须坚持这一点。因为他们一旦掌握了某些哲学真理，说服自己世界应该感谢他们的发现，就似乎忽略了其他一切考量，而只想着自己采信的那个东西。这么做造成了很多恶。不过，法国当然应该感谢国民议会确立了很多自由的宪法原则，因为这些原则必将大大加快公众思想的改善，最终催生一个完美政府，也就是他们现在以致命的鲁莽妄图立刻建立起来的政府。

对宪法其他条款的审议不断被中断，不是因为议会管辖权内的事务过多过杂，而是因为缺乏恰当的安排。很多时间都浪费在了辩论议题的选择以及审议的顺序上。当天的事务总是不得不让位于偶发事件，而那些准备好讨论一个问题却不得不转向另一个问题的人，也在某种程度上失去了思考的益处和活力。这种活力和一时的热情不同，是用来支持深思熟虑过的意见的。

关于在凡尔赛宫驻扎一千名正规军的问题，议会里发生了两三次小争论。国民自卫军的指挥官申请市政当局的许可，指出保护该镇、国民议会和国王人身安全的必要性。这种必要性在公众看来并不那么明显，事实上，这个要求似乎是在有意挑起骚乱，而骚乱正是国民自卫军勉力防范的对象。米拉波说："当私下信息或紧急情况有需要时，行政方无疑有权在任何特定地方扩展军力,市政府也有权要求部署自己认为必要的部队。"但他感到奇怪的是,大臣们怎么会把一个秘密托付给市政当局而不告诉议会。可以想象议会至少也会像他们一样急于采取一切预防措施,以保护凡尔赛和国王的人身安全。没人理会这些中肯之言,同样遭到忽视的还有巴黎市长的一封信。信里通知议会说,巴黎很多区都在抗议让正规军进入凡尔赛以威吓国民自卫军的做法。同时,以国王的名义写给议长的一封信也被扔到一旁,不置一评。这封信通知议长说,国王已经采取了各种必要措施,以防国民议会所在地发生骚乱。

贷款仍然筹措不利,一些人慷慨解囊,为了满足国家之需,献出了自家的珠宝和金银餐具。国王也不顾议会劝阻,将自己丰富的收藏送进了铸币厂。这种行为是否出于无私——说仁爱是荒谬的——很值得怀疑,因为如果国王逃走了(他当时正在考虑逃走),那么他的藏品一样会被没收。自愿献出还可赚得民心,能暂时掩盖他的逃跑计划,把公众注意力从加强警卫转移到国王的爱国心上。

这些捐献连临时供应都几乎无法满足。与其说它解了国民之急,还不如说它使国民感到有趣,而且也提醒了那位大臣,让他想出了一个新办法。这个没有能力为国家利益制定任何宏伟计划的内克尔,此时却指望弥漫于各式各样、各行各业的人群间的普遍热情。他把财政的毁灭性状况摆在议会面前,同时提出,解危纾困的唯一办法是要求公民贡献出他们收入的四分之一。议会对这一提议大为震惊,但是米拉波相信,人民现在会按自己代表的要求给予代表们所需的一切。因此,他生动陈述了国家的危急状况,说服议会通过了这项刚刚提出的唯一拯救计划,因为他坚信这是唯一能使国家免于破产的权宜之计。"两个世纪的破坏和掠夺,"他惊呼,"已经挖出了一个巨大的深渊,很快就要将国家吞没了。必须填上这个可怕的深渊。都同意了!挑那些有钱人,让牺牲落在少数人身上。但是你们要速速决定!有两千名显贵,他们有足够的财产恢复你们的财政秩序以及国家的和平繁荣。行动吧!毫无怜悯地献祭这些受害者吧!快把他们赶进深渊,深渊会在他们身上合拢。你们在恐惧地后退!你们这些怯懦又矛盾的人!你们难道没有看出,在你们宣告国家破产或是干下另一件更为可鄙的事,也就是让破产成为不可避免时,你们会被比这可耻一千倍的事所玷污吗?"

对这段话的翻译不可能完全展现出米拉波雄辩的迸发;此外,对激情最有活力的诉求被冷静细读时,它总会失掉一半尊严，或是显得缺乏理性的支持。再没什么比激情更容易产生信念了，激情像是来自天堂的光，温暖我们的同时也照亮我们。然而，这种效果一旦过去，一种类似恐惧的东西就会紧紧抓住曾经被它强烈影响过的头脑，让这个头脑害怕会被出卖给愚蠢，同时一种模糊的羞耻感也会拉低先前高涨的精神。

从这次讲话的整个基调可以清楚地看出，米拉波是认真的。他把这项计划看作一个英雄主义的行为，认为它能使革命崇高，还能为国民议会赢得持久的荣誉，因此这激发了他的想象。这次即兴辩论也许是现代最朴素、最高尚的雄辩，丝毫没有掺杂米拉波的刻意之作中常有的那类修辞——这些修辞往往将他的长句构造得很巧妙——那是一个天才的艺术。他建议议会借机向选民发表讲话，因此他被要求准备一份讲稿供议会参考。

这篇向全国发表的演说委实是一篇杰作。但它是书面文字，目的是劝说，而非立即表明观点，压倒反对意见，因此包含了更多说理，以及更巧妙的——虽然不那么强硬的——对激情的诉求。尽管这个权宜之计似乎是愚蠢可能犯下的最疯狂的错误，但是对其粉饰掩盖的论点还是应予以保留。

指望一个人把他收入的四分之一拿出来，并在十五个月内由他自己估算收入，是在指望美德，然而美德只能由热情产生。所有古代的英雄行为都是在当时所临险境的刺激下产生的，法国人也具备这类美德。然而，尽管当前这个计划为法国人提供了一个证明他们爱国心的极佳机会，他们却不予回应。因为这个计划是性情使然，而非原则作用的结果，于是自私就有时间找出一个似是而非的借口逃避它，虚荣心也很少愿意让自己的善行藏在日常的措施里。

既然国民议会迁往巴黎是革命史上的一个转折点，那么用米拉波的讲话来结束这一章似乎就恰如其分了。

"国民议会的代表们需要暂停工作，将国家的需要摆在选民们面前，呼吁他们以爱国主义精神支持一个处于危难中的国家所要求施行的措施。

"伪装等于是对你们的背叛。有两条路是开放的，一条是国家大步迈向最辉煌的显赫，另一条是国家一头跌进不幸的深渊。

"就在几个月前，一场伟大革命的计划似乎还是空想，然而现在，它已经在我们中间发生了。不可预见的情况加速了革命的势头，顷刻间就推翻了我们古老的制度。它不给我们时间支持我们必须保存的东西，或是取代我们应该摧毁的东西，相反，它立刻就用废墟包围了我们。

"我们支持政府的努力是徒劳的，致命的麻木扼杀了政府的所有权力。公共收入已经不复存在；当我们的恐惧和希望各占一半时，信贷也无法获得力量。社会力量在放松后的反弹削弱了整架机器；人和事，决心和勇气，甚至是美德本身，都失去了张力。如果你们的合作不能迅速恢复政治体的生机与活力，那么再伟大的革命也将连同它带来的希望一起毁灭，再次陷入崇高的努力原本试图将其拖出的混乱之中。那些对自由仍然保有一份不可征服的热爱的人们，将拒绝让品格低下的公民享受重新戴上枷锁的可耻安慰。

"自从你们的代表将他们所有的对抗和矛盾的利益都埋葬在了一个公正而必要的联盟中，国民议会就在努力为共同安全制定平等的法律。议会修复了巨大的错误，打破了无数使人性堕落的奴役的链条，还点燃了人民胸中欢乐和希望的火焰。人民才是大地和自然的债权人，但是他们的尊严早已被玷污，心中早已失去希望。议会恢复了法国人长期以来隐蔽含混的平等，确立了国民为国家服务、享受国家保护、获得国家奖励的共同权利。简而言之，依你们的指示，议会正在一个认为人权不可剥夺的不变基础上，逐步建立一部像自然一样温和、像正义一样持久的宪法。宪法的制定者因缺乏经验而造成的宪法的不完善处，未来会很容易修补。我们不得不面对世代根深蒂固的偏见，同时又被伴随着巨变而来的千万种不确定因素所扰。我们的后继者面前将有一条开拓好的经验之路可走，而我们却只有靠理论的指南针在无路可走的沙漠中跋涉。他们可以在和平中劳作，我们却不得不顶风冒雨。他们将会知道自己的权利及权力的边界，却不得不收回前者，修复后者。他们将巩固我们的工作、超越我们，这是怎样的回报啊！当此之际，谁还敢给法国的雄伟设限？谁不会因为希望而振作？谁不庆幸自己是这个帝国的公民？

"然而，财政危机正是如此。在这一系列伟大的事物能够找到中心之前，国家正面临解体的威胁。税收的停止已经驱逐了铸币，千万种情况加速了铸币的外流。信贷的源头已经枯竭，政府的车轮几乎停滞不前。如果爱国主义不上前一步，向政府施以援手的话，那么我们的军队、我们的舰队、我们的生存、我们的艺术、我们的贸易、我们的农业、我们的国债，以及我们国家自身都将迅速走向灾难，那时她将只能从混乱和无政府的状态中获取法律。自由将会在我们眼前一晃之后永远消失，只留下我们在痛苦中哀叹自己不配拥有它。而令我们羞耻的是，在宇宙的眼里，邪恶只能归咎于我们自己。我们的土地如此肥沃，工业如此发达，商业如此兴盛，繁荣的手段又如此之多，可是我们的财政又为何如此不堪？我们缺少的并不只是一个夏天战争的花费，还有我们的自由。即使胜利已经证明是毁灭，自由难道不是还比那些毫无意义的战争更有价值？

"克服现在的困难后，我们非但不会给人民带来负担，还会很容易改善人民的状况。削减开支，而不必消灭奢侈；实行改革，而不必使任何人变穷；压迫性的税收要减少，对关税的评估要公平，收支间的平衡也必须恢复；由我们充满警惕的监管机构维持的秩序必须持久。这些都是在让你们感到安慰的远景中分布的目标。它们不是不实的幻想，而是真实、可触知的形式，是能够证实的希望，是服从于计算的事物。

"但是我们的实际需要——也就是公共力量的瘫痪，今年和明年还需要的一亿六千万——怎么办？总理的提议是让每个公民都拿出一定比例的个人收入，作为决定国家命运的杠杆。

"既然存在立刻满足公众急需的必要性，还不可能迅速调研摆在我们面前的这个计划,因为我们害怕进入计算的迷宫,同时在总理的提议中,我们也没有看到任何有违我们职责的东西,那么我们就听从了良心的指令,并假定这也是你们良心的指令。在我们看来,国民对这个计划的倡议者的感情是计划实现的保证。我们宁愿相信总理长期的经验,也不愿相信我们的投机意见的指导。

"对个人收入的估价将会留给每个公民的良知,因此这项措施成效如何取决于你们的爱国心。当国家正从奴役的虚无中挣脱而出,走向自由的创造时,当政策即将与人性合流,就要一起展现国家未来命运不可思议的辉煌时,邪恶的激情难道会反对国家的伟大?私利难道会阻挡国家的起飞?拯救国家难道还不如个人的一点捐献重要?

"不,这样的疯狂在人性中并不存在,甚至连激情也不会听从这种诡诈的算计。革命给了我们一个国家,如果它不能将某些法国人从麻木不仁的状态中唤醒,那么至少国家的安宁——这是个人安全的唯一保证——也会对他们产生一些影响。不,一群被关在工作场所之外的穷困公民大声疾呼,想要得到无能的怜悯;或者被解散的士兵结成饥饿的武装抢劫团伙;或者财产受到侵犯却不受惩罚，甚至连个人生存也在遭受威胁……所有这一切并不会发生在普遍颠覆的旋涡里，或是监护权力的退化中。相反，恐惧和悲伤就蹲守在每个家庭的门口。残忍和自私者将无法在如此复杂的不幸中平静享受他们不让国家拥有的财富。在这场普遍的灾难中，等待这些自私者的唯一荣誉将是他们应得的普遍谴责，或是那种将会腐蚀他们心灵深处的无用悔恨。

"啊！我们有多少最新的证据表明，公众精神让所有成功变得如此容易！国民自卫军，那些为保卫国家、守护安宁和维护法律而武装起来的公民军团，是以多快的速度建立起来的呀！四面八方都在慷慨地模仿。村、镇、省都把特权看作可憎的荣誉，为了使国家富裕起来，他们放弃了自己的特殊优势，并以此为荣。你们都知道，时间不允许把纯粹的爱国主义情绪支配下的相互让步编成法令。无论是什么，只要它是某些成员拥有却让其他成员抱有偏见的，那么每个阶层的公民都会急于将它还给大家庭。

"最重要的是，自从我们的财政陷入窘境，爱国主义的捐献就在不断增加。王位率先垂范，我们仁慈的君主因其美德而使王座的威严更加令人尊崇。哦，您是如此值得人民挚爱，您是国王，公民，高尚之人！您只要看一眼环绕在您周围的壮丽，将它变成国家的资源，它就都会属于您。您所牺牲的奢侈品为您的尊严增添了新的光彩。法国人对您神圣之身的热爱虽然会令他们对您的损失窃窃私语，但是他们的情感却在为您的气度喝彩。他们将模仿您的美德，在公共事业中追随您的足迹，以他们的慷慨来报答您的恩情。

"有多少因炫耀而凝聚成堆的无用财富将融化为流动的繁荣之水！个人谨慎的节俭将对国家的复兴做出怎样的贡献！有多少祖先用虔诚之心积累在我们庙宇祭坛上的宝藏将会舍弃其藏身的黑暗之所，却又不改变其神圣的命运！宗教说：'这是我在富足的时候留出来的，患难的时候再由我分发是合宜的。我不为自己，借来的光彩不会给我的伟大增添毫厘，我是为了你们和国家，为了向你们祖先的美德致敬，才向你们征收这项荣誉的贡品。'

"谁能不受这样的榜样影响呢？这是怎样一个展示我们的资源、呼唤帝国每一个角落都伸出援手的时刻！哦，要防止那种耻辱，那种违背我们的约定，我们最神圣的约定，从而玷污自由之诞生的耻辱！还要防止那些可怕的冲击，当它们推翻最坚实的机构，粉碎最稳固的财富时，它们会将法国掩埋在可耻的飓风的悲惨废墟下。

那些离首都有些距离的人是多么错误地罔顾那些将公众信仰、国家繁荣和社会契约联系在一起的环节啊！说出"破产"这个臭词的人，难道不是一群凶残的野兽吗？怎么还能说他们来自公正自由的人类社会？当一个人受到良心谴责时——因为毒害百万同胞的恶行中也有他的一份——到哪儿还能找到一个敢于直视自己同胞眼睛的法国人？我们还是那个让敌人见证过我们的荣誉，现在却要用破产来玷污自己骄傲的荣誉的国家吗？难道我们要授人以柄，让他们说我们恢复了自由和力量，却只是为了毫无顾忌地犯下连专制主义看了都会脸色发白的罪行？

"难道就因为这场糟糕的恶作剧没有预谋，它就能成为抗议的借口吗？啊，不，我们就要分散到欧洲各地去的遇难者的哭声将会淹没我们的声音。那就行动吧！希望你们的措施迅速、有力、可靠。驱散笼罩在我们头上的阴云吧，因为它的阴霾正在将恐惧播撒到法国债主的心中。如果恐惧爆发，它对我们国家资源的破坏将会比最近肆虐在我们各省的可怕瘟疫更为严重。

"我们行使职能的勇气怎样才能得到更新！那是你们托付给我们的职能。当我们终于能够不受干扰的时候，我们将会以怎样的精力制定宪法！我们已经发誓要拯救国家——它是评判我们痛苦的裁判,而它正在毁灭的边缘颤抖。一时的牺牲已经足够,那是为了公共利益而不是为贪婪所付出的牺牲。难道这就足以轻松弥补一个被政治奴役所玷污的时代我们力所不及的过错和失误吗?想想其他国家为自由付出的代价吧:血流成河,漫长的苦难岁月,可怕的内战。他们已经证明他们配得上这自由。在自由光荣诞生前,到处都是如此!但是对我们来说,什么都不需要,只需要牺牲金钱。而且即使是这种粗俗的献祭也不会让你们穷困,因为金钱将会重新回到我们手里,它会丰富我们的城市和土地,增加我们民族的荣耀与繁荣。"

第三章

关于新的物资筹集方式的思考。还没有建立起公正的税收制度。纸币。逐步改革的必要性。

在这场危机中,身为大臣的内克尔既想让人民满意,又想满足国家的需求,他的任务当然相当艰巨。公众本来就在大声抗议旧政府没完没了的要求,现在更不可能再爱上新的负担或是耐心忍受它。然而,对金融家来说,既想满足政府的紧急需求,又不想采取任何具体、确定的方法,总是愚蠢至极的。因为模糊的措施永远都会产生赤字,其后果对公共信贷和私人舒适最为有害。

一般说来,人在有了一笔数额确定的生活费后,会把收入的一部分看成是理应交给政府的,因为政府为他提供了保护和社会福利。这部分收入在他每笔收入中所占比例通常都是相同的,为了向政府缴税,他将这部分储蓄起来,然后才开始心满意足地享受剩余部分。但是,如果一个软弱的大臣或是反复无常的政府要他多交一笔钱——因为税收已经无效,而且无效的原因要么是一些政府成员无能,要么就是税收都花在了消费品上,而且消费还和预算不符——那就扰乱了他的家庭经济计划,还有可能造成严重不便。

一个人若收入有限、家里人口众多,他不仅要勉力养活家人,还必须以最谨慎、最严格的态度做出一切安排,因为一点小小的损失就可能使他欠债,并最终导致家破人亡。事实上,富人很少想这些最残酷的不幸,因为多几块钱少几块钱对他们无关紧要。然而穷人,甚至是中等收入者,却有可能因为这种情况而破坏整个生活计划,并在今后的所有日子里都因为不断和金钱的烦恼做斗争而痛苦不堪。

政府应该保护人民而不是压迫人民,政府的索求必须有规律,因此征税的方式对政治经济和个人幸福来说都是至关重要的。迄今为止,还没有哪个政府建立起一套公正的税收制度*,因为每个国家中落在公民头上的政府支出的份额都很不平等。也许还无法使其完全平等,除非将所有赋税都征在土地上,那是一切生产的源泉。

在这种情况下,法国人对自由事业的热情很可能会有利于建立一个新的、永久的金融体系。有能力、有魄力、掌控国民信心的大臣也许能成功地建议由议会来直接管理国家财政,然后再努力在这一财政规模上筹集贷款,并通过立刻采买物资的方式,或许能让新政府获得人民的尊敬,因为这些物资不仅是维持政府所需,也是使之运转起来所必需的。

---

　* 在荷兰,几乎所有税收都以消费税的形式收取。在法国,先前的税收基本都是国内税,但是自从三亿里弗尔[法国古代货币单位名称之一,又译"锂"或"法镑"。——译者注]的土地收入,以及五亿八千万里弗尔的房屋收入作为和平建设的模式树立起来后,因为以当前的情况看,这个数额太大,无法获取,近年来法国的税收就在很大程度上失败了。在美国,近年来联邦政府税收的唯一来源几乎就是关税,也就是说,来自进口货物,且以两种办法操作,一是鼓励国内制造,二是不鼓励其他国家的制造。英国的关税则不仅向内收,也向外收。在消费税方面,主要是内收,在印花税方面,内外兼收,同时对固定货物及内部消费(比如盐)也征税。

遇到国家内乱，或者在大动乱时期，有钱人通常最胆小谨慎。为了保住金钱，即使牺牲点个人利益他们也愿意。因此可以假定，法国的有钱人不会乐意认购内克尔提出的各项贷款，除非担保很明确，或者投机的利润很大。但是如果谨慎的高利贷者崇拜的守护神内克尔能对国民说"在移出者①的财产之外，还有价值四十七亿里弗尔的财产。立刻将其占为己有吧，并在出售的同时，将其作为你们想要的贷款的担保。这一公正而有尊严的措施不仅能解决你们当下的生活所需，还足够你们完成以前的大部分任务"，那么就不需要米拉波的雄辩了。理智自会把事情办好，人民自会为了自身利益而去促进公共利益，而不会让英雄主义的浪漫起飞把自己弄得晕头转向。

一个国家的直接需求和持续需求必须始终得到满足，因此财政主管应该谨慎地通过预期来满足需求，而非坐等赤字。政府一旦拖欠付款，就必须增加税收来达到收支平衡，否则国家只能求助于纸币。但是经验表明，这种权宜之计总是非常可怕的，因为增加债务只会扩大罪恶。而不断增加的债务就像滚雪球一样越滚越

---

① 指革命开始后逃离法国的贵族。

大，很快便达到一个惊人的规模。只要掌权者还想维持政府，还想为公民提供安全和舒适，那么每项债务不可避免地越积越多的国家就应该采取一切公正的措施来保证利息安全，并为本金提供资金。因为债务就像那种能把一切物质石化的东西一样，债务增加，会阻碍一切进步，会将贫穷那令人胆寒的痛苦散播开来，直到邪恶挫败一切权宜之计，造成大崩溃，产生一种新秩序，最后连同旧秩序的废墟一起，将成千上万的无辜受害者彻底压垮。

贵金属被认为是一切有价符号中最好的，它有助于商品交换，能满足我们的需求。它于我们的舒适而言永远都很有必要，因此人类共同认可它为交换的标准。因为不容易积累，因此金银本身的价值是一定的。相反，纸币是危险的便利品，除非它由一个运转良好的政府管控。即便如此，发行纸币也应极为节制和睿智。明智的做法也许是，纸币的发行范围应该和一国中商业及商业中实际的物种数量一致，但是商业精神本身就在于信贷的过度扩张。一个国家在政府建好前发行的纸币一定会贬值，而随着纸币变得不稳，原先流通的金银会消失，每一种贸易品和所有生活必需品的价格也会涨到奇高。

这些都是法国大臣本应考虑到的，对此他也本应采取果断的措施。根据一七九二年的一份报告，国债利息为两亿五千五百三十九万五千一百四十一里弗尔。内克尔在一七八九年五月一日的一份记录中指出，国家的收入为四亿七千五百二十九万四千里弗尔，支出为五亿三千一百五十三万三千里弗尔，如此就有五千六百二十三点九万的赤字。何况在革命造成的动乱中，税额是不可能定期缴纳的，甚至根本就不能指望它定期缴纳，因此债务及国家的需求都会必然增加。

每一个政府的信用在很大程度上都取决于它的财政监管，而要使新制度稳定下来，最稳妥的办法就是做出安排，确保及时付款。没有一位大臣能像内克尔这样可以如此得力地采取措施，为法国增光，使欧洲受益，使当时的人民幸福，也使子孙后代得利。自从纸币的膨胀制度（如果将公共信用比作囊袋，那么此刻囊袋已经完全吹胀，一颗大头针就可以将其戳破）发明以来，没有哪个时代像此刻的法国一样面临如此有利的形势，能够完全将纸币推翻。原本法国的财务状况可以通过革命获取这些优势，然而它忽视了形势，也就丧失了大部分优势。

这样的错误牵涉千难万险，证明了渐进改革的必要。因为如此可以避免光明突然照到一个被黑暗蒙蔽的民族身上，毁坏其理解力，而光明的到来本来是应该引导人民的理解力的。内克尔的头脑能够消耗的能量本来就少，再加上他还要对其加以限制，因此他习惯采用的路线就排除了他在广阔范围内看到模糊线条的可能性，尽管这些可见物为计算提供了数据。国民把一项他没有足够才干胜任的事业托付给他去领导，似乎是在想象中设想了一个尚未实现的前景。当希望徘徊在那个夺目景象的边缘时，这景象却被最凶险、最巨大的云层遮挡住了。

这些罪恶从一开始就伴随急剧而庞大的变化发生了。哲学和道德方面的进步极其缓慢。所有突如其来的革命也都会被突如其来地推翻，一切打回原形，甚至变得比原先还不如。政治学的进步比哲学和道德的进步还慢，但是法国革命是进步的。它是人类思想的一场革命，它只要求一个新的政府体系适应这种变化。这点大多数人都没想到，当时的政治家只顾从一个极端狂奔到另一个极端，而不去想想，即使是在荒野中寄居了四十载的摩西，也只能等到第一代人带着偏见死去后，才能把犹太人带到应许之地的边缘。偏见真是人类最根深蒂固的罪恶。

这不是一个令人气馁的考虑。我们的祖先为我们劳动，我们也必须为我们的后代劳动。正是通过追踪一代人的错误，从发现中获利，下一代人才能站得更高。任何工具的最早发明者几乎都不可能使之达到完美的程度。每一个天才的发现——牛顿的光学除外——即使没有被追随者拓展，也都已经被追随者改进了。那么，政治金融学，这门人类所有进步中最重要、最困难的学科，这门涉及国家和人民的激情、脾气、举止，能够估测出其需要、疾病、舒适、幸福和痛苦，还能计算出从社会制度中生发的善恶总和的学科，难道不需要同样的分级，不应该以同样缓慢的步伐前进到那个能够确保每个人都享有神圣权利的完美状态吗？

人类的虚荣和软弱不断阻碍这一进步，但是进步仍在继续。尽管顽固的法国人致命的傲慢，以及其外敌更具破坏性的野心遏制了这一进步，但是我们仍然可以满意且平静地期待，当愚人和暴君的称呼成为同义词时，一个辉煌的时代终将来临。

第五卷

第一章

国民议会犯了一个错,它忽视了对法国自由的保障。法美两国行为的比较。旧政府一旦被摧毁,新宪法就必须制定。宣布国王不可侵犯是个错误举措。法国不必担忧反革命。国王出逃正在酝酿中。

议会白白丧失了这么多时间,令人扼腕痛惜,因为这是确保国民幸福、使当代人参与到议会中去并为子孙后代造福的最宝贵的时间,不应将其消磨在无政府状态的苦难上。法国已经获得了自由,也已经确定了某些最重要的政治真理,因此它下一个应该考虑的问题是如何保护这些真理,以及如何将帝国的自由巩固在一个随时间的推移只会更加稳固的基础上。

温和节制的人，或者真正的爱国者，会对目前取得的成就满意，也会允许其他成果循序而来。这是能确保得到的最政治、最合理的方式。在这种情况下，法国至少必须与半个欧洲的偏见做斗争，还必须对抗那些反对法国复兴的狡猾阴谋家。为此，议会本该定下的一个主要目标是让国王对变化满意，然后所有革命破坏者的构陷才不会松动哪怕一块基石，从而危及正在建起的大厦。

这是根据实际知识做事的人和完全受理论支配，或者说毫无原则的人之间的区别。在美利坚合众国的国会宣布独立后，美国大多数州在一个月内就形成了各自的宪法，而且没有一个州形成的法律超过三部。当然，这些州（当时还是英国的殖民地）和七月十四日以后的法国之间还是存在巨大区别的，但是这两个国家的相同点是它们都没有政府。美国的敌人在其帝国的中心，法国的敌人则威胁着要发动进攻。然而，美国领导人知道有必要建立某种政府，似乎也已经意识到随后的任何变革都可以轻松实现。相反，法国的国民议员却发现自己处于废墟的包围中。他们的目标是实现完美，但是人民的思想还不成熟。他们还受到一种宽宏无私精神的影响，但是这样一来，他们就不仅播下了最危险、最放荡的精神的种子,还不断激怒着绝望的朝臣。后者本来决心以策略对抗武力,但是没有成功,于是就把未来的一切希望寄托在国王的逃跑上。

这一时期实际确立起来的新闻自由是反对议会的一个成功引擎。对一个以格言警句式的幻想闻名的国家而言,其品位已经被艺术打造得无比精致,乃至丧失了自然的热情。一些议员朴素笨拙的形象和土里土气的步态被拿来与凡尔赛骑士们的宫廷风范和轻松自信作比较,这为报纸提供了一个绝佳的话题。其中的某些讽刺作品写得相当机智,再加上讽刺手法妙趣横生,读者即使发现这些文章间接嘲笑了他所信奉的原则,也忍不住跟着作者一起发笑。于是,最可敬的法令、最重要最严肃的讨论就都被扭曲成了笑话。普通民众被分成两派,一派极轻蔑地将议会说成是一群暴发户和胡言乱语的无赖,另一派则为他们最爱的人[议员]立起新的宝座,并视之以盲目的崇敬,仿佛这些人组成了一个半神的圣会。支持这种滥用自由的行为很不明智。不同派别之间的矛盾本来就已经相当激烈了,但也许时代的情绪根本无法控制。议会尽管很容易就能通过一项关于诽谤的法令,但是时代如此强烈地陶醉于诽谤这种新的愚蠢行为当中。议会对自由的热情高涨,它已经无法区分什么是对这项重要发明[自由]的放肆滥用,什么又是自由的真正用途。于是他们不合时宜地鄙视那些数量不在少数的暴虐的出版物,而不管这些东西在他们就座的议会里就有出售,也没有意识到这些出版物对假英雄的思想产生了何种影响。假英雄们没有原则,只有荣誉,他们甘愿冒生命危险去抚慰痛苦的美人,却不管那美人的痛苦是什么;他们还甘愿冒生命危险去减轻国王的痛苦,尽管这痛苦是由国王本人的卑鄙和背叛造成的。

一个政府垮台后,应该立刻制定新的宪法,也就是说,只要情况允许,应尽快把宪法提交给公民接受。或者,人民应该为此授权代表,为其规定好制定宪法的有限时间。宪法是一个标准,能将人民团结在它周围。宪法还是政府的支柱,是维系一切社会团结和秩序的纽带。对宪法原理的考察使它成了一个光源,理性之光由此照耀,从而逐渐提升整个社会的精神力量。每当政府的车轮发生堵塞,就像任何机器的轮子发生堵塞或运转不畅时一样,都需要更换和改进。随着人民变得开明,这些改进也将变得完美。

国民议会的权威在近三个月前就已得到承认,但是他们一直没能采取坚定的措施来确保这些重要目标的实现。这的确也不像是他们的首要目标。他们似乎不知道，或者至少不担心，人民没有一个既定政府的时间越长，无政府主义者在人民心目中地位就越高，而要再制定一部适合他们任性脾气的宪法就难了。

当一些基本原则已经确定，国家也决定将这些原则作为政体的基础时，启动新政府似乎就没有那么难了。诚然，法国人的很多偏见根深蒂固，仍在某种程度上影响着他们。还有一点可以肯定，他们完全不了解任何理性政府体系的运作，因此阻碍了新政府的启动。但是仍然可以假定，先前《人权宣言》的制定保障了法国人的自由。如果议会能够制定一部宪法，并将其提交给国民和国王（假设国王也被认为是宪法制定的一部分）采纳，那么人民和宫廷间的争端将会很快得到解决，公众在这一点上的注意力也会给议会的程序带来尊严和体面。如果真能采取这样的措施（不采取才真是怪），那么当国王和宫廷发现自己未来的重要性完全取决于他们对理性状态和时代气质的顺应时，他们也许会放弃无政府主义助长的所有荒谬危险的计划，不会想要推翻国家日益崛起的政治结构。

建筑物是否耐用要看其支柱，而不是支柱中间为了支撑结构而插入的小梁。人的自然、公民、政治权利是所有社会幸福的主要支柱。通过稳固确立这些权利，人的自由将得到永恒的保障。因此，很明显，一个国家一旦获得这些重要、神圣的特权，它就应该在这个广泛坚实的基础上组建起某种性质的政府，这是使其特权永久化的唯一可能途径。但是，法国制宪议会根本无视无节制的放荡所带来的可怕影响，还在继续追求浪漫的崇高品格，这对人类的所有法律而言都极其危险。同时议会最感兴趣的关注点成了那些本应从属于他们首要目标的次要之事，这就造成了拖延，后果是致命的。

九月十五日公布了一项法令，规定国王为世袭，帝国不可分割，国王不可侵犯。在所有可以设计的法令中，对法国国家和国王来说，这项法令就算不是最危险的，也是最没用的一个。路易十六从前的生活表现出的种种愚蠢和虚伪令人忍无可忍，遑论予以鼓励。认为"国王不可能做错事"的信条是卑微无知的残余。如果将其纳入法律，成为宪法一部分，那么国王大可利用议会通过的这条法令，掩盖他对国家主权的蔑视。当国王仅仅被一国政府当成一个象征符号时，大臣应该对自己的政治行为负责，这是非常公正和恰当的。但是正当国家要在理性的基础上建立宪法时，又要用一个最大的荒谬来破坏这个基础就是明目张胆的错误了，就像将"国王不可能做错事"的信条用于开明政策会非常可笑一样。事实上,米拉波在为国王的绝对正确辩解时,似乎没有理由嘲笑那些尊教会为绝对正确的人,因为如果政府一定要由虔诚的欺诈来支持,那么国王和教会并无分别。

路易十六的偏执众所周知。不,他的另外两件事更臭名昭著,一是他雇用忏悔神父从自己的良心上抹去了那些他决心要纵容的罪恶回忆;二是他将最卑鄙的装糊涂和对神的奴性的恐惧混为一谈,因为神的第一属性是真理。路易十六在个人和举止方面被奉为庄严神圣、无懈可击,实际上他的兽性得到了王后和阿图瓦伯爵的精心纵容。因为在那些狂欢的时刻,在贪吃和烂醉达到令人厌恶的极限时,他会满足他们的所有要求。这是极度愚蠢的软弱。还可以注意到一点:就在宣布国王不可侵犯之际,他其实很有可能正在和宫廷一道密谋出逃。这里似乎有种怯懦很可鄙,就像议会假装尊严很可笑一样。

真正的坚定,是一件事只要公正合理,就去做,不考虑其他。在欧洲王室看来,法国国民议会确定的王权必须服从于民权这一点,当然是对国王权力不可剥夺这一原则的危险侵犯,是异端。如果这种胆大包天的行为不受打击,它就会破坏王室的特权,还会通过控制王室的无所不能来摧毁王室的辉煌。因此很难指望通过保护路易十六人身不受阴谋和暴力的威胁来平息欧洲王室的怨恨。事实上,让欧洲各王室如此聪明地产生兴趣,以至于吓坏欧洲谄媚者们的,并不是对这个不幸之人生命的保护。不,他们之所以陷入普遍的骚动和激动,原因在于专制主义受到了攻击,遮蔽其愚蠢的那层华丽幕布也正被人拉开。这种骚动不可能不给凡尔赛带来希望。宫廷派已准备好迎接这场正在积聚的风暴,就像一个心急如焚的水手在长期搁浅后,终于察觉到大海的轻微波动和船只的上下起伏,他预见到即将到来的微风,于是他扬起了帆,去捕捉第一缕风。很多旧制度的仰慕者坚持说他们的国王受了冤屈,他们因此深受伤害,于是就都或真或假地表示同情,然而这同情的后果是值得畏惧的。因为尽管当美人不再被神化时,刀剑也不再出鞘,但还是不应该假设法国的骑士精神能在瞬间尽毁。这样一来,毫无疑问就会有一种担心,担心这些人会冒生命和财产的危险去支持他们主子的荣耀以及他们自己的荣誉感。议会让路易十六不必对其任何行为负责,不论这些行为多么不真诚、不公正或残暴,这实际上等于给了路易十六的全体教唆者一种庇护,同时还鼓励路易十六继续虚伪下去,从而放松了他性格中的那点活力——那似乎是被他的不幸激发出来的。

在一个单纯正直的人眼里,政治上错误的宽容并不比虚假的慷慨更危险,尽管后者是明显的卑鄙。此外,如果人民代表仅仅把路易十六当成一个人,他还有可能表现得更像个人。代表们不应姑息,相反,应以庄严坚定的口吻向全欧洲宣布:法国人民虽然尊重他国的偏见,但不会考虑他国的权利和特权。法国人本着为自己着想的态度,认为宫廷和人民之间不可能达成妥协,无论正义还是政策都不要求双方利益有所不同。法国人认为无论自己采取何种措施制定宪法,规范本国内政,都无须对世界上任何其他国家或国会负责。他们视君主为人,而不仅仅将其当作国家庆典时的偶像。他们希望通过建立真理和正义的尊严,给法国人带来稳定的自由,并在法国人的制度中留下一座丰碑,好让一个心怀真诚和表示赞许的国王永垂不朽。尽管他们的想法可能与邻国大相径庭,但是他们仍然希望与邻居友好相处。他们会在巩固人权的同时,沿着永恒的理性之路走下去,并以自身惊人的例子奠定全球自由的根基。迄今为止,这种自由一直局限于英伦小岛,而且即使是在那里,自由也并不充分。

此时,奥地利家族正在和土耳其交战,这迫使前者从弗兰德斯撤出大部分兵力。而情报显示,弗兰德斯人对虚荣的"随风倒"约瑟夫二世在其礼拜仪式上所做的创新极为不满,正在酝酿暴动。相比奥地利宫廷的专制统治,弗兰德斯人更反对约瑟夫二世本人的愚蠢行径。这一情报平息了法国人担心自己会立刻遭到德国袭击的恐惧,再加上他们本来就不惧怕撒丁岛,因此这种安全感让法国人觉得外敌引发反革命的可能性尚不足惧。他们也确实没有正当理由好担心,除非他们考虑到很多年来欧洲政策经常发生突变这一事实。极平静的状态经常会因为一些琐碎的侮辱和无聊的自负而突变为血腥的混乱和惨无人道的屠杀,而且这些突变的原因甚至连个人都会羞于拿它们当吵架的借口。只要宫廷制度还在,这些变化就有可能发生,法国也就不可能胸有成竹地指望和平还能继续。国民议会似乎没有想到这一点,这无疑暴露了他们懦弱的毛病,因为他们只允许自己的行为受到最低程度的忧虑的影响,他们忧虑的是:如果亵渎的手胆敢触碰法国王冠上最璀璨的宝石,欧洲君主就会联合起来取代法国的王冠。

这些恐惧,再加上崇拜国王的旧习已经成了一种荣誉,于是喜爱宫廷也成就了涉及品位之事,或许正是这些成了诱使议会在新秩序中保留君主制影子的隐秘原因。君主制的存续在政治上可能是必要的,因为在废除任何古老形式之前,必须保住从中产生的任何政治优势,并防止因切除赘肉而耗尽自己。但是,如果国王在新制度中的存续有利于规避当前的罪恶,就应该赋予国王必要的权力,以便给政府注入活力。还应该让国王对自己的行为是否正直负责,以使其得到公正的审判。这样后人在评价国王的行为时,就能对王权政府做出公正的判断。

然而,马基雅维里式的狡诈仍在指挥欧洲所有宫廷的行动,而那些政治内奸又太知道议会处于胆怯与狂妄交织的状态。他们只待一个有利时机,就要推翻这座正在崛起的大厦。他们的代理人得到私下指示,想要推动路易十六的出逃。这是在国家政治中制造分裂的最可靠之法。他们坚信对基督教陛下的感情犹在将会有助于他们执行计划。同时宫廷还利用议会内部的分歧,以及议会对自己的宽容,不遗余力地在公众乃至整个欧洲的心目中,培植对国王被贬的同情以及对亵渎王室尊严的憎恶。他们的一贯主题是,波旁家族最温和的一个人竟然沦落到如此可耻的境地,而罪魁祸首就是那些篡夺政府权力、践踏古老而庄严的波旁家族荣誉的人。这些人制约了王位的权威，动摇了专制，然而王位支撑的是最可恶的暴政，专制也在奴役世界上十分之九的居民。对某一类人，也就是那些靠掠夺勤劳和纯真的劳动成果，靠吸吮其鲜血生活的懒人和走狗来说，这些都是惊人的信号。知识的侵入注定会使这些懒人和走狗成为社会上的无用之人，而要想防止知识的侵入，就必须利用巧妙的叫嚣。于是大量软弱善良的人，以及数量更多的无赖，就在这些懒人和走狗的旗帜召唤下聚拢起来。

革命给欧洲宫廷造成的普遍挫折使他们对凡尔赛宫的阴沉气氛产生了强烈同情，他们的所有臣属也都带着毫不虚假的关切，表达了普遍的悲哀。因为少了通常那套娱乐的程序，这种悲哀很容易显得跟真的一样。当国王被他们说服，答应配合他们出逃时，他们又燃起了希望。然而，他们急于加快国王逃往边境的步伐，打算在那里竖起王旗，并利用近在咫尺的德国关系人的急切心理，这在很大程度上成了这一拙劣计划最终落空的原因。

一个早已成形并得到系统执行的计划之所以惨遭完败，很可能是宫廷的固执造成的。因为宫廷仍然心怀执念，坚信公众舆论只是暂时有变。他们以为当新奇事物激起的热潮消退后,人民对王室根深蒂固的热爱会使他们回到他们所谓的职责上来。他们认为巴黎人对士兵的热情接待离间了军队,导致了革命的发生,因此他们决定收复失地,用宴请迷住军队,而非用好客赢得军队的感情。尽管如此,朝臣们因为没有耐心忍受自己的屈辱处境,不由自主地吹嘘而暴露了计划。欢乐的叽喳声说明他们头脑软弱,还那么快就被希望弄得醺醺然。

有人认为,在内阁牢牢控制了国王的人身之后,有必要采取一个预备步骤,唤醒民众心中的忠诚。即使无法完全统一民众的意见,也要造成他们的内部分裂。这样宫廷派就能计算自己的实力,并据此采取行动。为了达到这个目的,虽然凡尔赛先前的宴请都像是在侮辱人民的痛苦,极有可能刺激了人民,造成了巴士底狱的倾覆、整个局面也都为之完全改观的结局,因此激起了不少风言风语,然而宫廷还是策划了另一个娱乐活动来引诱军队,以鼓励军队团结在宫廷周围,而全然不顾饥荒此时已经蹲守在了巴黎城外。原法兰西保安军和有产者自卫军合并后,因为不允许保卫国王,开始表现出不满。他们是觉得荣誉受损,还是希望重新获得保护国王的特权并为此抗争,这一点没有定论。但是很明显,宫廷要么为了方便新军进入,要么就是出于对那些曾经积极扰乱他们最初计划的人的真正厌恶,驳斥了这一愿望。还有一点已经被人注意到了,那就是甚至连市政当局也在要求派遣一个新军团来保卫国王,维护和平。原因就是上述这个小小的争端在报告里变成了暴动,似乎正在威胁着和平。

十月一日国王卫队服役期满,但是还未离开,还在和接替他们的人杂处一处。除此,每天还有大量额外人员加入这支尚未宣誓效忠国民的军队。军官们蜂拥来到凡尔赛,他们的人数在一千一百到一千二百之间,经常一起列队行走。此时的一个普遍话题是对国王命运的同情,以及对议会野心的含沙射影。即便是在这方面,宫廷派似乎也占了上风:一个忠于王室的议长当选了,米拉波关于增兵的抗议被置之不理。

同时,不光新军团的军官,国民自卫军的军官也得到了宫廷的爱抚,市民也更聪明地对士兵们大加关照。内阁没有足够的判断力察觉到人民现在需要的是引领,而非驱使。不幸的是,那些大受欢迎的无政府主义的推动者为了个人私利,极好地利用了内阁判断力的匮乏。这样一来,当一方宣称秩序是如何必要时,他们就像是在努力将奴役的锁链套在人民身上,而另一方则以虚荣的主权观念让民众凌驾于法律之上。人民的这种主权,完善的政府治理之道，只有等国家真正开明起来才能实现，而现在这种主权只会使民众成为暴君，而且是最可怕的暴君，因为民众成了一些人恶作剧的工具。这些人假装服从民众的意愿，实际上却在扮演民众所憎恶的大臣的角色。

第二章

凡尔赛的娱乐活动。国民徽章被踩在脚下。一群女暴民前往市政厅，然后从那里赶往凡尔赛。国王对国民议会的请求所做的答复，他说他将批准《人权宣言》和宪法的头几条。关于此事的辩论。暴徒到达凡尔赛。国王接见妇女代表团，批准《粮食自由流通法》。议会召开。拉法耶特和巴黎民兵一起抵达。暴徒袭击王宫，国民自卫军将其驱散。关于奥尔良公爵行为的思考。

十月一日，由于这些新的筹划，一场盛大的娱乐活动以国王卫队的名义举办了，实际上这场活动是由卫队中的一些主要军官在城堡歌剧院举办的。将一向有爱好自由之名的龙骑兵排除在外的姿态似乎过于明显地昭示了这一活动的目的，此外，上层人士对底层士兵不同寻常的亲热也使这一目的变得更为明显。

当人群被宴会的丰盛、众人的喧嚣，以及大量美酒烈酒弄得头脑发热时，谈话故意转入了一个渠道，开始变得无拘无束，并以一个富有骑士精神的场面结束了这个错误：王后为了表明她对她本人所受到的敬意及美好祝愿的满意，怀抱王太子出现在了这群半醉之人的面前。她既忧愁又温柔地注视着太子，仿佛是在恳求士兵们对他也表现出同样的友爱和热情。

这一幕显然是预先安排好了的，但是表演比酒更醉人。"国王万岁""王后万岁"的呼声响彻四方，卫队为王室的健康拔剑干杯，而将国家的健康轻蔑地抛在了脑后。音乐也不可能是随意挑选的，此时演奏的曲调正是著名的《哦理查！哦我的国王！宇宙抛弃了你！》。就在这迷人的时刻，一些声音——也许是专为此刻买通的——开始发出对国民议会的诅咒。一个榴弹兵甚至从战友中间冲了出来，指责自己对国王不忠，还有好几次想把剑插入自己的胸膛。幸好他的手臂被人抱住了，让他没法寻找自己那颗不忠的心，但他还是流了一些血。这种达到最高境界的戏剧性的情感展示在整个圈子里产生了一种近乎惊厥的情绪，可惜英国读者无法对此形成概念。国王此刻也被说服在这场娱乐活动中现身了，尽管他总是被人说成无辜，可是又总有那么多证据证明他并不只是默许了那些试图恢复他权力的企图。一些士兵曾经拒绝支持阴谋集团先前的计划,现在却被引诱着侮辱和威胁他们所支持的国民议会的权威。"国民帽徽,"米拉波说,"自由卫士的标志,被撕成碎片,踩在脚下,任由另一个徽章取代它的位置。是的,即使是在自诩'人民权利再造者'的君主的眼皮底下,他们也敢于升起分裂的旗帜。"

两天后,同样的场面再度上演,尽管排场没有这么大。接下来的一周又发出了类似邀请。

关于这些事的谣言传到了巴黎,并多有夸大之词,这被认为是宫廷方面新的敌意的开始。现在的舆论是被吓呆了的贵族又抬起头来。一些老军官,圣路易骑士,在一份承诺书上签了名,答应加入国王卫队,重新行动起来。这份名单据说有三万人之多。尽管故事很无聊,但是黑白帽徽的出现似乎证实了这一点,有些轻率之人冒着生命危险将其展示出来。巴黎人说这都是内战正在谋划的最初迹象,而宫廷只希望国王在他们开口前安全领导他们,因此王宫广场的政客们推断,国王应该转移到巴黎去。以这种方式激怒人民无疑成了有可能毁掉一个派别的最荒谬愚蠢的失误,这个派别已经明显看到分裂人民以征服人民的必要性。事实上,这是一种疯狂，只有在想到宫廷对"无赖"[指民众]不可言喻的蔑视时，才能解释这种疯狂。哪怕每天都有事件发生，这种蔑视仍在让宫廷以为革命只是暂时的动乱，宫廷仍不相信自己真有可能会被自己蔑视的群众粉碎。宫廷的妄自尊大源自无知，而且无法治愈。

王后是这个让士兵不再站在人民一起的软弱阴谋的首脑。她向凡尔赛的国民自卫军献上了旗帜，当他们向她表达感谢时，她无比亲切迷人地回答："国家和军队应该像我本人一样对国王心怀热爱。星期四发生的事让我很是感动。"星期四就是以上提到的十月一日举行宴会的日子。

面包的匮乏，革命带来的普遍不满，加剧了巴黎人模糊的恐惧，使其深感绝望，于是不难说服他们采取行动。而怨恨和热情的洪流只须指向某一点，就能把一切裹挟向前。自由是个永恒的口号，虽然很少有人知道它到底是什么。的确，任何一种热情要达到某种高度，似乎都必须由无知发酵。只有神秘才能充分发挥想象力，人们热情追求的目标其实是自己看不清或者不大理解的东西。每个人都会根据自己的喜好塑造这些目标，甚至在对其无法形成正确认识时，还会寻找超越自己认知的东西。

现在,巴黎人还在为他们迄今为止都只能在一首歌中列举的种种冤屈耿耿于怀。嘲笑变成了谩骂,所有人都在呼吁纠错,都想立刻寻求某种程度的公众幸福感,然而这种幸福感在国民性格发生改变、能够对新政府体制产生支持前是无法获得,也不应预期的。

和世界上其他地方的女性相比,法国女性享有更多自由,因此也更独立。于是,自从革命发生以来,一直都是狡猾的男人出谋划策,潜伏在女人背后,把女人作为自己的安全保障,鼓动女人干出某种绝望之举,然后他们再管这叫愚蠢,说这仅仅是女人的愤怒,谁让女人只受当下情绪的驱使呢。于是十月五日一大早,一大群妇女出于某种冲动聚集了起来。她们赶往市政厅,强迫路上遇到的每个女人都加入她们。她们甚至还走进了很多人家里,强迫每家每户的妇女跟她们走。

起初,这群人主要由市场上的女商贩和街道上最低级的女流氓组成,这些人抛弃了女性的美德,又担负不起男性的美德,而只是沾染了很多男性的恶习。还有一群男人手拿长矛、棍棒和斧头跟着她们。严格说来,这是一群暴徒,带有这个名字下所有可憎的含义,我们不应把她们和攻占巴士底狱的诚实群众混淆起来。事实上,这样的暴民很少见,而且她们很快就会表明她们的行动不是公共精神的结果。

　　人群首先提出和市政当局任命的委员会对话，以监督城市所需物资的获取，并就委员会对公共灾难的麻木不仁提出抗议。同时，有人拿了一根新绳子绑在那个臭名昭著的灯柱上，死亡的乐趣曾经在那里第一次得到容忍。为了阻止妇女们进入市政厅，国民自卫军用刺刀筑起一道篱笆，使她们停滞了片刻。之后妇女们齐声高叫，向士兵们投掷石块。士兵们虽然愤怒，可他们不愿意或者不好向妇女开火，就都退到了市政厅里，让出了通道。妇女们于是去找武器。她们打开弹药库的门，很快就找到了引信、大炮和弹药，她们甚至还趁乱拿走了属于公众的钱。在此期间，一些人去找巴士底狱的志愿军，从他们当中挑选了一名指挥官，让他带队前往凡尔赛。另一些人则把绳索系在炮车上，拖着大炮一路随行。但是这些炮大多是海军炮，没法按人群的意愿迅速移动，于是就有人拦截了几辆马车，迫使男人们下车，女人们跟着走。她们把大炮拴在马车后面，由几个最愤怒的妇女骑上大炮，挥舞着炮捻和她们所能找到的一切武器，也不管是什么武器。一些人负责赶马，另一些人照料炸药和炮弹，大家排成一队行进。大约在中午时分聚集了四千人，手拿一切可以找到的武器，在四五百名男人的护送下走过了香榭丽舍大街。

与此同时,警钟在四面八方敲响。法兰西保安军在受伤的自尊心的驱使下,仍在大声宣称国王应该被带到巴黎来。许多非当值的公民(特别是那些听惯了王宫广场高谈阔论的人)也同意其余国民自卫军的观点。拉法耶特则拒绝加入,他努力使大伙平静下来,但是他发现骚乱愈演愈烈,祈祷变成了威胁,就提出,如果市政当局授权给他,他愿意做他们的代表,向国王禀明首都的意愿。市政会议现在召集起来了,但将审议拖到了下午四五点钟之间。人群变得不耐烦起来,于是有人提出让群众先走是明智之举。群众的欢呼声证明,每一个新的希望都能轻松将其支配,或者引其走上歧途。

巴黎发生的几乎所有事件都被各派归咎于对方领导人的阴谋。为了抹黑对立派的性格,当一派占上风时,他们会努力传播最大胆的谎言。这一发现使很多冷静的观察者相信,所有那些关于阴谋诡计的报道都是以同样方式编造出来的。但是他们没有想到,即使这些怀疑的普遍性也证明人性是多么阴险,他们出于自知之明而对他人疑神疑鬼。根据目前的报道,在暴民们抵达凡尔赛之前,她们当中就已经分发了大量金钱。尽管从此以后有很多神奇的黄金雨的故事被轻信者到处散布,但是从暴民们后来的行径看,传言似乎也有一定道理。因为这些人表现得没有一点英雄主义或者无私的样子,而巴黎人的大多数其他起义却和这些人的野蛮行径形成鲜明对比。这一点有时候足以让我们一边悲叹无知造成的欺骗,一边又给残忍取了个柔软的名字,管它叫"热情"。我们尽管尊重那意愿,却厌恶其结果。现在,恰恰相反,暴民表现得像一帮小偷,给那些认为暴乱的最初策划者是受雇的刺客的报道增加了真实性。谁雇的?公众的声音从四面八方响起,都说是卑鄙的奥尔良公爵。他的巨额财富使他在辖区内获得了不应有的影响力,同时他还在用穷极一切狡猾所能想出以及财富所能制造的一切手段报复王室。他尤其怨恨王后,因为王后对他不屑一顾,可这无疑是他应得的待遇。王后甚至向国王施加影响,将他放逐到他的一个乡间产业上。当他说出一些人共有的想法时,他等于是在心里持续滋养他对王后最不可调和的仇恨。同时国民对他的家庭所属的这一支系[奥尔良家族]的情绪变化也在他心里激起了希望,而这希望立刻就能满足他的复仇心和野心。

一个复仇心切的狡猾恶棍能造出什么孽来是无法估计的,因为这个恶棍有钱这个强大引擎来实施计划,也有人帮着他实施。于是一切就如一场地下之火,可燃物混合在一起已经很长时间了，突然间就烧了起来，还把恐怖和毁灭蔓延得到处都是。

专制主义和复仇野心的代理人用了同样手段煽动巴黎人的思想。巴黎人现在虽然身上沾满污渍，但这是对他们先前良好品性的认可。而且他们在这一时期的表现如此井然有序，以至于需要很费些力气才能让他们干出点不正常的严重之事来。因此奥尔良公爵的手下才有必要发动一群最不顾死活的妇女，其中有些妇女因为没有面包，都已经饿得半死了。然而面包稀缺是人为的，是为了趁乱凶残地设计谋杀国王和王后，并使之看似完全是由饥荒引发的愤怒造成的。

招待卫队军官的无耻方式、王后为了让军队效忠王室而搞的轻率拜访（士兵中的暴徒被允许进入宴会后，王后方才狡猾地进入），以及她后来使用的轻率表达都给了这些妇女借口，不，可能是理由，让她们怀疑首都的面包稀缺是由宫廷蓄意制造的，因为宫廷以前就经常用同样的办法促成其险恶用心的实现。女暴民们于是相信，未来要想弥补这样严重的灾难，唯一的可行之法是恳请国王住到巴黎去。而由更规矩的公民组成的民兵则认为，国王预谋逃跑的传言不是没有根据的。他们觉得应该阻止国王逃走，应该有效地将其与阴谋集团分开,从而把内战扼杀在萌芽状态。他们将国王的所有不当行为都归咎于阴谋集团。

正当群众前进之时,国民议会正在考虑国王对他们要求批准的《人权宣言》及宪法头几条的答复,然后再批准粮食补给。国王的答复虽然措辞含糊,意思却很清楚。他说,宪法条款只能依据它们与整体的关系来判断,但同时他又认为,当此号召国民以信心和爱国的显著行动帮助政府之际,国民的主要利益当然应该得到保证。"因此,"他继续说,"我理所当然地认为,你们提交给我的宪法前几项条款,以及你们工作的完成,合起来将满足我的人民的愿望,并确保国家的幸福与繁荣。我愿顺从你们的意愿,接受它。但是我有一个积极条件,而且我将永不背弃这一条件,那就是你们审议的普遍结果应该是,行政权的完全生效取决于君主。我还要坦率地向你们说明,如果我同意接受你们在我面前提出的这几项条款,那并非因为它们毫无差别地令我感觉完美,而是因为我认为,我应该对国民代表的愿望表示尊重,并对当前令人担忧的状况表示关注,因为这种状况迫使我们在一切事物之前,渴望迅速重建和平、秩序与信心。

"对你们提出的人权和公民权利的宣言,我将不会表达我的敬意。这份宣言包含了很好的准则,适合指导你们的讨论。但是容易应用的原则,甚至容易生出各种不同解释的原则,都不能得到妥当的理解,只有当它们的真正含义由法律(这些原则应成为法律的基础)决定时,才有必要得到妥当的理解。"

在这个答复所用的诡计中,浮现出的是国王深沉的伪装,以及那种"对虚假荣誉的可悲尊敬"。它使一个人在赤裸裸的谎言面前犹疑困惑,即使同时说着一些可鄙的敷衍之辞。国王就是这样,他开始时反对一切让步,反对给予人民任何真正的自由,后来由于无法维持自己的立场,才不得已在自己掀起的风暴来临前无能地让步,然而每次让步都会让他损失一部分依靠舆论支持的权威。

国民议会表现出了普遍的不满。一名议员说,国王拒绝接受《人权宣言》,且只是由于条件所限,才接受了宪法条款。因此他提议,在国王毫无保留地接受《人权宣言》和宪法之前,不应对国民征收任何赋税。另一名议员则说,国王的答复应由一位大臣会签。这是多么荒谬啊!然而,国王的不可侵犯性挡了议员们的路。为使国王的这项权力无效,此时似乎有必要争取大臣负责制。这样不仅可以防止大臣们躲在国王的这项权力背后寻求庇护,还可以使这个权力对国王完全失效。这样一来,国王就真真正正成了一个零。然而,米拉波在精力充沛地影射了这项娱乐活动,嘲笑其为爱国主义活动后,提出了三四个动议。其中之一就是"未经国务卿签字,不得宣布任何来自国王的法令"。这人就是这样前后矛盾,就是他曾以雄辩的口才为绝对否决权辩护。另一个则是"请陛下明言,而不要因为形势所迫,只以有条件的同意,在人民心中留下对他真诚赞同的怀疑"。人们注意到,国王只是暂时屈从于民意,实则希望看到民意被推翻,《粮食流通法》在公布前便已遭改动。法令通常的开场白"此乃吾之荣幸"和对国民立法权的承认形成了奇怪的对比。罗伯斯庇尔尤其认为国家不需君主的帮助就可以自行制定宪法,他还认为国王的回答不是接受,而是谴责,因此是对人民权利的攻击。

这似乎就是议会的实际看法,尽管他们表面采取的是让米拉波表达意愿的温和方式。代表们尤其在这项决定中表现得极为软弱,他们误将鲁莽当勇气,误将正义的阴影当真理。他们为了调和矛盾,装模作样地说:国王的权威经常被中止,就像君主经常得忙于制定宪法的要素或改变基本法,他们就展示了自己制度的前后不一,并承认了其荒谬。这在米拉波不理性的断言中表现得尤为明显,他说:"国王无法通过虔诚的法律虚构来欺骗自己。然而民众的不满使他们得找到受害者,这些受害者就是大臣。"

就在辩论的这一关头,吵闹的妇女们来到了凡尔赛。然而不应忽视的是,还有一群穿女装的男人也和她们混在一起。这证明此事不像有些人断言的那样,是一种突发的必然冲动。除此以外,也还有一些穿着自己衣服的男人和她们一起。这些人武装得像流氓,脸上带着"必须给个交代"的表情,嘴里发誓要报复王后和卫兵,似乎正准备要将威胁付诸实施。也许一些野蛮人,罪恶的志愿者们,加入进来仅仅是因为想趁火打劫,或者就是喜欢骚乱,但是很明显,主要的行动者们玩的是一个更稳妥的游戏。

妇女们兵分两路。一路没有武器的来到了国民议会门前,另一路则聚集在了宫殿周围等候第一路人。街道上已经满是卫兵,弗兰德斯军团也列好了队。简而言之,士兵们迅速聚集到一处,凡尔赛人则无比震惊,尤其是看到那些尾随女暴徒而来的流浪汉。

妇女们好不容易才被说服让她们中的几个人有序地进入会场,并由一位男性发言人阐明她们的要求。大批人则躲在廊下避雨,展示出了一幅用长矛、轻型燧发枪和绑着铁器的大棍棒组成的奇怪景象。那位发言人申明了人民的痛苦以及持续维持生计的必要,表达了巴黎人对宪法制定过于缓慢的担忧,并将这种拖延归咎于教士的反对。随后,鉴于议长穆尼埃已经被议会派去向国王劝诫与请愿,一位主教就在穆尼埃缺席的情况下主持了会议。一位代表为了不让主教尴尬地回答请愿人对他所属教士集团的暗示,就斥责请愿人诽谤了这个可敬的团体。请愿人为此道了歉,但他辩解说他只是报告了巴黎的不满情绪。副议长则答复说,议会已经派了代表去觐见国王,请求国王批准一项促进谷物和面粉在国内流通的法令。副议长还以无法处理当天事务为由,宣布休会,说不必等议长回来。

宫外的妇女与士兵展开了交谈,一些妇女说:"国王要是恢复了一切权威,人民就永远不缺面包了。"这种轻率的暗示激怒了士兵,他们用众所周知最脏的话骂了回去。随后,有人就帽徽事件发生了口角,引发了一场斗殴。一名王室卫兵拔出剑来,激怒了一名凡尔赛的国民自卫军士兵,后者用火枪击打前者,打断了他的手臂。

正规军急于使暴民们相信,他们同样对那些不尊重自由象征[指帽徽]的人感到恼火。[作为外籍军团的]弗兰德斯军团虽然排开了作战队形,但是他们让妇女们把戒指扔进枪膛,以证明枪里没装子弹。他们说他们确实喝了王室卫兵的酒,但是那又怎样?他们确实喊了"国王万岁"的口号,但是人民还不是每天在喊?他们的本意是忠于人民,而不是反对国家,以及诸如此类的话。他们又补充说:他们的一个军官已经订购了一千个帽徽,就是不知道为什么不发给大家!一个王室卫队的人被这番话激怒了,打了一个说话的士兵。作为回报,那名士兵向他开了枪,打碎了他的手臂。现在一切都乱了,每一件事都使民众越发讨厌起王室卫兵来。

这时国王打猎归来,接见了国民议会的代表,也听取了妇女们的意见。他非常和蔼地接待了那些妇女,对巴黎面包太少表示悲伤,并立刻批准了他刚从国民议会收到的有关粮食自由流通的法令。那个说话的妇女试图吻他的手,他却礼貌地拥抱了她,并以最绅士的方式让她们退下。妇女们立刻回到同伴身边,仍然迷醉于刚才所受的礼遇。国王命令王室卫队不要动武,总司令德斯坦(D'Estaing)伯爵也向凡尔赛民兵宣布,王室卫兵第二天将宣誓效忠国民,并佩戴爱国帽徽,群众却愤怒地咆哮:"他们不配。"

一些妇女现在返回巴黎去报告国王的仁慈,却不幸遭到一个由贵族指挥的卫兵分队的虐待。巴士底的志愿者们前来帮忙,结果两名男子和三匹马被当场射杀了。妇女们很生气,路遇来凡尔赛的巴黎民兵,向后者献上了一番对卫队行为的夸张描述。

宫廷现在接到警报,担心[逃跑]计划会因国王不得不去巴黎而失败,就敦促国王立刻动身前往梅茨。马车实际上已经备好了。如果没有国王批准,他们是不可能做这些准备的。

一辆满载的大马车获准驶出大门,但是正规军开始怀疑事态的进展,就让它折返回来。国王发现此时逃走行不通了,又不想强行冲出导致流血,就以一贯的口吻说,他宁死也不愿看到法国人为他争吵流血!他这么做等于将必要之事夸耀为个人功绩。对一个精通口是心非之术的人来说,如果不是因为发生的其他情况更强烈地驳斥了他的谎言,他是可以轻而易举地强加于轻信之人,并将某种信念印刻在坦率之人心上的,而且后者还会毫无疑问地对此愉快接受。可是,他的这一宣言此刻却引起了极其热情的反响,被人当成一个明显的证据,证明他意图纯洁,证明他坚决拥护那个他假装拥护的事业。然而,为了证明事实恰好相反,我们只须注意一点,那就是直到他试图逃跑的努力宣告失败的时候,他还迟迟不肯接受《人权宣言》和宪法的头几条。而就在当天夜里十一点左右，他却派人请来了国民议会的议长，将一纸接受文书交到后者手里，请后者立即召集国民议会，以便他在这场危机中采纳议会的意见。此刻的国王一定是被外面的暴民吓坏了。在这个异常潮湿、风雨交加的夜晚，暴民们暴露在恶劣的天气里，对王后和王室卫队发出最可怕的诅咒。

鼓声立刻召集了议会。不到一小时后，拉法耶特也带着他的军队赶来了。议长也被再次传召，他带着国王的保证回到议会，说国王甚至从来没有想过要离开议会，也永远不会脱离人民的代表。

拉法耶特先前已经向国王保证过巴黎的忠诚，现在说巴黎市政府派他来，就是为了明确保护国王庄严的人身安全。自从妇女们来到凡尔赛后，就有谣言说巴黎民兵要赶来支援她们，但是巴黎公社①直到下午一点才做出决定，因此拉法耶特派到宫殿的信使不可能在他之前很久就到达凡尔赛。然而宫廷认为民兵会来，他们还听说巴黎人希望把国王带回巴黎（宫廷在巴黎一直设有间

---

① 一七九二年巴黎公社取代巴黎市议会，成为巴黎的市政机构，时称"革命公社"，在审判路易十六、抗击外国干涉军、支持雅各宾派推翻吉伦特派等运动中起到过重要作用。随着一七九四年七月二十七日热月政变的发生，罗伯斯庇尔被推翻，次日上断头台被处死，巴黎公社也告结束。

谍,以便第一时间了解事态进展),就催促国王立刻出发,一刻也不要耽误。他们完全就是想把国王弄走,而不是担心他有生命危险。

安抚了国王后,拉法耶特走去见街上的巴黎民兵,告诉他们国王已经批准了国民议会关于加速粮食流通的法令,也毫无保留地接受了《人权宣言》以及宪法的头几条,同时国王还宣布他会坚定不移地留在人民中间,并同意让一支巴黎军队的分队前来保卫他的人身安全。

现在的凡尔赛,欢乐代替了恐惧。市民把自己的住址分发给士兵,提出要为其提供住处,而此前他们曾被要求尽可能多地接待巴黎民兵。其余士兵则持械在宫殿周围待了几小时,然后黎明时分去教堂寻求庇护。一切都看似平静下来了,受到骚扰的国王和王后也被说服去寻找他们所需的安眠。拉法耶特也在大约清晨五点回到自己的房间,他先是给市政当局写了一份他的行动记录,然后也去争取一点休息。

可是不到一小时后,躁动不安的暴徒又开始四处游荡了。他们中的大部分人先前躲在大厅和走廊里,而那些被强迫加入的正派妇女早就趁夜色偷偷溜走了,其余人等则和匪徒一道冲向了王宫。他们发现王宫大道毫无防备,就像激流一样涌了进来。其中一些人很可能认为这正是他们实施犯罪的好时机,他们从巴黎潜伏的洞穴里出动不就是为了这个吗?

有一名王室卫兵反对他们进入,暴徒们就侮辱他,他则开枪打死了一个男人。于是这名卫兵被暴乱者说成是谋杀犯,成了他们进去寻找凶手的新借口。暴徒们把卫兵们驱赶上了大楼梯,他们闯进很多房间,发誓要报复卫兵。他们的谩骂中夹杂着最恶毒的诅咒,全都在针对王后。

他们抓住了一个不幸落单的卫兵,将他拖下楼梯,还立刻将他的头割了下来,挑在一根长矛尖上。这么做与其说满足了那些仍在猎杀或掠夺猎物的恶魔的愤怒,不如说是激起了这种愤怒。

一些猖狂至极的亡命之徒找到了王后的房间,杀死了那个敢于反抗他们进入的人。不过虽然恶棍们动作很快,王后对这场骚动却早有警觉。她匆匆裹了一件长袍,从一条私人通道跑到了国王的房间,在那里找到了太子。不承想国王找她去了,不过国王很快返回,于是他们开始在可怕的焦虑中共同等待。几个试图阻止暴徒的卫兵受了伤,所有这一切都发生在很短一段时间内。

考虑到种种情况，这一动作的迅速机敏为支持以下观点的人提供了额外论据，即，弑君是有预谋的。因为头天晚上国王已经答应了群众的一切要求，大部分人对国王的屈尊俯就感到高兴，都已经满意地离开了，而且也没有发生新的挑衅事件将这些群众激怒。即使是最猖狂的暴民也还不敢在上级面前惩罚统治者。那些因为常见理由叛乱的匪徒甚至不可能想到弑君，更不敢去执行，因为在大多数法国人看来，君主仍然是被神性笼罩的存在。

拉法耶特很快就被叫醒了，他派副官去召集国民自卫军，自己则去追赶匪徒。他赶到时匪徒们正要强行进入国王的房间。国王一家听到骚乱声越来越大，知道这是死亡的预兆。突然一切安静下来，过了一会儿门开了，国民自卫军恭敬地走进来，说他们前来救驾。"我们也会救你们的，先生们。"自卫军对房间里的卫兵补充说。

现在轮到流浪汉们被追赶了，本来正在大肆抢劫华丽宫殿的他们从一个房间被驱赶到了另一个房间。他们从宫殿跑到马厩，还不忘抢劫，牵走了一些马，好在马很快又被夺回了。暴民们还到处追捕卫兵，而慷慨的巴黎国民自卫军则冒着生命危险到处救助卫兵，全然忘了自己被激怒的骄傲以及他们和卫兵个人之间的敌意，直到最后秩序完全恢复。

这件最神秘的事就这样结束了。这是革命爆发以来最黑暗的阴谋之一，它使人类的尊严蒙羞，玷污了人类的历史。这些卑鄙之徒看到主要目标没能得逞，就斩首了两个落入他们之手的卫兵，还把暴行的印记留在了凶残的复仇工具上①，随后他们匆忙返回巴黎。他们在每件事上的表现都与人民不同，这证明他们是一群怪兽。

一个如此不人道的计划不论归咎于谁，都会令自然与天性战栗不已，但是奥尔良公爵一贯的性格和作风担保了他是这场骚乱的始作俑者。当我们将暴徒异常凶残的外表和他们对王后寝宫的野蛮侵犯相较时，就会毫不怀疑这是一个取王后和国王性命的设计。然而，在这种情况以及其他大多数情况下，当这个人蓄谋已久的阴谋酝酿成熟时，他却没了完成那恶行的勇气。

也许，质疑一桩与自然情感相悖、还激怒了人类灵魂中最神圣情感的行为的动机，是头脑最不高尚的能力。然而，正是性格的发展使我们得以估计这性格的堕落。如果那个卑鄙之人的行为有所改变，神秘的面纱还

---

① 指把头挑在刀尖上。

有可能不被撕开，子孙后代在听到夏特莱高等法院①的判决时，也会相信"平等"②的无辜。尽管米拉波和其他一些人民的宠儿［议员］努力想使国王获得人民的尊敬，但是人民已经对宫廷极为反感，国王也因此受到了牵连。因此尽管路易十六既没有被杀，也不许逃跑，但是仍有不乏合理的理由怀疑奥尔良公爵是在打摄政权的主意。然而现在计划既已打乱，恐惧就在一时之间抑制住了他的野心。而当拉法耶特发现猜疑仍有可能成为引起骚乱的借口时，就支持了公爵去英国访问、等到事件平息再回来的请求。拉法耶特这么做是想让巴黎人的头脑平静下来。国王于是被说服了，给了奥尔良公爵一个名义上的委任，以便他能将其当作借口，请求获准离开他所属的议会。

公爵自然非常担心此事会被调查。既然报仇和野

---

① 夏特莱是旧制度下，从中世纪到法国革命期间，设于巴黎塞纳河右岸的法律机构，包括法庭、监狱和警察部门等，地位仅次于巴黎的高等法院。其建筑原为一小城堡（"夏特莱"的法语 Châtelet 字面意思即为"小城堡"），位于塞纳河西岱岛的北入口处，又叫大夏特莱，以区分位于塞纳河左岸的小夏特莱。革命期间，制宪议会曾于一七八九年在此设立高等法院，调查十月五日和六日巴黎女暴民攻击国王王后一事，后于一七九〇年八月连同其他旧制度的法庭机构一起被取消，这座建筑也于十九世纪初拆毁。

② 奥尔良公爵后来的别名。

心都让位给了个人恐惧,他就把宪法留给同事去完成,把名声留给代理去恢复,并把整件事说成是保皇派对他的诽谤。公众早就在恼恨保皇派了,他们乐意把一切诽谤都归咎到保皇派身上。

接下来的那个七月①,公爵大胆的论调远不能证明他是清白的,因为一个狡猾之人在这样的重大事件中不大可能不加提防就采取措施。恰恰相反,他会努力让自己完全沉没于阴谋的背景中,让人难以察觉到他,甚至不可能察觉到他。这对一个愿意为了达到目的而挥霍最宝贵财富的人来说是可行的。

除了一副喜好卑下阴谋的性情,公爵还明显偏好那种最恶心的放荡,并佐之以庸俗。这和组成那支独特娘子军的"女英雄们"的举止高度一致。

他把住址选在了王宫广场的中心地带。这个广场固然很好,但是任何一个有点格调,更不用说有点礼仪道德的人都不会选择住在这里,因为除了商人觉得此处方便以外,这里全被巴黎最无耻的妓女占据了,还有妓女们那些恃强凌弱的保护者、赌徒以及各类骗子。简而言之,最邪恶的女人住在这儿,坏人也住在这儿,塞纳河

---

① 指第二年即一七九○年七月。

里经常发现的被剥光了衣服的尸体应该就是从这些人的住所扔出去的。*奥尔良公爵被认为是这个罪恶巢穴的大苏丹。生活在罪恶核心的他，心灵就像他呼吸的污秽空气一样肮脏。他没有感情，他的爱只是饱食中带有偏见的反复无常。凯佩尔和奥维利耶事件①证明他缺乏男人的勇气，他似乎只适合暗中行刺，而不能胜任任何来自高尚雄心的企图。

让一群妇女主动要求前去救助国王，或者向议会抗

---

* 过去这些尸体经常停放在巴黎很显眼的一个区域等待认领。

① 一七七七年秋，正值美国独立战争期间，英国在美国遭遇了萨拉托加之战的决定性失败。一七七八年春，法美联盟缔结。英国人既担心法国入侵本土，又担心北美战事不利，就希望能在海军方面借助上将凯佩尔（Admiral Augustus Keppel, 1725–1786）之力对奥维利耶伯爵（Louis Guillouet, Count d'Orvilliers, 1710–1792）统帅的法军布雷斯特舰队决战速决，然而英法两军却胶着于韦桑岛海面不能决出胜负。战后，凯佩尔因指挥不当和玩忽职守遭到英国军事法庭的审判，但在舆论影响下，凯佩尔未被判有罪。法国方面，刚届而立之年的奥尔良公爵（当时还叫沙特尔公爵）正在海军效力，希望未来可以继承岳父的法兰西海军大元帅之职。在此次的韦桑岛海战中，他领导一支小舰队，恰好处于前锋位置，本应率先发起攻击，奥维利耶伯爵也确实如此下令，命他包围并消灭英军的后防线，他却原因不明地没有立刻执行命令，贻误了战机。此次海战以法军趁夜撤退告终，但是也有观点认为法军获胜，毕竟法军至少阻止了英国海军增援北美战场，也一扫英法七年战争中法军战败的阴影，提升了法军的信心和自尊。战后奥尔良公爵以英雄的姿态回到巴黎和凡尔赛，但是同时对他也不乏怀疑和指责之声。奥尔良公爵从此再未有过出海之举。

议其制定宪法的速度太慢，这件事几乎没有可能。当全巴黎人都在对议会的行为和拖延感到不满时，妇女们却能在无人指使或怂恿的情况下，主动站出来干这件事，这种想法即使是最轻信的人也很难接受，除非他们考虑到一个因素，那就是面包的匮乏是那些在很大程度上造成面包匮乏之人的口头禅。这些人察觉到了公众思想转变的方向，就驱使暴民在全民愤慨的名义下前去实施他们早已设计好的恶作剧。

很明显，不管内阁多么希望能让人民对新秩序产生不满，宫廷都不在乎，因为他们似乎完全沉浸在自己的计划里，即说服国王逃到梅茨，他们最乐观的预期就建立在这个计划上。此外，这个计划所采取的路线间接证明，它虽然旨在反对凡尔赛，却不是在凡尔赛酝酿而成的。

至于夏特莱高等法院找不到奥尔良公爵有罪的证据，其实并无出奇之处。只要了解了法国人的普遍性情，就会知道，无论任务多么危险，目的多么阴险，有钱都不愁找不到人。有些卑鄙之徒只要能带上一笔钱跑到另一个国家重新行骗，就会把流放看成逃避，认为如此可以不用活在害怕被人发现的持续恐惧中。为了满足激情，公爵不怕花钱，但若无关激情，公爵又会吝啬小气。

他在英国待了很长时间,这点不值得称道,因为他这么做仅仅是为了避免扰乱国家的安宁,而在可能之时,国家的混乱和骚动却会使他获得权杖。众所周知,他从来没有为公众利益牺牲过任何自私的考量。即使是对最有道德的人而言,自我牺牲和真正的爱国主义举动也是不常见的。因此想象一个全世界公认的恶毒之人会冒失去民望的危险是没有意义的,因为这民望是这个人一直以来都太想得到的东西,除非他冒这个险是为了保命。

然而,他一回到法国,发现一切安全,就又出现在了议会上,想要挑战他从前躲避的调查。危险已经过去,他却冒着被发现的危险,侃侃而谈,试图说服公众他是无辜的。不,当时那些伪爱国者假装鄙视王公,却很高兴有一个王公站在他们这边。①

米拉波虽然一向公开主张有限的君主制,但是要说他也参与了这一阴谋,无疑是诽谤,因为众所周知,他一贯蔑视奥尔良公爵,甚至前段时间这种蔑视还造成了他坚决的冷静。此外,如果有必要提供他无罪的间接证

---

① 指奥尔良公爵在政治上支持第三等级。

据,莫里(Maury)神父足矣。莫里在辩才上是米拉波的竞争对手,观点也和米拉波相左,但是莫里宣称没有理由弹劾米拉波。

不幸的是,一些受雇的恶棍没能立刻受审。那些到处捉拿他们的士兵不仅证明了自己的无畏,也表明了自己对新政府的感情。他们的行动中唯一应受谴责之处是他们让杀人者逃脱了,没能尽可能逮捕更多的人,使其受到应有的惩罚。我们有理由担心这种疏漏将会产生最致命的后果,因为有罪不罚从来都会刺激那些已经达到一定邪恶程度的卑鄙之人犯下新的罪行,而且如有可能,还会犯下更残暴的罪行。那些被压迫造就的顽固恶棍正是通过中止正义的法令,才充分释放了自己的血腥本性,干下了一切野蛮行径。

到头来,在议会的派系之争制造的所有错误中,这个疏忽绝非最不应受谴责或者最不致命的。要想应付这场危机,需要活力和勇气。法律被一帮亡命之徒践踏了,人类的圣坛被亵渎,自由的尊严被玷污。安息的圣殿,烦忧劳累的庇护所,一个女人贞洁的庙宇——我只把王后看作一个女人——她的卧室遭到了凶残愤怒的侵犯,而她本应在这里把感官托付给睡眠,在它的怀抱里忘却世界。国王的生命也遭到了攻击,然而此时他已经满足了暴徒们的所有要求。当暴徒们掠夺来的财物被士兵们从其手中夺走时，暴徒们又屠杀了这些履职尽责的士兵。可是最后这些畜生却得意扬扬地逃走了。在"人民"这个称谓的尊严下，他们的暴行竟然在很大程度上被议员们原谅了，因为后者有时会借暴民之手来为自己赚取不应有的影响力。

此时此刻，议会本应知道，他们的法律未来能否受人尊重，很大程度上取决于他们在当前形势下的行动。因此现在是时候向巴黎人表明：他们在给予国民自由的同时，还想通过严格遵守法律来保卫自由，而那法律是从他们所采纳的平等正义的简单原则中自然产生的，他们还将公正而严厉地惩罚所有违反或蔑视法律的人。智慧、严谨和勇气是权威的永久支撑，是每个公正政府的持久支柱。它们只须成为整座大厦的柱廊，就可以为大厦获得人民的敬仰和服从。以其他手段维持国民的服从是困难的，想持久更不可能。

议会本应团结起来支持受辱的正义，并通过指挥法律的臂膀，把反叛和放荡的精神扼杀在萌芽状态。这种精神已经开始在巴黎显现，而且极有可能因为逍遥法外而获得巨大能量，并最终以肆无忌惮的轻率或顽固任性的热情，颠覆议会的所有劳动。然而，议会的行动如此违背常识,违背来自正直意愿的那种惯常的坚定,以至于他们不仅允许那帮刺客重返巢穴,还立刻答应了士兵们的要求,满足了巴黎人的专横愿望,那就是国王应该住在巴黎城内。

人民代表本应始终保持行动的坚定,但是从其权力获得承认的那一刻起,他们在议会里的行动就一直不够坚定。他们没有得到任何有规律的行动计划的指引——这条路线不仅正直,政治上也很谨慎——相反还被一种轻浮的热情和滑稽的虚假宽宏所驱使。这个做法很幼稚,就像他们大部分的辩论一样很轻浮。他们夸夸其谈却颇受欢迎的演说激起阵阵掌声满足了他们的虚荣心,也点燃了大众的弱点,教会了不顾一切的民众煽动者成为他们这类辩术的对手,直到俱乐部和民间团体的领袖们的计划得到普遍赞赏和追捧。

人民的意志至高无上,尊重人民的意志是人民代表的义务,而且代表们的政治存在也应取决于其行动是否执行了选民的意志。在开明国家里,代表的声音总是理性的声音。但是在社会的初期,在政治自由的科学还处于发展阶段时,执政当局极有必要以这门科学的发展为指导,采取明智的措施,防止对其发展做出任何制约;同时,还要注意不要因为鼓励自由放荡而造成无政府状态的痛苦。然而,国民议会沉浸在荣誉的喜悦中,任由自己被政治光芒突然照耀其身的群众裹挟着匆忙前行,似乎对自己温顺的默许所造成的危险毫不担心。

法国人的虚荣心巴黎人也有一份,甚至还尤其厉害。他们相信自己创造了革命,缔造了自革命肇始以来的所有大事。他们认为既然国民议会的行动暴露了其理解力的不成熟,那么议会就该听他们的指挥。他们经常宣称,在宫廷和议会迁至首都之前,自由将无法得到保障。这是俱乐部辩论的主题,建立在国王有意逃跑的谣言之上,并以立法机构式的盛大气势决定下来。十月一日国民帽徽受到的侮辱使他们下定决心,要让国王住到巴黎来——这是一国之都,现在是主权所在。正如他们早就担心的那样,他们现在还预见到,对新生自由的唯一保障就在于保卫宫廷,因此他们想把自己新生的代表[国民议会]安置到信息中心[巴黎]来。对议会代表,他们时而崇拜,时而怀疑。

作为一个长期服从于地方长官权威的民族,法兰西民族的礼节有好几次都控制住了组织或参与骚乱的暴民,甚至是十月五日那次。考虑到民众是被煽动的,有一点非同寻常:他们没有造成更大的破坏。他们虽然十分残暴,并且饥肠辘辘,很想洗劫宫殿,却没有洗劫凡尔赛。

拉法耶特的军队主要由公民组成。这些人的行为无可挑剔,行动敏捷,服从纪律(他们很快就学会了这件事),而且作风宽容温和,因此引起了各方的感激和尊重。尽管如此,所有领导人还是希望国王住到巴黎来,因为尽管他们已经从专制统治攥紧了的拳头里光荣地夺了权,却还是战战兢兢。事实上,这是巴黎和全国大部分地区的普遍情绪。

曾经在产生革命方面做出主要贡献的巴黎,现在正焦虑地注视着议会中派系精神的影响,尽管巴黎自己也已经分裂成了好几个政治派系,几乎是相互憎恶。巴黎人发现议员们的犹豫不决给宫廷带来了新希望,最终很可能会使他们自己的解放仅仅成为一道耀眼的流星,就焦躁地决定立刻将国王和议会控制在自己手里。同样,一个更为迫切的动机是路易十六打算逃跑的传闻。国王如果真跑了,下一步就可能会被说服加入心怀不满的王公贵族的行列,从而分裂法国。这不仅必然导致一场残酷的内战,还会将欧洲各方势力卷入进来。尽管巴黎人经常假装相信国王内心善良,但是他们的行动却从未表明他们对国王的真诚怀有任何信心。他们对议会的看法也同样没有定论。今天一个代表被誉为自由的英雄,明天就会被斥责为从专制主义那里领养老金的叛徒。

这些情绪对新政府的权威是危险的。但是如果议会能以正直和宽宏的态度行事,那么即使存在这些情绪,也绝不会散播开来。因为人们虽然并不总是能用最富逻辑或修辞的方式进行推理,但是通常也都知道立法者的缺陷是什么。在每一个自由的政府中,当国民代表被召集起来制定法律,其行事却不严谨、不公正时,他们就注定会失去人们的尊敬,结果就将造成一切权力的解体。

看起来可以肯定的是,议会当时并没有借助人民的要求而获得人民毫无保留的信任,这个要求就是国王必须住在首都的屏障之内。不管是在凡尔赛,还是在巴黎,护卫监管国王的可能性当然都是一样的。如果一定要将国王当成国家的囚犯或人质关押起来,那么政府应该是决定如何关押以及在何处关押的恰当权威。但是政府放弃了这一必要的特权,反而把权力拱手让给了巴黎群众。

或者说议会里有一小撮希望迁至首都的代表,他们通过鼓动、取悦民众的方式,引导了大多数代表。从此以后,代表机构的尊严就被自私或者说虚荣的盲目热情踩在了脚下。事实上,如果不忘记大环境的话,可以公平地说,无政府主义的统治正是由此开始的。长期以来已习惯被奴役的民众并没有立刻感受到自己的力量,因此在此后相当长的一段时间内,秩序都还维持得不错,然而民众很快就开始在一部分代表的刺激下,对另一部分代表实施暴政了。好在尽管民众意见受到了某些当红议员的引导——这些议员呼喊着说要争取更多自由,并用这种陈腐伎俩获得了人民的持续支持——民众还是能够继续尊重国民议会颁布的法令,这尤其是因为很少有法令会在不事先征求民众意见的情况下获得通过。代表们必须尊重议会的尊严,这是他们不可推卸的责任。然而很多代表出于邪恶的目的,教导民众如何对议会施暴,从而抛弃了少数服从多数的主要原则。这是他们第一次严重违背原则,同时却还假装信奉这个原则的纯洁性,从而导致了公众的痛苦,也将这些目光短浅者同样卷入了他们的卑鄙阴谋所造成的毁灭中。

巴黎人如此强势的要求直接打击了议会的自由,以至于议会要么一定意识到了自己无权的现实,要么根本就对什么叫"行动的尊严"毫无概念,否则他们不会允许就这样满足民众的要求。如果下此断言并非自相矛盾的话,那么议会似乎认为这么做促进了自己的独立,或者可能保障了自己的权威。尽管受到巴黎专制主义的影响，议会还是幼稚地以管理国家事务为荣。

的确，这些事的出现是软弱的自然结果，是缺乏经验的影响，是怯懦造成的更致命错误，并将永远都是胆小、处置不当的后果。那些亵渎了永恒正义的神圣情感的人，除非罪恶将其变得冷酷无情，否则他们事后永远都无法直面诚实之人。而处于一群聪明的、宣称有权独立思考的公众监督下的立法机构，也将永远不会超越公众或者通过一项不太可能受到公众欢迎的法令。

在文明达到完美状态后，征求公众意见不仅必要，也将产生最幸福的结果，会创造一个发源于国民意识的政府。这个政府之所以能够合法存在，只是因为有了这种意识。理性进步是渐进的，立法机关的智慧在于能以一种最适应国民认识水平提高的方式，推进其政治制度的简化。而法国发生的这场突变则是从最束缚人的暴政转变到最无约束的自由，使人几乎无法期待还能用经验的智慧管理任何事：这在道德上是不可能的。然而，可悲的是，只要还有实质性政治变革的需要，每次革命就都必然伴随这样的罪恶。因此，记录真相、自由评论，尤其成了史学家的职责。

每个由文明的进步造成人格力量被剥夺的国家，在将其政府从绝对专制转变为开明自由的过程中，都有可能陷入无政府状态，并在有能力巩固自由之前，都不得不与各种各样的暴政作斗争。然而在人们的举止和娱乐完全改变之前，巩固自由也许是做不到的。

感官的精细化制造了一种易感的性情，它反复无常，让人没时间反思，因此阻碍了决断。头脑活泼、热情洋溢为法国人所特有，其程度之强烈就像印象之短暂。法国人的仁慈会在突然爆发的同情中蒸发，然后他们会变得冷酷。他们的情感有多迅速，幻想的组合有多耀眼，随后就会有多冷酷。那些被当下热情冲昏头脑的人，也最常被自己的想象背叛，因此会犯下某种错误。对这个错误的定罪不仅削弱了他们的英雄主义，还放松了共同努力的神经。自由是一种实在的善，须待之以敬意和尊重。但是，当一个没了气概的英雄民族努力施展自己所有的殷勤手段将她侍奉，想博她一笑时，她却会带着朴实的魅力散发出的一切温和的光辉，将自己托付给这个民族更有生气、更加自然的后代。

第三章

暴民要求国王迁往巴黎。对这座城市的描述。国王在国民议会代表和巴黎民兵的护送下前往首都。国王的头衔变了。国民议会的会议记录。对《人权宣言》的思考。

十月六日上午,狂乱的骚动平息下来后,国王现身阳台与人民相见,王后也怀抱太子跟随在后。起初,国王徒劳地想开口讲话,但是拉法耶特告诉人民,陛下此来是向他们保证他今生的事业是为民造福的。"国王去巴黎。"一个声音叫道,很快人群开始附和。"我的孩子们,"国王回答说,"你们希望我去巴黎,我会去的,但是条件是让我的妻子和我的家人陪我前往。"一声响亮的"国王万岁"表明了这一刻的狂喜。国王做了个手势,要求大家安静,随后他含泪对民众说:"啊!我的孩子们,快去救救我的卫兵吧。"马上就有两三个人出现在了阳台上,他们的帽子上别着国民帽徽,或者说他头上戴着自由帽。国王伸出双臂抱住其中一人,群众也仿效国王,拥抱了那些他们在宫廷里俘虏的王室卫兵。一种喜悦之情使整个人群沸腾起来,他们的喜悦情绪就像前不久表现出的凶狠一样疯狂。士兵们混在一处,交换刀剑、帽子或肩带,以最引人注目的方式展现了法国人的突出特征。

与此同时,议会没有立刻追查十月五日那场惊悚动乱的细节或是努力使法律的主权得到应有的尊重，而是让位给了全民狂欢。他们不认为人民要求将国王移送巴黎的专横愿望是不信任议会的智慧或宫廷的诚实的表现（虽然在某种程度上这就是事实），反而一致同意由米拉波提出且得到巴纳夫附议的动议："在当前议会召开期间，国王和议会不应分离。"米拉波和其他当红议员可能乐于看到国王的人身被锁定，而自己又不必明显在这件事情上现身。他们在领导人民的时候，总想努力保持一点对宫廷的控制。这就是那些不受道德原则指引之人的可悲计谋，虽然只有道德原则才能使人品行端正或始终如一。于是他们欣然默许了一个最致命、最卑鄙的措施，宣布议会和国王的人身不可分离，并委派了一个代表团，在国王离开前通知他这一决定。

发现自己当前的一切计划都告失败，又刚刚经历一场死里逃生的路易十六，此时会欣然接受群众的要求是不足为奇的。可是国民代表竟也毫不反抗地放弃自己的权威，一头扎进市中心，允许自己被困于城墙之内，封闭在屏障之中，这倒真是令人难以置信。总之，他们居然会愿意住到一个宽敞的监狱里——任何被迫卷入或置身于这样处境的人实际上都是奴隶或囚犯。至于那个他们将要进入的城市，任何一个绝望好斗的群众领袖的阴谋或愚行都可能使它突然动荡起来,并陷入最混乱、最危险的骚乱之中。事实上,这种荒谬行径只能用法国人的民族特点,以及宫廷和议会当红派们看似不同实则有利于己的观点来解释。

巴黎有米拉波希望不断享受的奉承和赞美,此外他对它还有一种坚定的偏爱。他经常断言巴黎是唯一一个有真正令人向往的社交场所,而巴黎和巴黎人尽管有恶习愚行,却也培养创造了品位。

公平的观察家在对各国首都大声贬斥的同时,还必须承认,为了使各国首都成为人类智慧的伟大丰碑,人类已经投入了很多工作。

巴黎的入口——杜伊勒里,当然非常宏伟。它的道路宽阔,符合大型豪华城市的理念,也配得上高贵广场上建筑的美丽,因此这个广场最先吸引游客的视线。道路两旁的参天大树形成迷人的林荫道,行走闲逛其间者有法国人特有的那种轻松愉快。林荫道的设计似乎既是为了保证人们的健康,也是为了增进他们的快乐。同样,高大宏伟的城墙庄严盛大,让人在走近城市时,就能看到一幅真正如画的美景。

卡隆喜欢将巴黎比作雅典,是他建造了巴黎的城墙,但这城墙却激起了最令人悲哀的思考。专制主义最初建造这道屏障的目的是让人民缴纳一种暴虐不公的税①,不承想现在却致命地帮了无政府主义的忙,使其越发暴虐,因为城墙将人们集中在一起,切断了无辜受害者逃离当下愤怒或错误的可能。恶棍们却有足够的影响力来保护这道屏障,并将其恐惧或复仇的对象关起来杀掉。或者,他们会违背正义的纯洁,为服务邪恶的计划,冷静地歪曲匆忙制定的法律。比如他们会把法律神

---

① 一七八四年,包税商集团为了解决巴黎内外严重的走私所造成的财政损失,决定在巴黎周围修建一道围墙,并在其上设若干税卡以控制税收,称为"税关"(octroi office)或"巴黎的屏障"(Barrière de Paris)。毫无疑问,这些新建的城关巴黎人一点也不欢迎。一方面,税关的出现导致了市内物价的提高;另一方面,城内早已民不聊生,政府却斥巨资建造剥削人民的新武器。到一七八九年法国大革命前夕,城关已经如期建起了六十二座(原计划的四十五座中有一些是成对出现的)。烧毁巴黎城关成了大革命的第一把火,事发两天后,巴士底狱被毁,大革命正式爆发。巴黎城关在革命中遭到一定程度的摧残,然而包税商集团建造的二十二米长、三点五米高的城墙以及城墙外的巡逻通道及林带都保留了下来,在十九世纪初仍延续着区分城市和郊区的作用。到了十九世纪上半叶,城关失去了收税作用,变成了市区与郊区之间的联系通道。一八四〇年,拿破仑三世决定在巴黎城墙外再筑一道防御性城墙,以达到御敌于巴黎两三公里外的目的。一八四一年,巴黎最后一道防御工事——梯也尔城墙(Enceinte de Thiers)开建,其上有九十四个菱堡,十七个城门,其下有壕沟和无人区,围绕巴黎外围的一圈村镇而建。到了十九世纪七十年代奥斯曼推行巴黎改造之时,包税商集团建造的城墙和历经战火、多次修复的巴黎城关基本上已被全部拆除,现在仅余四座。

圣的刀剑变成匕首，把刺客的刺杀说成正义的一击。而有了那些模仿公平的仪式后，罪行只会变得更加残暴。暴君还没有爬行动物［指卑鄙小人］一半可恶，因为暴君会不顾一切克制，公开挑战他所践踏的永恒法则，而爬行动物却会一边侵犯原则，一边在原则的庇护下爬行。这就是巴黎城墙的作用。受伤的人类映照出的身影使感官不再迷醉，优雅的建筑成了巴黎这座大监狱的门户，看起来也就再也不像宏伟的门廊了。

尽管如此，有品位的眼光仍会愉快地停留在巴黎的建筑和装饰上。比例与和谐满足了视觉，轻盈的装饰似乎在向周围投下一种简单活泼的优雅，天堂也在微笑着撒播芬芳。当居民们沿着迷人的林荫大道行走时，亲切的氛围似乎瞬间激发了动物的本能，催生了各式各样的优雅，在周围翩然起舞。花丛繁茂，花团锦簇，吐露芬芳，给仙境带来一份清新。自然和艺术极为巧妙地结合起来，陶冶了感官，触动了心灵，还敏感于社会的情怀，以及幻想最珍惜的那些美。

为什么即使是在服从理性的情况下，痛苦的泪水也会和情感培植的回忆交织？快乐是明智的！自然和美德永远都会为心灵打开欢乐的入口，可是这快乐——人类应该品尝的快乐——的前景又是多么迅速就消失不见了啊！死亡的序列向前推进，把霉菌撒在了现场所有美的身上，也使一切快乐都枯萎凋零！当宫殿和建筑被看成监狱，它们的优雅多么让人讨厌！当人们匆忙前去观看断头台的操作，或是漫不经心地走过沾满鲜血的地面时，他们的活泼又是多么让人恶心！于是恼怒的人性带着灵魂的仇恨将城市奉献给了毁灭，并在转身离开这样一个罪恶巢穴时，只能从以下这种信念中寻求安慰，那就是，随着世界变得越来越聪明，人也必然变得越来越幸福。正如土壤的耕种可以改善气候，理解力的提高也会防止激情干出毒害心灵的恶行。

国民议会的一个代表团陪同王室及巴黎民兵前往巴黎。一群妇女走在最前面，她们或者坐在来凡尔赛的路上弄到的马车里，或者坐在有国民徽章标志的大炮上，而把那些被视为贵族象征的徽记在泥土里拖拽着。他们出发后不久，或许事出偶然，更有可能是某个当权者的策划，总之，有四五十车小麦和面粉也加入了队列，而且就走在国王前头，让民众惊叹说他们把"面包师"①及其家人也都带进了城。

议会继续在凡尔赛议事，直到十九日。期间发生了

_____

① 一说"面包师"是民众给国王起的外号。

几次有趣的辩论,特别是奥顿(Autun)主教提出的占有教士财产以满足政府急需的议题。会议还考虑废除秘密逮捕令,并提出了新的市镇组织方案。但是所有这些动议都没有在议会移至巴黎、展开更充分讨论前获得通过,因此,此处最好对一些重要议题的不同论点做个总结。

议员们在敲定他们先前制定的宪法条款时,有几次轻率的讨论异常激烈,拖延了时间,而内容无非是他们应该对国王接受议会法令采取什么样的表达方式,并且对古代形式——仅仅是形式——提出了幼稚的反对。一番争论后,君主的头衔从"法兰西国王"及其他称号变成了"法兰西人的国王"。因为卢梭曾经说过——也许是很挑剔地说过——头衔表达的应该是人民的领袖,而非土地的主人。

议会有意迁往巴黎一事也引发了几场热烈的辩论,而这项决议之所以能在某些代表心中引发忧虑,也并非没有道理。他们担心,今后如果他们胆敢反对民粹派的任何动议,而民粹派又要指使巴黎暴民支持这些动议,则他们的人身安全将无法得到保障。

议长穆尼埃以健康不佳为由请求辞职。拉利-托伦达尔则认为自己无法阻止这股洪流,也同时退出了公共事业。大量议员暗示他们担心议会迁至巴黎后会失去自由，就以各种借口要求得到护照。提出申请的人数如此之多，使得议长都表达了忧虑，担心议会因此而间接解散。其他代表则对某种行为大加嘲讽，但是民众的做法，甚至这些演说家自己的做法，却都在证明这种行为没有错。米拉波本人非常渴望去巴黎，他以不得体的怨怒嘲笑了每一条反对议会迁址的意见。然而，当他听完陈述，知道允许这么多心怀不满的人退回各省可能会造成危险的骚乱时，就提议除非有此要求的代表向议会说明自己申请护照的理由，否则议会不予发还护照。此时国王写了一封信，通知议会他打算大部分时间都住在巴黎，并说他确信议员们无意与他分离。因此，他请议会派专人前往巴黎寻找合适的会址，以便将来在那里召集。议会于是决定按照十月六日的法令，前往巴黎寻找方便之址。

做出这一决定后，一些议员叙述了他们在巴黎遭到的粗暴侮辱。特别是其中一人（他并非公众反感之人），只是因为被暴徒们误认作另一个他们发誓要报复的人，险些丢了性命。另一个受辱者颇有气魄地提议立即通过一项关于诽谤的法令。他这样问道："难道我们只能在放荡的引导下来到自由面前？不，被欺骗和被麻醉的人民早就被激怒了。我有多少次[他补充说]为这个议会的急躁惋惜啊！我们早就让公众习惯了坐在我们的围廊里，赞扬、指责、嘲笑我们的意见，却不理解它。是谁鼓励了他们这么肆无忌惮？"他的发言被反对的声音打断了，一些人开始让辩论变得不光彩，米拉波掺杂其中说的就是嘲讽的评论和反驳的言辞。这么做证明他能力不凡，其胸怀却不值得称道。好在一两天后，米拉波恢复了平静，提出了一项防止暴乱的法令。他说这是对英国暴乱法的模仿，而非复制。

在议会出发前往巴黎的头天晚上，仍有人在恳请得到护照，于是议会颁布法令，规定"护照只针对紧急事务发放，且只在短期及确定期限内有效。因健康不佳而申请无限期护照者不应在代表换届前予以批准"。而且，如果单独提出可能会使旧的主张和仇恨死灰复燃，议会颁布法令切断了这个死结："今后，换届代表应由广大公民提名。在巴黎召开第一次会议的八天后，议会应予点名，在那之前暂不考虑是否印制缺席代表名单并将其送交各省的问题。"

一边只谈自由不谈其他，一边却强迫如此之多的议员留在岗位上，将其贬至可耻的奴役状态，这种做法卑鄙小气，正如这项政策本身就很不公正一样。如果说国王假装默许议会的举措为的是更好地掩饰自己无疑想尽快找机会逃走的真实意图，或者说国王重获自由了，议会又有什么好处？议会一定知道，国王获得解放的前提是他得接受宪法，而将其监禁只会阻碍他们的操作。然而他们既没有气度允许国王带着一笔可观的津贴离开，如果这是他的愿望；也没有气度在新宪法中赋予他一部分权力，好让他自我感觉受到了尊重，以便和自己其余权力被剥夺的事实和解。但是，随着事情的解决，在道德上可以肯定的是，任何时候只要国王的朋友们准备好了，对议会的打击就会从天而降，而议会与其等到后来迎接打击，不如就在那个时候准备好。

　　在固定系统的影响下，某些道德上的效果和物理上的效果是一样不会出错的。为了推翻法国的新政权，欧洲各宫廷一定会把所有阴谋诡计都试一遍。而且，除非所有这些宫廷同时被推翻，否则他们一定会这么干，就像某个自然原因一定会产生某个结果一样。因此，行动上的坚定果决是最能对付邪恶的办法。它源于对正义的真正热爱，它会产生真正的宽宏气度，而不是用罗马人后代堕落的思想，炫耀地假装罗马式的美德。

　　严谨、智慧和勇气，永远都不会辜负所有人对它们的敬仰和尊重，每一个以此为原则的政府都会使其放纵堕落的邻国敬畏三分。但是，恐惧和怯懦暴露出软弱的症状，造成轻蔑和不敬，鼓励野心勃勃的暴君的企图，以至于最崇高的事业有时候也会因领导人的愚蠢或轻率而遭到破坏或丑化。全欧洲都看到了，所有好人也都心怀恐惧地看到了：法国人既没有足够纯洁的心灵，也没有成熟的判断力，这使他们不能以适度和谨慎的态度从事他们所支持的事业。同时恶意在他们犯下的错误中找到了满足，并将这种不完美归因于他们所采信的理论，然而他们的理论只适用于他们愚蠢的实践。

然而，法国人有理由为议会所做的一切感到高兴，子孙后代也会对此心怀感激。

当代作者已经对政府治理下的经济做了很好的阐述，他们既然以巨大的公共利益为己任，就不可能不为很多有用的计划打下基础，同时还改革了很多令人痛心疾首的严重弊端。因此我们发现，他们虽然没有足够的洞察力，没能预见到多年的无政府状态（即他们的行为方式）造成的可怕后果，但是他们仍然在某种程度上遵循了选民的指示（后者已经在哲学真理光辉灿烂的字里行间领悟到政治科学的突出规则），仍然在奠定宪法主要支柱的过程中，建立起了不可摧毁的自由平等的伟大原则。

各方各派都赞成一点：只要文明能保障人身和财

产安全，能给社会和礼仪带来更为温和的情趣，文明就是一种祝福。如果为了确保这些优势，人必须提高修养和智力，那么，这样的提高越普遍，人的幸福也就理所当然越宽广。

在野蛮状态下，只有天才、勇力和口才的优越能使人与众不同。我之所以说口才，是因为我相信，在社会的这个阶段，人是最雄辩的，因为此时他是最自然的。只有在政府发展的过程中，由于世袭差异残酷削减了理性自由，才使人没法发挥他可以改善的才能，上升到他应有的高度。

人与人之间存在天赋差异，这是不争的事实。即使最自由的国家，也总是因为判断力的优劣，以及获得更细腻品位的能力高下而造成差别。这可能是特殊组织的作用，也可能是其他原因造成的，总之这是一个不争的事实。但是，一个明显的错误是假设并非每个阶级的人都能进步。如果这是任何一个政府的发明，为的是排除大部分国民进步的机会，那就只能把这种假设看作荒谬的暴政和野蛮的压迫。它对压迫和被压迫双方同样有害，尽管为害的方式不同。除非文明渗透到整个群体中去，使得各种人都成为人，否则文明的优势无法被人感知。在这之后，文明——人类所能达到的真正完美——才能成为人类的第一种幸福。

法国旧政府的改良完全源于上层阶级养成的某种程度的文雅，而这种文雅又通过某种自然的礼仪，不知不觉间催生了一小部分公民自由。可是说到政治自由，那是压根连影子都没有的东西。又或者说，政治自由根本就不可能在这样一种制度下产生。因为人们不仅不能担任公职，不能投票选举其他人担任公职，甚至对自由的实际含义也都无法形成清晰的认识。这样一来，大多数人就比野蛮人还坏。在吸收了一些优雅的堕落习惯，从而毒害了自然的高贵品质后，他们仍然保留了很多野蛮人的无知。法国应该感谢国民议会为其制定了一个简单的指导原则，包含了所有全面理解政治科学所需的真理。这将使无知者得以攀登知识的高峰，并从那里一览专制主义的精巧结构制造出来的废墟。长期以来，专制主义以其贬低人类价值的可憎主张玷污了人类的尊严。

《人权宣言》包含了一系列最有益却又如此简单的原则，即使是普通的头脑也不会不理解它的含义。它首先主张人的权利平等，认为在一个健全的政府里，除了建立在公共事业基础上的差别外，不应存在任何其他差别。其次它表明，政治联合的目的仅仅在于维护人的自然权利和不可侵犯的权利，即，人的自由、财产安全及反对压迫的权利。它还主张国家是所有主权的源泉，并以一种简单明了的方式描绘了所有这些权利和主权的内容。人们从这些描绘中可以了解到，人在行使自然权利时，只要不伤及他人，就有权做任何事。且这种权利没有任何限制，不由法律决定——法律同时也是社会意志的表达。一个国家的所有公民，无论个人还是其代表，都有权在社会的形成上达成一致。

就这样，在向公民传授了合法政府的基本原则后，《人权宣言》展示了确定每个人的意见的办法。人人都有权或亲自或由其代表提出意见，从而确定公众税收的必要性、使用方式、评估方法和期限。

这些原则由上一代和当代的天才颁布，它们既简单又公正，得到了所有不带偏见之人的认可，却得不到欧洲所有参议院和政府的承认。然而这个荣誉值得留给二千五百万法国人民的代表，他们正在从意识和情感上觉醒为理性之人，他们也是最先敢于承认这些神圣而有益的真理的人。这些真理将永存于世，它们只想让人知道，只想获得普遍认可。这也是一些由哲学天才孕育而成的真理，然而，与此同时，世袭的财富和专制的刺刀一直都在反对它们的建立。

一个按理性原则而非按压迫的准则行事的政府,其公共性为人民提供了一个评判政府首脑智慧与否、节制与否的机会,至少提供了这样一个可能性。当敏锐的眼睛被允许公布它的观察结果时,它对有抱负之人的挥霍无度或狼子野心就将永远形成遏制。这样一来,在考虑扩大政治代表制度时,我们就有了一个坚实基础来寄托希望——这个希望就是,战争及其灾难性的影响不再如此频繁,同时在有关战争的必要性和后果的问题上,也能征求人民的意见,毕竟是人民用血汗支持了战争。

这种协商只有在代表制的政府里,只有在要求大臣负责、并确保其政治行为具有公开性的制度下才能发生。迄今为止,宫廷的神秘,宫廷豢养的寄生虫的诡计,都在不断用欧洲最高贵、最英勇的公民的鲜血来将欧洲淹没。对这种罪恶没有特别的疗法,只有通过使人民就争议主题形成意见来予以改善。

凡尔赛因为权力最充裕,也就成了欧洲最繁忙、最阴险的宫廷。她在不同时期引起的恐怖不可估量,她的野心无穷无尽,她的议事机构卑鄙可耻、毫无原则。仅仅为了废除她的统治,欧洲也应该感谢当前这样一个改变。它改变了全球最发达地区的政治制度,最终必然会导致普遍的自由、美德和幸福。

现在的欧洲,整个大陆偏见沸腾,但是有一点可以推断,那就是待到泡沫消退,《人权宣言》提出的原则的公正性将得到普遍认可。未来,当政府获得了理性和尊严,能够感受到人民的痛苦,还能谴责暴政的亵渎时,它将为自己确立这样的主要目标,即,将个人野心限制在公正的范围内,消除暴政的有害倾向。

第四章

改革的进展。百科全书。新闻自由。首都。法国人还不够资格革命。野蛮人与文明人的对比。奢侈的影响、商业的影响,以及制造业的影响。巴黎人凶残的借口。

能够独立思考的人的声音比人类智慧所能创造的任何政府都更有活力。每一个不知道这条神圣真理的政府都会在某个时候被突然推翻。野蛮状态下的人固然可以保持独立,却不会为了确保政治公正而采用任何常规的政策体系,也从不试图将自己粗糙的律法整合为一部宪法。因此我们发现,在每个国家,当文明达到一定高度,人民一旦对规则心生不满,就会开始大声反对。当他们最终打破愚蠢或暴政的枷锁,他们还会拒绝一切权威，而只听从自身的意志。他们会暴食心中的怨恨，恶作剧般地破坏世代积累的成果，而只将其看成他们受压迫受奴役的无数时刻。

从人的社会性格来看，人的文明程度越高，融入社会的程度也就越高。他首先关心邻居；其次思考他所属国家的舒适、痛苦与幸福，调查他生活其中的政治制度的智慧和公正；跨入科学领域后，他的研究将包括全人类。如此，他能估计自己国家的政府相比其他国家的政府，产生的善恶比例如何。这种比较将赋予他卓越的精神力量，使他能够设想一种更完美的模式。

如果他有关改进的观点局限于地方优势，他的探索精神首先体现在小村庄里。但是不同地区的毗邻导致了地区间的进一步接触，交流的道路也就此打开，直到一个中心点或者最喜欢的一点成为人和事的旋涡。随后，耸立的尖塔、华丽的穹顶和雄伟的纪念碑就指出了首都的所在，那里是信息的焦点、天才的宝库、艺术的学校、享乐的场所，以及邪恶和不道德的温床。

现在，当知识和科学的离心线悄然侵袭整个帝国时，人类的全部智能开始吸收这种影响，一种普遍情绪也在支配公民和政治机构。在这些改善的过程中，国家经历了各种各样的变化，变化带来的幸福或痛苦又催生了各种各样的见解。为了防止混乱,绝对政府得到了民众当中最开明的那部分人的容忍,但是这种宽容也许仅仅源于人们强烈的社会情感。他们喜欢国家安宁繁荣,不喜欢反抗。因为从同胞的无知来判断,他们认为反抗带来的弊大于利。简而言之,各种暴政无论曾经如何长期阻碍进步,点燃理性的火花以及扩展真理的原则仍然成了欧洲大城市的一大优势。

这就是从各国首都流出的善与恶。在政府的幼年时期,这些都市尽管容易腐化、衰弱人心,却也加速了科学的引进,给国民的情操情趣奠定了基调。

但是这种影响是缓慢渐进的,需要很长时间才能让帝国的偏远角落体验到其中这样或那样的影响。因此我们看到大都市的居民衰弱腐化,外省居民却健壮善良,因此我们在城市里看到对非法政府的反抗(被称为暴动)会被立刻消灭,其领导人也会被绞死或遭受折磨。这是因为国家的判断力还没有成熟到能支持不幸的受害者为正义事业奋斗的程度。因此,世上的暴君们发现有必要维持庞大的常备军,以阻碍真理和理性的影响。

然而,封建制度的延续在相当长一段时间内给了法国贵族过度的势力,并在不小程度上抵消了国王的专制主义。因此,直到黎塞留的专横统治后(他特有的暴政实在吓坏了整个阶层），阴险的马扎然才通过买卖头衔的做法打破了国家的独立精神。路易十四则通过他辉煌的愚蠢，以及用星、十字架和其他等级符号构成的俗丽装饰，或者叫奴役的徽章，将贵族从城堡中吸引了出来。通过将国家的欢乐和财富集中到巴黎，宫廷的奢华变得与国家的产品相匹配。除此，对享乐的鼓励（那享乐只会使人衰弱），以及贵族头衔的冗长（那头衔或用金钱买来或用不光彩的效劳获得），很快就使贵族因为柔弱娇气而声名狼藉，正如他们曾经在英勇的亨利时代因为英雄主义而一度声名显赫一般。

艺术已经形成了流派，科学家和文人正在从国家的各个角落匆忙赶来，都想在都市里找到工作和荣誉。巴黎的品位不仅给法国带来了基调，也开始在欧洲弥漫。

在社会上层，引领时尚的虚荣心并非懒惰产生的最小弱点，而懒惰是优秀人常有的毛病。礼仪堕落了，快乐变得雷同，由其组成的生活相当无聊，注定会产生令人难忍的倦怠。而且，随着人变得愚蠢，或者情感变得迟钝，人只能求助于变化，只能从创造新的魅力中获得热情。通常最不自然的东西是唤醒病态挑剔的感官所必需的东西。随着感情变得精致，品位变得高雅，著名文人开始受到狂热的追捧。即使是令人作呕的纵欲宴会,也会使挑剔的味觉变得细腻。这样一来,从时尚的盛行开始,崇尚风趣的帝国就取代了之前庄重寡淡的统治。

这是礼仪进步的自然结果,是理性的先兆。从它在全社会进步的速度,我们能估计政治科学进步的速度。因为对哲学题材的研究一旦开始在精英娱乐团体中普及,并逐步扩展到社会的每一个阶层中去,法国旧政府的严谨性就会立刻开始软化,直到它温和到能让肤浅的观察者将政府的宽容归功于这个系统本身的智慧和卓越。

有这样一群哲学家,他们的观点成了人们的谈资,他们将各界领袖引向有益的阅读,还把国民的注意力转移到政治和公民政府的原则上。通过将百科全书这部他们的思想宝库编纂成一本抽象著作,他们避开了来自专制大臣的危险的警惕,并借这种形式传播了金融经济中的真理。他们也许没有足够的勇气以单行本出版此书,即便他们真有勇气这样做了,也很可能受到压制。

这是人类团结起来变得有用,而不是因共同努力而感觉受限的少数例子之一。原因很清楚:这项工作不是有点团队精神就行的,而是每个成员都必须有明确的研究主题,都必须单独发力。他要到达目的地,须经过一片平静的海面，这片海不会将他暴露在虚荣或利益的"锡拉"①或"卡律布迪斯"②面前。

经济学家们［魁奈和杜尔哥］从对手那里夺走了橄榄枝③，表明了以下几点：国家的繁荣取决于行业的自由；应该允许人尽其才；为商业解开镣铐是使其繁荣及更有效解决问题的唯一秘密，而解决这些问题为政治所必需；在农民的劳动和开支得到补偿后，方可对剩下的盈余征税。

如此新颖而又简单公正的思想，不能不对法国人的头脑产生巨大影响。天生爱好新奇和巧思妙想的法国人，在面对这种新颖而又开明的制度时，一定会迷恋上巩固其巨大优势的前景，而不会计较向旧偏见发起进攻的危险，不，是不会考虑摧毁要比建设容易得多的事实。因此，他们不愿费力考察其他国家为取得政治进步而渐进地经历的那些步骤。

很多无理取闹的税收几乎是行业进步中无法克服

---

① 锡拉(Scylla)，希腊神话中的海妖，相传化身为意大利海岸线上的一个岩礁，能使水手沉船丧命。

② 卡律布迪斯(Charybdis)，希腊神话中海神波塞冬和地母盖亚的女儿，是个吞没船只的海怪，化身为西西里北岸的一个旋涡，与锡拉相对。

③ 意即战胜了对手。

的障碍。在法国政府的统治下，这些税收不仅削弱了非特权者的劳动，阻碍了贸易的鲜活流动，而且对每个个体也都极为不便，令其生厌。旅行者会被中途设卡拦截，会被各种各样的官员搜查。剥夺自由所造成的严重后果，与其说体现在金钱上，不如说体现在个人屈辱上，也就是说人们不得不遵守既麻烦又与健全政策相悖的规章制度。

刺激人的脾气比严重的身体伤害更能令人产生强烈的反感。的确，长期以来，法国人已经习惯了这些无理取闹。他们像每天负轭的牛一样，精神上已经感觉不到折磨了，也不再在歌声中发泄愤怒的热情。尽管如此，在法国，作家的蓝图和其他国家相比是多么崇高和卓越，法国人说得多想得少，但是仍然可以设想他们对自由是充满热情的，就像一个被无聊的宗教誓言束缚，不能有情妇的男人一样——想象力已经把自己世界里所有的优雅都给了这个女人，成就了她的非凡魅力。

此外，法国的生活方式也为法国人的性格赋予了一种生动。给食物调味时，他们会破坏动物的汁水，因此他们不会被沉闷束缚——而沉闷是其他国家食物更有营养的结果。这种快乐还会因为他们吃饭时适量饮用淡葡萄酒而增加，因为酒是可以化痰的。完全住在村镇里的人更爱社交,以至于首都的格调一旦有别于宫廷,就会立刻成为全国的格调,不过外省居民的礼仪改善对他们的道德或者说性格的朴实自然不会构成多大危害。然而,法国的这种生活方式虽然能使人民变得更文明,却不利于改变他们的土地面貌,或是促进他们农业的改良。因为从任何意义上说,只有居住在土地中间,农民才能充分利用土地。这样一来,农业的落后,以及聪明人却在使用笨工具的现象,就可以完全归咎于此了。

法国所处的情况同样非常有利于它收集从世界各地获取的信息。巴黎早就成了来往欧陆各国的枢纽,来自各地的陌生人都被它接纳到自己的怀抱里。它像一个满满的蜂巢,嗡嗡作响,将一个民族所能拥有的一切自由情绪传播到每一个角落。虽然法兰西民族还从未被自由的灿烂阳光照射过,但是可能正因如此,法国人才对自由怀着更浪漫的热情。因此巴黎不仅传播信息,还把自己当成了反对宫廷专制的堡垒。它在冲突中首当其冲,它有理由为自己是革命的缔造者而自豪。

尽管除了英美以外,世界上任何地方都不存在新闻自由,但是对政治问题的研究早已占据了欧洲有智慧的那部分地区。尤其是在法国,家家户户都在传阅那些以放肆的自由书写的书籍,并因传阅时的小心翼翼而刺激了好奇心。虽然不必过分强调语言的普遍性,但是它让一种普遍认识——即科学进步和理性进步于人类有益——渗透到了邻国,尤其是德国。在德国,原创作品[①]开始取代那种费劲的博学——这种博学只用来解释古代作家,因此它让判断力一度处于休眠状态;或者仅仅用来衡量字词的意义,而非评估事物本身的价值。同样,在巴黎,有一群机敏(如果算不上高深的话)的作家,正在每一个圈子里闪闪发光。被伟人爱抚过的他们并不住在贫穷朴素的深渊里,不会在培养理解力的同时,让自己的举止变得土里土气。相反,他们想在书里——这些书被分解成小段的含沙射影——表达自由情操所需的那种技巧让他们的谈话变得油滑,也让他们能在餐桌上引领风骚,而餐桌上的享乐应该感谢哲学家——伊壁鸠鲁派,而非斯多葛派。

长期以来,谈论自由,以及争论政治经济学的假设和逻辑观点成了一种时尚。这些争论传播了真理的光芒,产生了比任何现代城市所能产生的都要多的煽动家。这个数量无论怎么比,都可能超过了雅典。

---

① 指康德、歌德、席勒等人的作品。

大部分法国人都有晚上去剧院看演出的习惯,这让他们能够欣赏语言的和谐,并对慷慨陈词养成挑剔的品位。在雄辩的表达中,一个感伤的术语行话就能抹去激情所有的朴实和火焰。剧场的数量之多*,以及正厅后排座位和不同类型的包厢价格适中,使得每个法国公民都能频繁参与这个他们无比喜爱的娱乐活动。

　　声音的编排以及阴阳韵律的搭配是法国诗歌的秘密,华丽的辞藻也会给平庸见解和陈腐感情赋予宏伟的外表。法语尽管词组丰富,足以表达感情的每个层次,却不像意大利语、英语和德语那样,有一套特别为作诗所用的语言。然而,法语措辞巧妙,表达模棱两可,甚至堪称简洁,还有大量修饰语。当这些特点运用得当时,法语就能表达一个句子,或者说能为半打句子提供素材,这就使得它比任何其他语言都更适合华丽的演说。因此法国人都是修辞学家,都具备一套独特的浅薄知识,那是从肤浅谈话的喧嚣乐趣中捕捉而来的。因此,虽然法国人不具备那种只能从沉思中获得的思想深度,他们却有着敏锐的机智所包含的一切灵巧。他们的才能是如此接近舌尖,以至于他们从来都不会错过说漂亮

* 巴黎城内就散布了三十多家。

话的机会,或是用一个聪明的反驳来搅乱那些他们根本无力与之公平抗衡的论辩的机会。

在政治上,每一种走向极致的善一定会产生恶,然而每一种毒药也都有解药。奢侈和精致皆有度,一旦过度,就会颠覆这世上所有的专制政府。确定解毒剂是一项最难的任务。只要这个探索还不够完善,就会不断有人成为错误操作的受害者。就像经验派医生为了防止坏疽致命而将病人放血致死一样,这世上的暴君碰到那些试图抑制其统治或者怀疑其能力不济的人,不是砍其头颅,就是折磨其体肤。然而,尽管成千上万人已经死于经验主义和专制主义,医学和道德哲学仍在稳步前进,即使这前进是渐进的。如果人们还没有明确发现治疗每一种恶的具体办法,无论这恶是生理的、道德的还是政治的,我们仍然可以假设,实验事实的积累未来必将大大减少这些恶。

因此,当法兰西宫廷的奢华欢庆成了艺术得以精炼的伟大源泉时,品位就成了解闷的良药。当情感取代了骑士和哥特式的比武时,哲学的统治也就取代了想象力的统治。尽管政府因循守旧,对事物和观点的细微变化盲目不见,还在调整那些早已威严不再的无用仪式,仿佛自己的官能被一场永恒的霜冻冻住了,但是进步仍然必然发生；直到它发展到某个点，使得巴黎——这个从帝国形成之初就一直对其十分有用的头脑——开始成为可怕灾难的起因，并将灾难从个人延伸到国家，再从法国延伸到欧洲。因此，我们不得不责怪那些坚持认为因为一种状态能产生善，这种状态就总是值得尊敬的人。恰恰相反，竭力使任何陈旧制度在寿终正寝后继续存活，这往往是有害的，而且毫无用处。

在政府的幼年时期，或者更确切地说，在文明的幼年时期，宫廷似乎在加速艺术和礼仪的进步从而促进科学和道德进步方面，有其存在的必要性。大都市是宫廷财富和奢华的明显结果，但是当宫廷达到一定程度的辉煌和精致后，却有可能危害人民的自由，也容不下共和政府的安全。因此，巴黎在建立新秩序的过程中，就有可能被质疑它制造的骚乱是否多于通过加速革命进程而产生的善。

然而，看起来非常确定的一点是，如果共和政府得以巩固，巴黎就势必迅速衰败。它过去的崛起和辉煌主要是因为——如果不完全是因为——旧的政府体制。如今它奢侈的基础既已动摇，它那行将崩溃的结构也就不再可能安坐于原来的基础之上，因此我们可以公平地推断，随着蕴藏在孤独思考和农业休闲中的魅力为人所感知，人们在离城离乡后,会使国家的面貌焕然一新。然后我们会发现人心愈坚,原则愈稳,行为也将愈加一贯和高尚。

职业和生活习惯对心灵的养成有着奇妙的影响,而且影响之大,大到艺术的引导会阻止自然的自发生长的地步,直到很难将自然同人为的道德和情感区分开。既然一直以来思维的能量在很大程度上或者来自教育,或者来自生活方式,那么我们就可以解释法国人的性格为何如此轻浮,而不必躲在无知一贯的藏身之处,将原因归咎于神秘了。

当教育的目的是使学生取悦每一个人,当然也就是欺骗每一个人时,才艺和技能就会成为必需。当被赞美的欲望成为优先考虑项时,激情就会被征服,或者全部卷入自我主义*的旋涡。这就给了每一个人——无论其脾气秉性如何——一丝虚荣,以及那种软弱的缺乏主见和犹豫不决,这和我们所说的真正的品格格格不入。

因此,可以说法国人的性格就像大多数女人一样,

---

* 我用这个词(egotism)依据的是法国人对它的接受,因为我们没有一个能表达同样意思的强烈的词。(此处沃氏或有疏漏。egotism 是英语,意思是自私自傲,过分使用第一人称,不断谈论自己等,而 egoism 是法语,意思是过分的自恋。——译者注)

无法和国家的性格区分开来，除非可以允许一些细微的层次和偶然的光亮构成其核心特征。当他们的野心主要就是优雅地跳跳舞，轻松地走进一个房间，面带微笑地赞美别人，可是在下一次时尚聚会上，他们却会嘲笑这些他们恭维过的人，你还能指望他们什么？诚然，学会高超的剑术对一个民族是有用的，因为这个民族错误的荣誉观要求人在受辱后，至少要用对方的一滴血来偿还。灵巧的回答术也是一门必要的艺术，它取代了那种只能在家庭成员的亲密交往中得到滋养的真正兴趣，类似后者这样的交往能让信任打开心灵，拓展心灵。再者，在饭桌上吃饭的欲望（哪怕饭桌上已经坐了五十个人），以及饭后立刻将众人分开的习俗，都破坏了社会感情，让陌生人想起那句俗语："人人为自己，上帝为大家。"在这些粗略的观察后，再加上一点也不过分，那就是，在某些方面，法国人是欧洲人中最没有资格从事他们所从事的重要工作的人。

虽然享乐是上流社会唯一的生活目的，但是这种享乐却要靠下流社会实现，奢侈也要靠下流社会给予方便。这种阶级分化摧毁了前者的一切人格，还将后者贬损为机器，并教会法国人享乐和排场，他们在这方面的能力超出所有其他国家。然而在借助机械，减少人工，

370

或者提高普通人生活舒适度方面，法国人却远远落后于其他国家。事实上，他们从来没有想过还会有这样一种独立、舒适的状态；身处其中，人们追求的是满足而非幸福，因为享乐或权力的奴隶只会被活泼的感情和奢侈的希望唤醒。的确，他们的词汇里没有一个词可以表达"舒适"①这种生存状态。然而身处舒适中，理性会使日子过得平静有用，激情却只会用飞扬的幸福梦想将日子欺骗。

性格的改变不可能像一些乐观的谋划者预期的那样突然。然而，随着长子继承权的破坏，定将有更大程度的财产平等。巴黎既然不能维持其辉煌——除非通过奢侈品贸易，但是这种贸易永远不能达到以前的高度了——富人就会有强烈的动机更多地住到乡下去，且一定会获得新的倾向和观点。既然教育体系和家庭风气的改变也是革命的自然结果，那么法国人的人格尊严将在潜移默化中得到提升，远超现在的法国人。然后，他们的自由果实会逐渐成熟，生出一种当前这种粗暴和被迫的状态下不可能有的味道。

最近的局面安排似乎是专制政府、专横的教士集

---

① 法语中 comfort 一词（法语拼写为 confort）的原意是"帮助"，直到十九世纪初才吸收了现代英语中的"舒适"之意。

团，以及财富的巨大不平等所共同作用的结果。它彻底摧毁了社会最重要的目标，破坏了人民的舒适和独立，产生了最可耻的堕落和智识上的软弱。于是我们看到法国人正在从事一项对人类而言最为神圣的事业，他们的热情使他们在某一时刻表现出了非凡的坚韧不拔，但在另一时刻，他们因缺乏坚定的判断力而为所有国家对其性格形成公正评价提供了最鲜明、最致命的证据。

按说如此精于世故的人绝不会以稳重和中庸的态度做任何事，但是我们需要对法国人及其举止有所了解，才能对他们那种令人厌恶的自负和可悲的自我中心形成清晰的认识。他们的这些特点远远超出了所有理性估算，以至于如果现在不去对其进行忠实的描述，那么子孙后代也许将不知如何理解他们的愚蠢，还以为是疯狂而非愚蠢造成了这一切。

人类的自然情感很少变得如此脏污卑下，以至于不会在某些时候突然释放出一缕慷慨的火焰来，那是灵魂的空灵火花。正是这些心灵最深处的炽热不断滋养着情绪，并会在某些时刻突然展现出所有的纯洁和活力。但是，由于智慧生锈，习惯了懒惰，或者心灵堕落，任由自己在淫荡的享乐中变得坚硬，导致这些天堂之光被蒙蔽，把人要么变成可怕的怪物、贪婪的野兽，要么就变成丧失尊严和人性的无灵魂的爬行动物。

野蛮人中少有那类匍匐在别人脚下的可怜虫，因为习惯了锻炼和节制的人一般都勇敢、好客、宽宏大量。他们只有放弃了自己的权利，才会丧失内心的高尚品质。野蛮人的凶残和听命于暴君的堕落奴隶的凶残是截然不同的。前者因为错误的勇气观杀人，但是他尊重敌人，他本人也坚韧不拔，蔑视死亡。后者则毫无悔意地暗中杀人，然而每当危险出现，他颤抖的神经却暴露出他受到惊吓的灵魂是多么软弱。在前一种情况下，人因能力而受到尊敬，因此懒惰者会被逐出社会。而在后一种情况下，人因筹划阴谋的才能获得荣誉和就业机会，这是心灵渺小的确凿证据，它使人变得卑躬屈膝。当我们回顾不同国家政府的崛起和进步时，我们会产生最沮丧的思考，因为我们不得不指出，现代欧洲各国政府所犯下的公然愚行和残暴罪行，比起任何古代国家来——犹太国家除外——都更为普遍。血腥的折磨、阴险的毒害和黑暗的刺杀，交替展示出一个长着人形的怪兽种族。反思其凶残使我们血液变冷，也使我们对人类每一个鲜活的期待变得暗淡。但是为了重燃仁慈的希望，我们应该说，这些可怕罪行的实施源于政府专制，而理性正在教导我们如何将其补救。的确，有时候，在警察的强硬约束下,人民表面看来和平,其实只是吓呆了。因此我们发现,每当暴徒被冲散的时候,民众的愤怒都是那么令人震惊,那么悲惨不幸。这些考虑解释了法国人性格中的矛盾,这种矛盾一定会让外人印象深刻。因为在法国,抢劫非常罕见,但是日常的欺诈和狡猾的偷窃却证明下层阶级既不正直,也不真诚。此外,在法国,谋杀和残忍行为几乎总是会表现出恐惧下的阴险与凶蛮,而在自由精神盛行的英国,向你索钱的劫匪往往不会手段野蛮,反而还会表现得很人道,甚至一副彬彬有礼的模样。

道德的堕落,加上举止的优雅,产生了最坏的激情。这种激情在社会的肌体中流动,毒害了自然情感的亲切流动。带着颤抖的焦虑犯下罪过的罪犯们不仅给自己招致了法律的报复,也向个人的天性投下了诅咒,抹黑了人类的面庞。这些被自己的愚行戕害的可悲受害者,当他们心里流出的血亵渎了人性的庙宇时,在情感面纱的掩盖下,一种可以被称为邪恶的坚硬脾气就会阻止同情心引导我们去探索我们这个物种暴行的根源,并会遮蔽可耻恶习的真正成因。

自从宫廷存在,它的宏伟程度就和被贬损的人民的苦难积累程度一样显著,人民的便利和舒适就一直在为炫耀的浮夸和可笑的华丽做出牺牲。从乞丐到国王,每个阶层的人都想把这种奢侈引入社会,尽管那会毁坏家庭的美德和幸福。在英法两国,入不敷出的生活习惯普遍存在,对每个阶层人的独立都产生了最有害的影响。人生活于懒散的习惯中,行为会失范过度。这已经被证明是一种毁灭,造成了对个人来说有辱人格,对社会同样有害的后果。铺张浪费迫使贵族为了一个位置出卖才华、影响力,以便修复他破损的财富。参议院里的乡绅变得贪赃枉法,为的是能让自己和贵族平起平坐,或者偿还竞选费用,而这一切纯粹都由虚荣心导致。出于同样的原因,专业领域也变得同样没有原则。某个职业的特点应该是正直,现在却堕落为欺骗。另一个职业明知健康的重要,现在却视健康如儿戏。同样,商人利用穷人对生活必需品的需求,参与投机倒把。其投机近乎欺诈,一般人直率的头脑已很难区别那些以远高于确保正当利润的价格出售商品的狡猾手段和那些纯粹的欺诈行为。而一旦涉及穷人的需求,他们的铁石心肠又会让情况雪上加霜。

的确,有些人渴望从过度增长的财富中分享贵族才有的尊重,于是造成了商业的破坏性影响,这种影响可以从多种方式中感知。最有害的一种影响也许是金钱贵族的产生,它使人类堕落,因为它让人类交出野蛮,却只换来温顺的奴性,还没能改良理性、收获文雅。此外,商业使人口过剩,大多数人不得不成为手工业者,而非农民。劳动分工的目的仅仅是使财富的所有者致富,却让人的思维完全活跃不起来。一位著名作家说,在干一件工作时,时间都在从工作的这个部门转换到另一个部门中浪费掉了,然而正是这样的时间让人不至于堕落为畜生。① 因为大家一定都已经注意到了,农村里的铁匠、木匠和石匠要比大城市里的短工聪明得多,道德方面双方也没有可比性。人如果是自己的主人,他的步态会比那个给仆人当仆人的人的懒散步态稳重得多,所以不必问谁的行为证明了谁的性格最独立。

同样,获得财富是通往高位最不费劲也最有把握的道路。因此为了让一个热切的投机者致富,大批人变成了机器。每一个高尚的自然法则都被彻底铲除,人的生命浪费在了诸如拉拽铁丝,打磨大头针的针尖,给钉子做钉帽,或者在一个平整表面上铺开一张纸等事情上。

---

① 这位作家是亚当·斯密。斯密在《国富论》中赞成分工合作,认为每半小时就得换工具和换工种,这样的话每天干差不多二十个不同工种的工人是无所适从的,而且哪件工作都不能精通,人也会变得疲惫懒惰。对此,如这里所见,沃氏是持反对意见的。

除此，人的所有交往也都在使人变得耽于肉欲且自私。当懒散的修士被当成腐化社会的停滞分子逐出他们修炼的房间时，人们一样可以怀疑，大型作坊里不是也有同样阻碍进步的人吗？——这种进步能够完善人的理性，还能建立理性的平等。

剥夺其自然的、平等的、公民的和政治的权利，会使下层阶级里的最狡猾者犯下欺诈的恶行，也会使其余人养成偷窃、大胆抢劫和谋杀的习惯。为什么？因为富人和穷人被划分成暴君和奴隶，而奴隶的报复总是可怕的。简而言之，每一种神圣情感，无论是道德的还是宗教的，都被一套和理性相抵触、和人性相违背的政策和法律抹杀了，人的尊严也遭到了玷污。

巴黎人之所以如此凶残，唯一的借口就是，他们对法律毫无信心，他们一直当法律是捉小苍蝇的蜘蛛网。他们早就习惯了为每一件小事受罚，且受罚的理由常常只是因为他们妨碍了富人或富人的寄生虫。巴黎人什么时候见过处决贵族或教士，哪怕这些人被判定的罪行普通百姓连试也不敢试一下？当正义或法律如此偏袒时，报应的日子就会随复仇的血红天空而来，而且不分谁有罪，谁无辜。乌合之众的野蛮超过老虎的凶残，因为如果同样的政策还在执行，巴黎人怎么能相信一个经常欺骗他们的宫廷,或者指望看到宫廷的打手受惩罚?

让我们把目光投向人类历史,我们几乎找不到未被恶行或血腥交易玷污的一页。让我们查验一下野蛮状态下人类的恶习目录,再将其与文明状态下的人类恶习对比,我们就会发现,和文雅的人造恶棍相比,野蛮人在道德上简直就是天使。再调查一下造成这种退化的原因,我们会发现,原因就在于那些不公正的政府计划,它们由世界各地的特殊情况造成。然后,再让我们冷静而公正地思考一下那些在政策原则的形成方面正在取得的进展。请恕我假设,每一个有人性、思虑周详的人都会认为,一个比迄今为止所存在的政治制度都更简单的政治制度将会有效遏制那些抱负远大的愚行。这些愚行通过模仿而导致罪恶,从政府中赶走了正义和宽宏的影子。

法兰西就这样长大了,它早已厌恶了一个病国的腐败。但是,正如医学上有种肠胃病能够自愈,还能使身体健康,给肌体注入活力一样,政治上也有这样一种病。当它的再生受到持续刺激时,从它被污染的身体里释放出的排泄物的气味会引起周围人对那个国家的普遍厌恶和蔑视。而只有审视自然、权衡人类行为结果的哲学眼光,才能明辨那个产生了如此之多可怕影响的原因。

附　录

对法兰西民族当前性格的分析[①]

我亲爱的朋友：

对一个人类的观察者而言，也许有必要像记住一张脸一样仔细记住一个民族给人的第一印象；因为当我们和个人变得亲密时，我们会在不知不觉间忽略民族性。当我第一次进入巴黎时，富贵与贫穷、优雅与邋遢、礼貌与欺骗之间形成的鲜明对比处处吸引着我的目光，我的灵魂为此感到悲伤，而且注意到这些并非毫无用处或冒昧放肆。因为这些印象仍然是我对风俗做出评判的基础，而风俗与其说让心灵感兴趣，不如说更能吸引感官，

---

① 一七九二年十二月沃氏来到法国亲睹革命，一七九三年二月十五日她写此信给自己的伦敦出版商约瑟夫·约翰逊，向其解说法国人的民族性格。此信可作为沃氏对法国革命"历史与道德"视角的注解。

更能激发兴趣而非尊重。

这里的整个生活方式的确容易让人变得轻浮和——借用他们法国人最喜欢的形容词——亲切。他们总在飞翔，总在啜饮杯沿上冒泡的喜悦，而把餍足留在杯底，留给那些敢于深饮的人。他们一路向前，在动物精神的鼓舞下欢欣愉悦，看起来无忧无虑，以至于当我走在林荫道上，经常会想，只有他们才明白"闲适"这个词的全部含义。他们以这样一种满足的神气消磨时光，让我不知道怎么才能祝他们更聪明，毕竟这是要以牺牲快乐为代价的。他们在我面前嬉戏，就像尘埃在阳光中享受掠过的光线一样；而一个英国人的头脑在寻找更坚实的幸福的同时，却在对快乐的分析中，丧失了此刻那容易挥发的甜蜜。诚然，法国人的主要乐趣来自虚荣，但那不是引起精神烦恼的虚荣；相反，它减轻了生活的重担——那是理智太经常去掂量的负担，虽然理智这么做只是为了将其从一边肩膀换到另一边肩膀。

在研究激情变化的同时，我将分析那些给无生命的物质赋形的元素，并试图找出使这个国家在物理意义上成为世界上最优雅、可能也是最肤浅国家的原因。我想沿各条溪流蜿蜒而下，看它们如何共同汇入一个巨大的深渊,让这深渊吸纳我们天性中的一切尊严。所有事物共谋,使法国人成了这个世界上最感性的民族。还有什么能像感官的精致化那样使人心变得如此坚硬,能够如此有效地扼杀每一种道德情感?

"法国"这个词的频繁重复似乎令人反感;那么,我若是相当严厉地谈起一块流淌着奶与蜜的土地,还请你不要忽视我先前的论断。记住,我要谴责的不是某一特定民族的道德,我们大家难道不是出自同一祖先吗?我希望做的事是冷静思考我认为的法国所处的文明阶段,在勾勒法国人的性格,并展现那些造就法国人身份的环境时,我将努力阐明人类的历史以及当前的重要议题。

我想我可以首先告诉你,我在恶习与愚昧、偏见和美德掺杂的混乱中,看到了自由那美好的身形正在慢慢崛起,美德也在展开双翼庇护她所有的孩子!然后,我将耐心倾听对那些撕裂法国胸怀的野蛮行径的描述,并祝福那个砍掉了腐烂四肢的坚定的手。但是,如果天生的贵族的领土被夷为平地,却只是为了给那些用金钱挣来贵族头衔的人腾出空间,那么恐怕人们的道德水平不会因为这一变化而得到很大提升,政府也不会因此而少一些贪赃唯利。然而,仅仅停留在当前斗争所产生的痛苦中,而不去注意旧制度长期以来积累的弊端是不公平的。当我想到玷污了巴黎自由事业的鲜血时,我感到悲痛,无比悲痛,但是我也听到同样鲜活的流动在大路上高声呼喊,那里正有撤退的军队经过,身后还跟着饥荒和死亡。我怀着敬畏之心,在高深莫测的天意前掩面,任这天意举起毁灭的笞帚在如此之多的方向上尽情扫荡人子。

我来法国之前有一个观点,你知道,那就是文明的进步会产生优雅的举止,这举止又有可能和强大的美德共存。我甚至预见到了这样一个时代:在进步的过程中,人们努力变得有道德,不用再被苦难刺激着向前。然而现在,黄金时代的景象在仔细观察的目光前渐渐消散,几乎让我再也看不见,也让我部分丧失了我有关完美状态的理论。如此一来,我的朋友,如果我提出一个乍看之下像是在反对上帝存在的观点,还请你不要惊讶!我向你保证,我并没有因为住在巴黎就变成了无神论者,但是我开始担心罪恶——或者如果你愿意的话,是邪恶——成了行动的强大动力;我还担心当激情被平衡得很好时,我们会变得无害,可是也会无用。

理性想要的很少。如果我们冷静思考大多数事物的真正价值,我们也许应该满足于我们的物质需求是多么简单就可以实现,满足于消极的善:因为诱惑我们向前，让我们在崎岖不平的道路上奔突的常常是，也仅仅是那位放肆的"想象"，她巧妙地施展风骚，推开每一个障碍，结果却只是抓住了失望。

想要对他人有用的欲望也在不断被经验抑制。如果人类的努力在某种程度上不是对这些努力自身的回报，谁还会为了让一些人忘恩负义、让另一些人无所事事而甘愿自己忍受痛苦，或者满怀忧虑地挣扎奋斗？

你会把这叫作忧郁的迸发，你会猜测我在为法国人的活泼所累后，对他们做出了太严厉的批评——因为他们的活泼只是充满了童年喧闹的愚蠢，却没有那份能使无知变得迷人的天真。也许事情果真如此。我知道巴黎将是最后能感受到革命良好影响力的地方，因为在这里，理所当然的一点是，长期以来，伊壁鸠鲁的灵魂一直在致力于根除巴黎人内心的纯朴情感。这些情感是自然的，也永远是道德的。然而政府培养的自私的感官享受却早已把人变得冷酷造作，于是举止的自然和心灵的纯朴很少出现，很少用大自然甜蜜的狂野味道使我娱悦，这个结果也就没有什么可让人惊讶的了。

看到恶意的纤维已经扎得如此之深，我有时会带着怀疑的语气问，一个国家的民风是否还能回归淳朴？迄今为止，这种淳朴只有在贫穷的明净气氛下才能不受玷污地保存，而在快乐的阉割下，繁荣的奢侈会沦为自然的匮乏。我还不能放弃希望，我希望欧洲正在迎来更加公正的日子，然而我也必须踌躇犹豫地注意到，狭隘的商业原则让人没法指望，因为它所到之处似乎将贵族的荣誉感推搡到了一旁。我可以超越眼前的罪恶，也不指望泥泞的河水能在它还没有被时间沉淀之前就变得清澈，然而就目前而言，我看到人邪恶、毫无温暖，看到本应是美德之名的秩序被培养成了给犯罪提供安全感的东西（而原本能够将犯罪掩饰的东西只有轻率鲁莽），这就成了所有景象中最为可怕的一幕。事实上，无序是邪恶的本质，尽管为了软化暴行，人道的情感经常善良地将混乱和腐败幻想制造出的狂野愿望掺杂在一起。因此，人性、慷慨，甚至自我克制，有时候固然会让一个人在被无法无天的激情冲走时显得伟大，甚至有用，但是有什么能比得上一个冰冷算计者的卑鄙？他只为自己而活，仅仅把同伴看作为他制造快乐的机器，而他自己却永远不忘诚实才是最好的策略。他永远都在确保自己能在法律许可的范围内不受惩罚地压榨千万人；然而正是这种程度的操作——借用一句意味深长的俗话——让他变成了十足的恶棍。他过度的堕落保护了他，而像狮子一样四处游荡、咆哮着宣示自己到来的更可敬的猛兽却落入了陷阱之中。

　　你可能认为现在就对未来的政府形成意见还为时过早，但是一切都在悄悄告诉我，名称变了，原则却没有变，而我也看到在潮流的转折下，旧体制的沉渣留下了，好用来腐蚀新体制，所以我就不可避免地要做一些猜测。同样的职位自豪感，同样的权力欲仍然清晰可见。在这种烦恼的作用下，每一个英雄或哲人——因为所有人都被冠以这些新头衔——都害怕在刚刚养成对高位的喜爱后，又要再次回到默默无闻的境地，于是全都奋力抓住了机会。同时每一个市政小官也因为成了偶像，或者更确切地说，成了一时的暴君，就都像粪堆上的公鸡一样高视阔步起来。

　　我就此结束这封杂乱无章的信；然而，它将会使你预见到，我将更多地关注道德而非风俗。

　　　　　　　　　　　你的——

　　　　　一七九三年二月十五日，巴黎

译后记

　　此书原名为"对法国革命起源与发展的历史与道德观,及其在欧洲产生的影响",是一本法国革命的早期史,早到仅从一七八七年显贵会议召开写到一七八九年十月五日和六日巴黎女暴民游行至凡尔赛,逼迫国王移驾巴黎,并深夜袭击国王王后寝宫、想置他们于死地为止,时间跨度只有两年,涵盖的大事只有几件:一七八九年五月五日三级会议开幕,七月十四日巴士底狱被攻占,七月十七日路易十六从凡尔赛来到巴黎认可市议会和国民自卫军,八月四日国民议会一举废除封建贵族和教会特权,以及十月五号和六号的催驾。对于法国革命这样一场以后视眼光看至少要到一七九四年热月政变推翻罗伯斯庇尔,或者一七九九年雾月政变拿破仑上台,或者更迟至一八三〇年七月王朝建立才告结束的漫长事件而言,这么一份两年期的历史真是不够。即便考虑到此书是作者于一七九二年十二月来到巴黎后在革命进程中所写,且一七九四年年底就在伦敦出版,它也仍然怪在为什么甚至都没有包括作者有份目睹的一七九二年十二月二十六日死到临头的路易十六去国民公会受审的难忘场面,以及不久后的一七九三年一月二十一日路易十六的命丧断头台。

当然这书原计划要写两到三卷,这是现有"通告"中言明了的,实际上却只写了这一卷,且一七九七年作者死后由其夫出版的遗著中也未见任何后续文字,说明作者后来再不曾为法国革命动过笔。于是这份早到米拉波都还没死,罗伯斯庇尔、丹东、马拉等一干风云人物也都还没有登场搅得法国天翻地覆的革命早期史,就在与同样写法国革命的托克维尔和卡莱尔等人的名著的并列中,成了一个奇异的存在。

即使天假其年,作者没有因生育而死在三十八岁的盛年,我觉得这书也进行不下去了,原因正在于作者为自己选定的"历史与道德观"的视角。此书洋洋洒洒十六万字,在玛丽·沃斯通克拉夫特的所有作品中要算篇幅最长的,足见作者下笔时的激情澎湃和满腹之言。写出来的东西也确实火力很猛,气势十足,大约沃氏在下笔时是想要搞出个鸿篇巨制的。但是真写出来了，却发现内容其实相当重复，就是反复抨击法国贵族的压迫太过不知收敛，宫廷总是阴谋相向还丝毫不肯妥协，路易十六看似忠厚绵软实则非常善于伪装作假，玛丽·安托瓦内特虽然人美有魅力、头脑有决断、性格又独立，但就是不顾人民死活地一味骄奢淫逸。这是压迫的一方，受压迫的一方同样不是没有问题，那就是普通法国民众热情有余、脑力不足，无法承担一场开天辟地的革命。革命的议员骄傲虚荣，轻浮浅薄，干事冒进，不堪大用，不肯借鉴英美的两院制和英国的君主立宪制，没能摆正路易十六的位置，错误地给了他临时否决权。这是道德方面。而在历史方面，沃氏反复申说的观点无非是：整个欧洲文化从希腊罗马时代开始，无数世代以来，进化出的全部精神成果无非是品位的精炼提纯，而非智力的提升进步，因此人类的——更包括法国人的——理性水平绝对无法支撑法国革命渴望建立的那种完美的政治制度。这就是这书的大概意思，再写也还是这样，已经忍不住在重复了，不如就此罢手。

当然沃氏在抨击之外也还是有赞美的，比如对《人权宣言》的前所未有，对自由、平等、博爱理念的光辉万丈，对巴黎人民和国民自卫军的忠诚勇敢，对某些革命议员在某些场合下的坦荡无私，以及对米拉波的慷慨雄辩等她都相当激赏，甚至激赏之下还会大段引用米拉波的各种演讲以充篇幅，等于在相当程度上放大了米拉波对革命的作用。这是现代标准学术书不会做的事，可是这书做了且做得大方坦荡，谁让这是一个浪漫易感却又笃信理性的女子在法国革命极端刺激的知识氛围下一挥而就的结果呢？对那些想了解法国革命进程中的即时见解，而非后见之明的读者，这书大概可以提供一些借鉴。

译者遍览沃氏全集，仅在此书外发现三封信与法国革命的内容息息相关。其中一封为附录所收《对法兰西民族当前性格的分析》，这是一七九三年二月十五日沃氏于巴黎写给她的伦敦出版商约瑟夫·约翰逊的一封信，还是一样的道德论调，可以看作她对自己为何会对法国革命采取道德视角的注解。另一封信写于一七九二年十二月二十四日她来到巴黎后不久，信中说："后天我希望在法庭里见到国王，我几乎不敢预料接下来会发生什么。"这是在国民公会审判路易十六期间写的，所谓"后天"，即十二月二十六日，是路易十六将要在国民公会通过其辩护人德塞兹为其辩护的日子。而到了二十六日那天，沃氏终于给同一位出版商写了那封后来被人广为引用的信：

今早九点左右，国王从我的窗前经过，他默默行进在空无一人的街道上。周围只有偶尔的几下鼓声敲响，使寂静显得越发可怕。国民自卫军包围着他，簇拥在他的马车周围，真像是名副其实的卫队。居民们蜂拥到各自窗前，但是所有窗户都是紧闭的，没有听到任何声响，也没有看到任何侮辱性的姿势。自从我进入法国以来，这是我第一次向法国人民的尊严鞠躬，我敬重他们这种得体的举止，因为这和我的感觉完全一致。我很难告诉你为什么，但是当我看到路易庄重地坐在一辆马车里前去受死时，我的脑海里闪过各种念头，让我的眼泪不知不觉间流了下来。原本在我的想象中，这个人的性情里是没有这份庄重的。至于死亡，那更是他的很多同族都曾战胜过的东西。想象立刻就把路易十四带到了我面前，我似乎看到他在取得了一次令他骄傲的胜利后，带着无比盛大的气势进入首都的情景，结果却发现繁荣昌盛的阳光被崇高苦难的阴影所笼罩。这之后的一天我都是独处的，我的头脑尽管平静，却无法打发走整整一天都充斥在我的想象中的各种鲜活的形象。不——不要笑，可怜我吧，因为我有一两次从纸上抬起眼来，都看到我椅子对面的一扇玻璃门上有眼睛在瞪着我，还有血淋淋的手在向我摆动。周围连一点遥远的脚步声都听不到。我的住处离仆人们住的地方很远，仆人们是唯一和我同住在偌大一间旅馆里的人，而这里又是一扇折叠门打开又有一扇折叠门的样子。有只猫也好啊！我想看到活的人和物，死亡以那么多可怕的形象占据了我的幻想。我要上床去睡了。人生第一次，我无法熄灭蜡烛。

沃氏所有作品都有失之仓促的毛病，读来都像是短时间内匆忙写就的样子，加之还没有经过现代意义上的真正编辑，因此文字上的拼写错误，句法上的指代不清，以及结构上的前后重复统统并存于文稿中。即便如此，这本充满十八世纪散漫长句的古怪之书仍然值得从故纸堆中翻找出来，译成中文。此处译者感谢老朋友丁林棚的耐心讨论，感谢龚龑提供资料，广西师范大学出版社魏东先生的慧眼识珠，以及编辑程卫平先生的辛苦审校。

李博婷

二〇二三年二月于北京